Wissen
auf einen Blick

Deutsche Geschichte

Bildnachweis

akg-images, Berlin: S. 101, 105, 109, 110, 115, 119, 131, 143, 145, 153, 155, 161, 173, 179, 185, 193, 195;
dpa/Picture-Alliance, Frankfurt: S. 9, 15, 17, 19, 29, 35, 39, 47, 53, 57, 59, 63, 75, 87, 99, 113, 117, 125, 127, 129, 165, 171, 177, 181, 187, 189, 207;
Interfoto, München: S. 11, 23, 25, 27, 31, 33, 37, 13, 41, 43, 45, 49, 51, 55, 61, 65, 67, 69, 71, 73, 77, 79, 81, 83, 85, 89, 91, 93, 95, 97, 103, 107, 121, 123, 133, 135, 137, 139, 141, 147, 151, 157, 159, 163, 167, 169, 175, 183, 191, 197, 199, 201, 203, 205;
Stadtmuseum Düsseldorf: S. 21

Gesamtherstellung: Naumann & Göbel Verlagsgesellschaft mbH, Köln

ISBN 978-3-625-11422-2

www.naumann-goebel.de

Wissen
auf einen Blick

Deutsche Geschichte

Friedemann Bedürftig

NGV

Inhalt

Vorwort

Über ein Jahrtausend deutsche Geschichte in hundert Bildern und hundert Kurzkapiteln auf je einer Doppelseite. Hört sich nach drastischer Komprimierung an, und das ist es auch, aber eine der Konzentration auf das Wesentliche. Die Bilder sagen zudem mehr, als in Unterschriften zu fassen ist, und durch die Texte zieht sich ein roter Faden, der die Zusammenhänge wahrt. Gleichwohl stellt sich ein gewisser Zeitraffer-Effekt ein, und der ist beabsichtigt: Er entsteht durch Beschränkung auf fassliche Portionen und sorgt für kräftige Konturen. Optische Marker verankern den Stoff im Gedächtnis. Der Leser soll nicht Experte in Reformations- oder Revolutionsgeschichte werden, sondern einen stabilen Rahmen erhalten, in den er auch anderweitig gewonnenes Wissen über die Geschichte unseres Landes einfügen kann.

Manches wird manchem schon bekannt sein, und auch das gehört ausdrücklich zum Konzept: Gerade durch die Illustrationen sollen gemeinsame Erinnerungen aktiviert werden, an denen der Blick Halt finden kann: vom berühmten Barbarossa-Kopf bis zum Olympia-Plakat von Berlin, von Heinrich IV. in Canossa bis zum Hitler-Putsch, vom Hermannsdenkmal bis zum Mauerbau, vom Prager Fenstersturz bis zur Währungsreform. Die Begleittexte liefern dazu die erforderlichen Informationen, die nicht oder nicht mehr genau präsent sind. Sie betten das jeweilige Thema in den geschichtlichen Kontext ein und skizzieren die Folgen, die sich aus dem Geschehen ergeben haben. Ein historisches Stichwort bietet Zusätzliches zum Zeithintergrund. Bild und Text ergänzen einander. So festigt sich Wissen visuell.

Dennoch will dieses Buch nicht bloß Lernmittel oder gar Schulbuch sein, sondern auch unterhalten. Natürlich finden sich alle Muss-Themen darin und die Bildmotive, die damit in besonderer Weise verbunden sind. Durch Akzentuierung, lebhaftes Berichten und farbige Beispiele jedoch kommt Lesefreude auf, ohne dass dadurch Prägnanz und Faktenfülle leiden. Ein Geschichtsbuch zum Blättern, zum Schmökern und zum Nachschlagen.

Der erste Deutsche?

Arminius und die Schlacht im Teutoburger Wald (9.n.Chr.)

Auf dem 386 Meter hohen Teutberg südwestlich von Detmold reckt sich ein Zwanzig-Meter-Hüne mit Flügelhelm und stößt sein sieben Meter langes Schwert gen Himmel; Schwertinschrift: „Deutschlands Einigkeit meine Stärke. Meine Stärke Deutschlands Macht." Dieses Denkmal soll an den Cheruskerfürsten Arminius (deutsch: Hermann) erinnern, unter dessen Führung es germanischen Stämmen im Jahr 9 n. Chr. gelang, einen Vorstoß von drei römischen Legionen unter dem Feldherrn Varus in ostrheinisches Gebiet abzuwehren. Die Römer-Streitmacht geriet im Teutoburger Wald in einen Hinterhalt und wurde in dreitägigen Kämpfen völlig aufgerieben.

Metallene Drohgebärde

Höchstwahrscheinlich steht das 1875 eingeweihte Hermannsdenkmal am falschen Ort: Das blutige Geschehen fand wohl 80 Kilometer weiter nordwestlich beim heutigen Kalkriese nördlich von Osnabrück statt. Doch das ist weniger bedeutsam als die Tatsache, dass die metallene Drohgebärde Geschichte zurechtbiegen sollte für nationalistische Zwecke. Der Denkmalserbauer Ernst von Bandel (1800-1876) wollte wie sein Förderer Kaiser Wilhelm I. ein Monument der deutschen Einheit und das 1871 nach dem Krieg gegen Frankreich (daher Hermanns herrischer Blick nach Westen) erstandene Deutsche Kaiserreich tief in der germanischen Geschichte verwurzeln.

Hinderliche Stammeskonflikte

Diese romantisch-nationale Umdeutung der Schlacht tut dem Ereignis in mehrfacher Hinsicht Gewalt an: Sie überzeichnet seine Bedeutung drastisch, denn für das kraftstrotzende römische Weltreich war der Untergang der Legionen nur ein Nadelstich. Sie beruft sich auf eine germanische Gemeinschaft, die es so nie gegeben hat, im Gegenteil: Arminius oder Hermann konnte seinen Sieg gerade wegen der sofort danach wieder aufbrechenden Konflikte mit den anderen Stämmen nicht ausnutzen. Und die Umdeutung instrumentalisiert zudem eine Einzeltat zum Gründungsmythos für ein Reich, das noch Jahrhunderte auf sich warten lassen sollte und das als ein deutsches erst noch viel später gelten konnte.

Wenn man Arminius oder Hermann denn überhaupt eine gewisse Vorläuferrolle zuerkennen will, so allenfalls insofern, als Rom nach seinem Sieg das Interesse an ostrheinischer Expansion verlor. Anders als etwa in Gallien, dem späteren zentralistischen Frankreich, blieb daher die Gliederung des Herrschaftsraums östlich des Rheins in Stammesgebiete erhalten. Noch in der heutigen Verfassung Deutschlands als Bundesstaat wirkt dieses Element nach.

Völkerwanderung

Rom ging nach der Varus-Niederlage rasch zur Tagesordnung über. Vielleicht hätte es sich besser etwas länger mit der Analyse beschäftigen sollen, denn hier war ein Gegner sichtbar geworden, der zwei Jahrhunderte später zur realen Gefahr für das Weltreich wurde: Germanische Stämme berannten in immer größerer Zahl seine Grenzen, zunächst angezogen vom Glanz der römischen Kultur (3. Jahrhundert), dann auf der Flucht vor asiatischen Reitervölkern wie den Hunnen (4./5. Jahrhundert). Eine Zeit lang konnte man die germanischen Eindringlinge noch als Verbündete neutralisieren. Doch dann verselbständigten sich die wandernden Völker und übernahmen in bisher römischen Gebieten die Herrschaft. Vor allem das Westreich wurde zur Beute von Ostgoten (Italien), Vandalen (Afrika), Westgoten (Spanien) und Franken (Gallien), deren Reich sich als das beständigste erwies.

Nationalistische Aufwallungen erregt der gigantische Schwertmann heute nicht mehr. Zwar strömen alljährlich Hundertausende zur Grotenburg, so der Name der vorgeschichtlichen Wallanlage, in die der Koloss gesetzt wurde, doch geschieht das eher wegen der atemberaubenden Aussicht.

Wegweisende Taufe

Chlodwig und der Aufstieg des Frankenreichs (5./6. Jh.)

Kirchen sind dem Allmächtigen geweiht. Die gotische Kathedrale Notre Dame im nordfranzösischen Reims aber dient zugleich dem Gedenken an einen folgenreichen Tag im Jahre 498. Dort, wo heute das Gotteshaus steht, fand in den Resten einer altrömischen Thermenanlage eine Zeremonie statt, die der Geschichte Europas eine entscheidende Wende gab: „Beuge still deinen Nacken", sprach Bischof Remigius, „verehre, was du verfolgtest, verfolge, was du verehrtest!" So schildert der Chronist der Franken, Gregor von Tours (537-594), die damalige Taufe von Chlodwig I., König der Franken. Taufen lassen hatten sich vor ihm schon viele Germanenherrscher, doch er war der erste, der nicht den arianischen, sondern den römisch-katholischen Glauben annahm, zu dem sich auch die Bevölkerung der unterworfenen früheren römischen Gebiete westlich des Rheins bekannte.

Gedeihliches Miteinander

Chlodwig schuf damit die Voraussetzung für die Verschmelzung der römischen mit der germanischen Bevölkerung für eine gegenseitige kulturelle Bereicherung. Mitgespielt hatte dabei wohl auch, dass die Franken anders als die Goten noch nicht christianisiert waren und ihnen daher der Schritt zum Glauben der Unterworfenen leichter fiel, deren Kultur sie ohnedies als überlegen bewunderten. An die Bekehrung ihres Königs knüpften sich später allerlei Legenden wie die von der Erscheinung Christi während einer Schlacht, der Chlodwig den Sieg gebracht habe, oder die vom Einfluss der katholischen Ehefrau Chrodechilde, die ihn liebend umgarnt habe. Vermutlich aber steckte eher politisches Kalkül dahinter.

Kampf gegen Ungläubige wie Arianer

Mit seinem Schritt setzte sich Chlodwig bewusst in Gegensatz zu Theoderich dem Großen, dem Gotenkönig in Italien, und zu Alarich II., Herrscher über die Westgoten im Süden Galliens. Chlodwig nämlich war es nicht nur um den ersten Teil des Taufspruchs zu tun, nämlich das zu verehren, was er bisher verfolgt hatte, sondern auch um den zweiten, das zu verfolgen, was er bisher verehrt hatte, nämlich die Heiden. Darunter verstand er auch die Arianer und seinen Übertritt zum Katholizismus zugleich als Auftrag zur Erweiterung seines Reiches nicht nur gegen die Ungläubigen, sondern auch gegen die nicht Rechtgläubigen. Chlodwigs Taufe leitete den Aufstieg des Frankenreichs ein, weil sie Germanentum und römische Tradition versöhnte und eine expansive Machtpolitik legitimierte, deren Erbe Karl der Große wurde.

Franken

Noch im hohen Mittelalter bezeichneten die Araber alle Christen, mit denen sie in Berührung kamen, als Franken. Das spiegelt den singulären Erfolg dieses germanischen Stammesverbands, der seinerseits aus diversen Einzelstämmen bestand und ursprünglich am Mittel- und Niederrhein siedelte. Im 5. Jahrhundert wanderte er in gallisch-römische Gebiete ein, behielt aber zugleich seine heimische Basis. Unter König Childerich, der die Franken bis 482 führte, etablierte sich das Herrschergeschlecht der Merowinger, das sich von einem sagenhaften König Merochwech herleitete. Childerich stand noch in römischen Diensten. Erst sein Sohn Chlodwig (um 466-511, König seit 482) löste sich aus der Abhängigkeit, zerschlug das Reich des Syagrius an Seine und Loire, schaltete konkurrierende Stammeshäuptlinge aus und besiegte die Westgoten im Süden Galliens, die nach Spanien abwanderten. Der weströmische Kaiser Anastasius erkannte die Herrschaft des Frankenkönigs, dessen Dynastie zweihundet Jahre später von den Karolingern beerbt wurde, an.

Westfassade der Kathedrale von Reims aus dem 13. Jahrhundert. Sie schmückt quer über den Portalen die so genannte Galerie der Könige von Chlodwig I. an bis in die Bauzeit. Bis 1825 fungierte das Gotteshaus als Krönungskirche der französischen Könige.

Vom Ebro bis zur Elbe – das Frankenreich

Kaiserkrönung Karls des Großen (800)

Buchstäblich hoch zu Ross regierte Karl der Große sein Reich, denn die Anwesenheit des Königs war für die meisten Amtshandlungen erforderlich. Seit dem 7. Jahrhundert war im Frankenreich der Einfluss der so genannten Hausmeier stetig gewachsen, Männer aus dem Adel, die den König bei der Verwaltung eigentlich nur zur Seite stehen sollten. 751 setzte Hausmeier Pippin III. den letzten merowingischen König ab und ließ sich mit Unterstützung des Papstes selbst zum König erheben. Das Bündnis mit der Kirche bereitete den Boden, auf dem Pippins Sohn Karl der Große (768-814) die abendländische Vorherrschaft erringen konnte. Unter seiner Führung dehnte sich das Frankenreich gewaltig aus. Es reichte schließlich vom Ebro bis zur Elbe, von der Ostsee bis nach Mittelitalien und von Ungarn bis in die Bretagne.

Klugem Rat aufgeschlossen

Schon von den Zeitgenossen wurde er „der Große" genannt: Frankenkönig Karl galt damals und gilt vielen bis heute als Musterherrscher. Von Jugend an im Kampf geübt, war er als Staatsmann hartnäckig und energisch, bewies geniales Augenmaß, achtete das Recht und ließ sich an Frömmigkeit nicht übertreffen. Wissen eignete er sich begierig an und war für jeden klugen Rat aufgeschlossen. Zu seinen engsten Vertrauten zählte der Gelehrte Alkuin (um 730-804), dem er manchen Impuls für Reformen verdankte. Bei so viel Glanz finden sich aber auch finstere Schatten: Im Krieg um die Christianisierung der Sachsen ließ sich Karl zu Massakern und Vertreibungen hinreißen.

Krönung mit Konsequenzen

Nein, Deutscher war Karl der Große nicht. War er Franzose? Ebenso wenig, obwohl ihn unsere Nachbarn gern als solchen vereinnahmen und „Charlemagne" als Schöpfer ihres Staates feiern. Karl war ein germanischer Stammesfürst und von seinem politischen Streben her Europäer. Er wollte das Römische Reich wiederherstellen, das im Völkersturm untergegangen war, oder doch wenigstens den westlichen, „europäischen" Teil. So wurde der Weihnachtstag des Jahres 800 zum Gipfel der Laufbahn Karls des Großen. Das Volk von Rom begrüßte ihn als christlichen Nachfolger der römischen Kaiser; Papst Leo III. krönte ihn während des Gottesdienstes. Damit freilich dürfte er den König überrumpelt haben, denn Karl erkannte niemanden über sich an als seinen Gott. Die Krönung sollte denn auch schwerwiegende Konsequenzen haben: Immer wieder pochten die Päpste in der Folgezeit darauf, dass des Kaisers Macht eine von ihnen verliehene sei.

Karolingische Renaissance

Die Auflösung des römischen Reiches war mit einem dramatischen kulturellen Niedergang verbunden. Erst in den relativ stabilen Zeiten Karls des Großen setzte wieder Besinnung auf künstlerische und wissenschaftliche Werte ein. Besonders wichtig für später wurde die Schriftreform: Die so genannte karolingische Minuskel gab das Muster ab für alle folgenden Schriften im lateinisch geprägten Kulturraum. Im Baustil wurde die konstantinische Basilika adaptiert; sie erhielt aber ein stattliches Westwerk und ragende Türme. Der König und spätere Kaiser kümmerte sich auch um die Volksbildung und gründete Schulen an den Bischofssitzen. An seinem Hof wirkten Gelehrte wie der Angelsachse Alkuin (um 730-804), der Langobarde Paulus Diaconus (um 720-799), Kommentator der Benediktinerregel, der mainfränkische Kaiser-Biograph Einhart (um 770-840) sowie Grammatiklehrer, Theologen und Hymnendichter verschiedenster Herkunft. Obwohl der Rückgriff auf Antikes nur ansatzweise gelang, führt die moderne Kulturgeschichtsschreibung die Epoche unter der Bezeichnung Karolingische Renaissance.

Karl der Große, 24 Zentimeter hohe Reiterstatuette aus dem Metzer Domschatz (heute im Louvre), entstanden Mitte des 9. Jahrhunderts. Der gekrönte Herrscher trägt in der Linken eine Kugel, nach römischer Tradition Zeichen seines Machtanspruchs über den Erdkreis.

Romanischer Westen, germanischer Osten

Reichsteilung im Vertrag von Verdun (843)

Einvernehmliche Trennung: Das Reich Karls des Großen zerfiel unter seinen Enkeln; schon der Sohn Ludwig mit dem bezeichnenden Beinamen „der Fromme" (regierte 814-840) hatte Mühe gehabt, die Reichseinheit zu wahren. Seine Söhne zerstritten sich dann endgültig: Nach einigen Feldzügen, in denen sich keiner entscheidend durchzusetzen vermochte, besiegelten sie im Vertrag von Verdun (843) die Teilung: Lothar I. (795-855), der Älteste, erhielt Italien, die Provence und den Mittelstreifen des Karlsreiches bis hinauf nach Friesland. Ludwig (um 805-876) bekam das Gebiet östlich von Rhein und Aare und ging in die Geschichte als „der Deutsche" ein. Die Länder westlich von Schelde, Maas, Rhône und Saône fielen an den Halbbruder der beiden, Karl den Kahlen (823-877).

Das in der Mitte liegende, nach Lothar benannte „Lotharingien" sollte weiter Zankapfel bleiben, hier fanden noch weitere Teilungen statt (in den Verträgen von Meerssen 870 und Ribémont 880). Die beiden anderen Reiche dagegen, das im Westen wie das im Osten, entwickelten sich zu stabilen Größen. Aus ihnen entstanden die Staaten, die wir heute Frankreich und Deutschland nennen. Das Westfrankenreich, das hauptsächlich Gebiete umfasste, die früher römisch verwaltet worden waren, nahm dabei stärker die Einflüsse und Traditionen der römischen Kultur auf.

Auswirkung der Teilung auf die Sprache

In der Sprache ist das gut zu erkennen. Während die Ostfranken mehr oder weniger nur die altgermanischen Dialekte weiter entwickelten, mischte sich im Westfrankenreich das Germanische mit der vom Latein geprägten Sprache der Einheimischen. Ost- und Westfranken brauchten bald Dolmetscher, um sich untereinander verständlich zu machen (Beispiel: Straßburger Eide 842, die auf altfranzösisch und aus althochdeutsch ein Bündnis zwischen Ost- und Westfranken beschworen). In Dokumenten dieser Zeit taucht erstmals die Bezeichnung „theodisca" oder „diutisca" für die Sprache auf, die man im Ostfrankenreich benutzte. Eigentlich heißt das nur soviel wie „Volkssprache" (im Gegensatz zum Latein der Gelehrten). Aber es wurde daraus der Begriff für dieses eine Volk selbst, das so sprach, die „Deutschen" eben.

Burgen

Zunächst nutzten die Franken befestigte Militärlager der Römer oder Fluchtburgen aus der Zeit der Völkerwanderung, die nur aus Gräben und Erdwällen bestanden, denen Holzpalisaden oder Mauern von geringer Höhe aufgesetzt waren. Eine technische Weiterentwicklung fand auf dem Gebiet des Mauerbaus statt, indem zusätzlich zur Trockenbauweise (einfaches Aufeinanderschichten der Steine) und zur Holz-Erde-Technik (Sicherung des Walls mit Baumstämmen und Flechtwerk) eine Bauweise unter Verwendung von Mörtel (Verbindung der Mauersteine durch Kalkmörtel) eingeführt wurde. Karl der Große setzte zudem auf deutliche Vermehrung der Zahl der bestehenden Burgen. Befestigte Plätze, die er anlegen ließ, dienten dem Schutz der Mission und dem Aufbau der Kirchenorganisation, hauptsächlich aber der Sicherung von neu ins Reich eingegliederten Gebieten und als Basis für weitere Eroberungen. Besondere Bedeutung kam dabei den Burgen zu, die entlang der Vormarschstraßen in regelmäßigen Abständen errichtet wurden. Ins fränkische Befestigungssystem wurden auch Anlagen einbezogen, die man den Sachsen abgenommen hatte, wie die Skidroburg bei Pyrmont, die Sigiburg an der Mündung der Lenne in die Ruhr, die so genannte Babilonie von Lübbecke und die Eresburg. Zu den Burgen gehörten landwirtschaftlich genutzte Gebiete; Ziel war es, vor Ort die nötigen Nahrungsmittel sowohl für die Garnisonstruppen als auch für die durchziehenden Angriffsheere bereitzustellen.

Lothar I. flankiert von seinen Brüdern Karl dem Kahlen und Ludwig dem Deutschen (links) beim Beschwören des Teilungsvertrags von Verdun (843), Holzstich nach einer Zeichnung von Karl Schurig (19. Jh.).

Entstehung des Deutschen Reiches

Heinrich der Sachse wird König der Deutschen (919)

Am „Vogelherd" (Falle zum Vogelfang), wie es die Legende will und wie es der Maler dargestellt hat, saß Sachsenherzog Heinrich wohl nicht. Und so überrascht, wie es die Ballade von Johann Nepomuk Vogl (1802-1866) schildert, war er schon gar nicht: Als Heinrich 919 zum König des Ostfränkischen Reiches, nun erstmals das „deutsche" (regnum teutonicorum) genannt, gewählt wurde, vollzog sich längst Erwartetes: Nachdem die ostfränkischen Karolinger mit Ludwig dem Kind ausgestorben waren und man auf einen Königsimport aus dem Westfränkischen Reich verzichtet hatte, war mit dem kinderlosen Konrad I. (König 911-918) ein Kompromisskandidat auf den Thron gekommen – er war aber wenigstens Franke. Nach seinem Tod verstand es sich von selbst, dass nur der mächtigste der Stammesherzöge die Zentralgewalt würde sichern können, und der war der Sachse Heinrich.

Konsolidierung der Macht

Weit jedoch reichte selbst seine Macht nicht. In Fritzlar gewählt hatten ihn nur seine Sachsen und die Franken, die anderen Stämme standen abseits, und Arnulf von Bayern ließ sich sogar zum Gegenkönig ausrufen. Heinrich, der keineswegs der Träumer war, den der Beiname „der Vogeler" (Vogelfänger) vermuten lässt, setzte sich in zäher Überzeugungsarbeit und manchen Kämpfen allmählich im ganzen Reich durch: 921 unterwarf sich Arnulf, 925 konnte Heinrich Lothringen gewinnen und für Jahrhunderte die Westgrenze weit in romanisches Gebiet vorschieben, 927 fiel ihm das bis in die heutige Schweiz reichende Schwaben zu.

Eroberungen Heinrichs

Den so gefestigten inneren Frieden brauchte der König dringend für die kriegerische Sicherung des östlichen Vorfelds – 928/29 Eroberung Brandenburgs, 932 Sieg über die Lausitzer – und zur Abwehr einer existenzbedrohenden Gefahr: Immer häufiger verwüsteten ungarische Heere die südlichen Reichsteile, und Heinrich hatte sich jahrelang nur durch hohe Tribute (heute kennen wir sie als „Schutzgelder") von weiteren Überfällen freikaufen können. 933 griff er schließlich zu den Waffen und besiegte die ungarischen Reiterscharen bei Riade an der Unstrut. Ein Herzog jener Sachsen, die Karl dem Großen so lange widerstanden hatten, verheiratet zudem mit einer Nachfahrin des sächsischen Helden Widukind, hatte das Ostreich endgültig etabliert.

Lehenswesen

Schon im Frankenreich entstand eine der Grundlagen der mittelalterlichen Staats- und Gesellschaftsordnung, das Lehnswesen: Entlohnung eines Dienstes nicht mit Geld, sondern mit Erträgen des Bodens. Wer Kriegs-, Hof- und andere Dienste leistete, wurde mit der Nutznießung von Ländereien in Form eines „Lehens" (lateinisch „feudum") vom König entschädigt. Die bereits in spätrömischer Zeit geübte Landleihe wurde ergänzt durch das germanische Prinzip der beiderseitigen Gefolgschaftstreue, das heißt der Treue des Vasallen gegen den Herren und des Schutzes für den Vasallen durch den Herren. Erst das persönliche Verhältnis zwischen Lehensherr und Gefolgsmann verwandelte die dingliche Rechtsbeziehung der Landleihe in das persönliche Lehensverhältnis. Die höchsten Lehensherren (Kronvasallen) schufen sich ihrerseits durch Lehensvergabe eine Lehensgefolgschaft. Der König trat an die Spitze der Lehenspyramide und förderte die Untervasallen. Das Königsgericht entschied über Streitfälle zwischen Herren und Vasallen; so machte sich der König sowohl zum Wächter der Mannentreue, als auch zum allerhöchsten Garanten der Gegentreue des Herren.

Der angeblich überraschte Sachsenherzog Heinrich bei der Mitteilung von seiner Erhebung zum deutschen König, Historiengemälde von Hermann Vogel (1855-1921). Erstmals ging die ostfränkische Krone an einen Nicht-Franken.

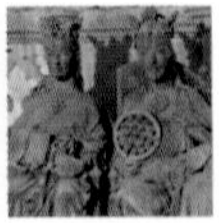

Die Ottonen

Die Festigung der Reichsgewalt (10. Jh.)

Jeder Zoll ein Kaiser, so hält Otto I. der Große (912-973) seit Jahrhunderten Hof im Magdeburger Dom mit seiner Frau Editha (910-946). Nur war er während dieser Ehe noch gar nicht Kaiser, wie auch sein Vater Heinrich I. diese höchste Krone des Abendlands noch nicht errungen hatte. Dazu war ein Romzug des Königs mit einem Heer nötig. Denn nur dort konnte er durch Akklamation des römischen Volkes und Krönung durch den Papst die Kaiserwürde erlangen. Heinrich war nicht dazu gekommen, und auch Otto I. brauchte ein Vierteljahrhundert der Herrschaft, ehe er nach Rom aufbrechen konnte. Die Nachfolge selbst war unstrittig. Otto nahm am 7. August 936 in Aachen auf dem Thron Karls des Großen Platz.

Zunächst musste der neue König um inneren Frieden ringen, denn einige Stammesherzöge wehrten sich gegen eine starke Reichsgewalt. Und sogar aus der eigenen Familie erwuchsen Otto Rivalen, allen voran der Bruder Heinrich. Otto besiegte ihn schließlich durch politische Isolierung, militärische Macht, vor allem aber durch Vergebung: 941 nahm er den bußfertigen Rebellen in Gnaden wieder an und band ihn und sein Haus an sich und die Sache des Reiches. Dieses Reich konnte Otto auch nach außen weiter festigen: 955 schlug er ein ungarisches Heer so vernichtend, dass die Raubzüge der gefährlichen Reiterhorden bald ein Ende hatten (siehe Kasten).

Romzug Ottos I.

Nun rüstete der König für einen Zug nach Rom. Am 2. Februar 962 empfing er dort die Kaiserkrone aus der Hand von Papst Johannes XII., „einer der erbärmlichsten und niederträchtigsten Figuren, die je den Heiligen Stuhl entweiht haben" – so der katholische Historiker Hans Kühner. Gerade aber die römischen Intrigen hatten den Anlass zum Eingreifen in Italien geboten. Otto wurde zum Schiedsrichter auch über die Kirche, die er im Reich schon zu seiner Machtsicherung nutzte: Bischöfe und Äbte waren seine treuesten Statthalter.

Otto II. und Otto III.

Bei seinem Tod am 7. Mai 973 gab es keine nennenswerte Opposition mehr, und der von ihm 967 zum Mitkaiser erhobene Sohn Otto II. (geboren 955) fand ein wohlgeordnetes Reich vor. Verheiratet mit der byzantinischen Prinzessin Theophanu und siegreich gegen Frankreich (980), erlebte er bei seinem Romzug einen ähnlichen Triumph wie der Vater. Im deutschen Norden aber kam es währenddessen zu Aufständen. Der Kaiser konnte dagegen nicht mehr einschreiten, er starb am 7. Dezember 983 in Rom. Der Nachfolger Otto III., geboren 980, wurde nur 21 Jahre alt, sein Traum von der Erneuerung des Römischen Weltreichs (Renovatio Imperii) mit der Welthauptstadt Rom blieb Traum, Erben hinterließ er nicht.

Die Ungarn

Sie kamen im 9. Jahrhundert aus der Wolgaebene über Mittel- und Westeuropa wie seinerzeit die Hunnen, und viele nannten sie auch so: Ungarische Reiterhorden drangen immer wieder überfallartig aus dem Donauraum nach Westen vor und zogen sich mit reicher Beute wieder zurück. Es ging ihnen nicht um Eroberung, sondern nur um das Ernten, wo sie nicht gesät hatten. Auf ihren schnellen, ausdauernden Pferden verschwanden sie so schnell, wie sie gekommen waren und noch ehe die Angegriffenen eine Streitmacht gegen sie hätten aufstellen können. König Heinrich I. war das 933 doch gelungen, was die Ungarn zur Flucht zwang. Otto I. glückte es erneut am 10. August 955 auf dem Lechfeld bei Augsburg. Dieses Mal aber stellte er den Gegner mit 4000 gepanzerten Reitern und siegte triumphal. Die Ungarn kamen zwar noch einige Mal wieder, wurden dann aber sesshaft und nahmen das Christentum an. Sie waren nachhaltig gezähmt worden.

Otto I. (mit Himmelsscheibe) und seine Gemahlin Editha, um 1250 entstandene gut einen Meter hohe Sitzfiguren aus Sandstein. Das Bildwerk ist in einer sechzehneckigen Kapelle im Nordschiff des Doms zu Magdeburg zu besichtigen.

Königsraub in Kaiserswerth

Die Entführung Heinrichs IV. (1062)

Der Künstler hat den entscheidenden Moment des Geschehens festgehalten, über das es im Bericht des mittelalterlichen Chronisten Lambert von Hersfeld heißt: „Kaum hat er den Kahn betreten, da umringen ihn die vom Erzbischof angestellten Helfershelfer, die Ruderer legen sich mit aller Kraft in die Riemen und treiben das Schiff blitzschnell in die Mitte des Stroms. Der König, fassungslos über diese unerwarteten Vorgänge, dachte nicht anders, als dass man ihm Gewalt antun und ihn ermorden wollte, und stürzte sich kopfüber in den Fluss. Und er wäre in den reißenden Fluten ertrunken, wäre dem Gefährdeten nicht Graf Ekbert nachgesprungen und hätte ihn nicht mit Mühe und Not vor dem Untergang gerettet."

Coup gegen das Königtum

Beim König handelte es sich um den elfjährigen Heinrich IV. (regierte 1056-1106) und beim Erzbischof um den machtbewussten Anno II. von Köln (um 1010-1075), und Ort des Geschehens war Kaiserswerth bei Düsseldorf. Man schrieb das Jahr 1062, als dieser Fall von „Kingnapping" Geschichte machte. Was steckte dahinter? Nach den Sachsenkaisern war 1024 mit Konrad II. (bis 1039) ein Herzog aus dem Geschlecht der Salier auf den deutschen Thron gelangt. Er und sein seit 1039 regierender Sohn Heinrich III. (bis 1056) hatten die Königsmacht gestärkt, sich die Kaiserwürde gesichert und sich dabei entsprechend viele Feinde gemacht.

König Heinrich IV. unter dem Einfluss von Anno II.

Als mit Heinrich IV. ein unmündiges Kind (geboren 1050) nachfolgte, lauerten einige Großen des Reiches auf ihre Chance, das Königtum zu schwächen. Anno griff als erster zu und entmachtete mit der Entführung des kleinen Königs dessen Mutter Agnes, die die Regentschaft übernommen hatte. Sie zog sich daraufhin zurück, und Anno sowie sein Amtskollege und zugleich Rivale Adalbert von Bremen (um 1000-1072) suchten in der verbleibenden Zeit von Heinrichs Unmündigkeit (bis 1065) ihren Einfluss auf den jungen König zum eigenen und zum Nutzen der Kirche geltend zu machen. Nachhaltiger als diese beiden sollte den Herrscher allerdings das Trauma der Entführung prägen, das nicht zuletzt hinter seinem späteren antipäpstlichen Kurs stand (siehe nächstes Kapitel) und auch sein Verhältnis zu den anderen obersten Reichsfürsten belastete.

Architektur als Propaganda – Dom in Speyer

Noch heute stockt einem der Atem, wenn man sich auf dem Rhein der Stadt Speyer nähert: Ein so schlichtes und zugleich so imposantes dreischiffiges Gotteshaus, wie es sich sechstürmig am Ufer erhebt, findet man nicht leicht anderswo: 134 Meter lang, Mittelschiff 33 Meter hoch, Langhaus fast 38 Meter breit, Osttürme 71 Meter hoch aufragend. Wie muss dieser riesige Rotsandsteinbau erst zur Zeit seiner Entstehung im 11. Jahrhundert gewirkt haben, als zu seinen Füßen nur ein verhuschtes Dorf von einigen Hundert Einwohnern kauerte? Kaiser Konrad II. ließ 1030 mit den Bauarbeiten an einer Kirche beginnen, die nach seinem Willen die größte der Welt werden sollte und deshalb erst zu einem gewissen Abschluss kam, als bereits sein Enkel, Kaiser Heinrich IV., regierte und den 1061 geweihten Dom 1080 zur Hälfte abbrechen und noch größer wieder aufbauen ließ. Der massige romanische Grundcharakter blieb erhalten, es traten nun aber schon erste Anzeichen gotischer Baukunst hinzu wie etwa das Kreuzgratgewölbe der Schiffe. Heinrichs Bauwillen war auch eine Machtdemonstration Rom gegenüber: An Frömmigkeit ließ er sich von niemandem übertreffen. Wer seinem Glauben derartige Häuser zu bauen in der Lage war, der war schon, qua größerer Gottnähe, der überlegene.

Heinrich IV. durch Anno von Köln geraubt (1062), 1868 entstandenes Historiengemälde von Anton von Werner (1843-1915), Stadtmuseum Düsseldorf. Im Hintergrund links die Silhouette der Pfalz in Kaiserswerth, von wo der verschleppte König nach Köln gebracht wurde.

Der Gang nach Canossa

Heinrich IV. und der Investiturstreit (1076/77)

Ein König erniedrigte sich und bat um Gnade, weil sein weltliches Schwert sich als stumpf erwies gegen das geistliche des Papstes. Was als Investiturstreit um das Recht zur Einsetzung von Bischöfen Geschichte machte, war der Kampf um die abendländische Vorherrschaft zwischen Papst und Kaiser. Lange waren die Herrscher unbestrittene Sieger in den Zeiten kirchlicher Wirren und römischer Korruption. Aus dem Kloster Cluny im Herzogtum Burgund, 909/910 gegründet, begann der Geist des Wandels zu wehen: Konnte eine Kirche, die ihre Gewalt direkt von Gott hatte, weltlichen Gewalten untertan sein?

Die Reform und ihre Folgen

Konsequenz dieser kluniazensischen Reform (siehe Kasten) war die Entdeckung, dass letztlich auch der Kaiser zwar oberste, aber eben auch nur weltliche Gewalt war. Die Erkenntnis brach sich endgültig Bahn, als mit dem Kind Heinrich IV. seit 1056 die höchste Reichsgewalt geschwächt war und in Rom Reformpäpste dem Heiligen Stuhl zu neuem Ansehen verhalfen. Gregor VII. (amtierte 1073-1085) zog schließlich die radikalste Konsequenz und schleuderte 1076 gegen Heinrich IV. den Bannstrahl, nachdem dieser seinen Kaplan Tedald ohne Beratung mit dem Papst zum Erzbischof von Mailand gemacht und Gregor auf dessen Mahnungen hin zum Rücktritt aufgefordert hatte.

Heinrichs Bußgang und die Erlösung vom Bann

Heinrichs Position in Deutschland begann zu wanken, die Reichsfürsten drohten mit der Wahl eines Gegenkönigs, wenn es Heinrich nicht gelingen sollte, sich binnen Jahresfrist vom Kirchenbann zu befreien. Dem König blieb am Ende nur die Unterwerfung durch seinen sprichwörtlichen Bußgang nach Canossa, einer Felsenburg in der Emilia-Romagna, wo sich der Papst im Winter 1077 aufhielt. Gregor konnte als Christ des Königs Buße, der drei Tage im Schnee vor der Burg ausgeharrt haben soll, nicht abweisen, löste ihn aber nur unter strengen Bedingungen vom Bann.

Der erlöste König drehte zwar bald den Spieß um und machte aus seiner Niederlage einen momentanen Sieg, indem er Gregor aus Rom in die Verbannung vertrieb. Auf lange Sicht aber war der Sieger von Canossa das Papsttum. Im Wormser Konkordat (siehe Seite 26) kam 1122 ein Kompromiss in Sachen Investitur zustande, mit dem Reichskirchenregiment der deutschen Kaiser jedoch war es vorbei. Heinrich selbst sah sich in Deutschland weiter einer starken Opposition gegenüber, der sich zuletzt sogar sein Sohn und Nachfolger Heinrich V. (geboren 1086; regierte 1106-1125) anschloss und ihn noch zu Lebzeiten entthronte.

Kluniazensische Reform

Vielleicht wäre es zuviel gesagt, die Kirche im 9./10. Jahrhundert als verwahrlost oder auch nur als verweltlicht zu bezeichnen. Der Trend aber war mehr und mehr dahin gegangen durch Ämterkauf, Sittenverfall in den Klöstern, Habgier des Klerus, bewaffnete Konflikte zwischen geistlichen Fürsten und Machtkämpfe an der Kirchenspitze in Rom. Die Stimmen, die nach einer Läuterung und nach einer Rückbesinnung auf die eigentlichen Inhalte der Glaubens verlangten, schwollen an, und am meisten Gehör fanden die Reformäbte des Klosters Cluny bei Macon in Burgund. Sie propagierten eine stärkere Spiritualisierung der Mönchsgemeinschaften auf der Basis der Benediktinerregel, lehnten sich eng an das Papsttum an und erreichten für die bald über hundert Filialklöster eine weitgehende Unabhängigkeit von den jeweiligen Diözesanbischöfen. Diese kluniazensische Reform-Bewegung strahlte im 11. Jahrhundert auf ganz Europa aus, löste eine Welle kämpferischer Frömmigkeit aus und wurde zur Stütze der Kirche beim Konflikt mit dem Kaisertum.

König Heinrich IV. in Canossa, mittelalterliche Miniatur. Der Herrscher bittet Abt Hugo von Cluny (links mit Krummstab) um Vermittlung bei Papst Gregor VII.; rechts Markgräfin Mathilde von Tuszien, die des Königs Anliegen unterstützt.

Räuber zu Soldaten – Der erste Kreuzzug

Die „Rückeroberung" Jerusalems (1099)

Das vieltürmige Jerusalem in der Hand der Heiden? Das war nicht hinzunehmen. Laute Klage erhob daher Papst Urban II. auf der Synode von Clermont im Jahre 1095: „Die Türken und die Araber haben die Christen siebenmal in der Schlacht besiegt, haben eine große Anzahl von ihnen getötet, haben die Kirchen zerstört und das Land verwüstet." Urban meinte das Heilige Land, „die Wiege unseres Heils, das Vaterland des Herrn, das Mutterland der Religion". Und er ließ einen flammenden Appell folgen: „Der Herr bittet und ermahnt euch als Herolde Christi, die Armen wie die Reichen, dass ihr euch beeilt, dieses gemeine Gezücht... zu verjagen."

Motiv für den ersten Kreuzzug

Vordergründig reagierte der Papst damit auf einen Hilferuf des byzantinischen Kaisers Alexios I. Dahinter aber steckte ein ganzes Bündel von Motiven: Zum einen tobte der „Heilige Krieg" gegen den expansiven Islam schon lange, zum anderen war es 1054 zur Trennung zwischen Ost- und Westkirche (Schisma) gekommen, die eine militärische Intervention im Orient womöglich wieder würde heilen können. Außerdem ließen innere Unruhen in den Abendländern Ablenkung nach außen willkommen erscheinen, wie Urban freimütig durchblicken ließ: „Mögen diejenigen, die bis jetzt Räuber waren, Soldaten werden." Was war denn plötzlich anders? Die heiligen Stätten in Palästina waren ja schon im 7. Jahrhundert in islamische Hand gefallen, doch hatte das bisher christliche Pilgerfahrten und tolerantes Nebeneinander kaum behindert. Die neue Qualität rührte her vom Aufstieg des Seldschukenreiches, benannt nach dem Begründer Seldschuk (um 1000), der islamisierten Türken, die 1070 Jerusalem erstürmt hatten. Erst das bot den Anlaß zum ersten Kreuzzug, der 1096 begann und vornehmlich von französischen, flandrischen, normannischen und deutschen Rittern getragen wurde unter Führung Gottfrieds von Bouillon.

Höhepunkt des „heiligen Terrors"

Gottfried von Bouillon nahm den Titel „Beschützer des heiligen Grabes" an und führte die Kreuzfahrer quer durch Europa über den Bosporus und durch Kleinasien vor die Tore Jerusalems. Unterwegs war es immer wieder zu Ausschreitungen der Kreuzritter und des sie streckenweise begleitenden Mobs gekommen. Den Höhepunkt aber erreichte der „heilige Terror" am 15. Juli 1099 bei der Erstürmung Jerusalems: Kein Moslem und kein Jude überlebte das Massaker in der Stadt Christi. Immerhin hatten die rasenden Fanatiker ihr Kriegsziel erreicht: die zeitweilige Befreiung der heiligen Stätten.

Judenverfolgungen

Die Judenfeindschaft des Mittelalters war religiös begründet, war Antijudaismus, nicht vergleichbar mit dem rassistischen Antisemitismus des 19. und 20. Jahrhunderts. Allerdings hatte sie wie dieser auch soziale und wirtschaftliche Komponenten. Juden wurde der „Gottesmord" (Kreuzigung Christi) zur Last gelegt, und man verdächtigte sie auch, den Arabern bei der Eroberung der heiligen Stätten in Jerusalem geholfen zu haben. Durch die Kreuzzüge erfuhr die Judenfeindschaft in Europa daher erheblichen Auftrieb. Im Vorfeld des ersten Kreuzzugs kam es im Frühsommer 1096 zu Massakern, denen Hunderte von Juden zum Opfer fielen. Besonders wütete dabei ein Haufe unter Emich von Leiningen († 1117). Seine Bande zog ihre blutige Spur auch durch die Gettos von Regensburg und Prag und hätte die Plünderungs- und Mordaktionen wohl noch in Ungarn fortgesetzt, wenn sie nicht ein Heer des ungarischen Königs auseinandergejagt hätte. Auch Kaiser Heinrich IV., der nicht am Kreuzzug teilnahm, setzte Soldaten gegen die Judenmörder ein. Die Ausschreitungen gegen Juden wiederholten sich bei den folgenden Kreuzzügen.

Erstürmung Jerusalems durch christliche Ritter beim ersten Kreuzzug, französische Buchillustration 1498. Die perspektivische Stauchung erlaubte dem Künstler stärkere Detaillierung des Geschehens in den Mauern der Stadt.

Schlappe für den Kaiser

Das Wormser Konkordat (1122)

Schon der Ort der Verkündung bedeutete für die Papstkirche eine Art Heimvorteil: Worms am Rhein. Die Stadt war seit dem 4. Jahrhundert Sitz eines Bischofs, der dort seit 898 auch die königlichen Rechte ausübte. Das hier am 23. September 1122 unterzeichnete Konkordat (Übereinkunft) zwischen Kaiser Heinrich V. und Papst Kalixt II. (Pontifikat 1119-1124) stellte denn auch für die weltliche Seite einen Rückschlag, wenn nicht gar eine Niederlage dar. Die gegenseitig überreichten Urkunden bestimmten, dass künftig die Einsetzung (Investitur, wörtlich: Einkleidung) von Bischöfen durch beide Mächte erfolgen sollte, wobei der Herrscher auf die Investitur mit Stab und Ring, also den eigentlichen hoheitlichen Akt, verzichtete und nur noch das Recht auf Belehnung des Gewählten mit dem Kirchenbesitz durch das Zepter ausüben durfte.

Sakrale Würde des Herrschers

Damit wurde ein Streit beigelegt, der im Konflikt zwischen König Heinrich IV. und Papst Gregor VII. einen ersten Höhepunkt erreicht hatte (siehe Abschnitt „Canossa"). Zurück ging er auf die Krönung Karls des Großen durch den Papst im Jahr 800. Daraus leitete die Kirche eine Art Oberherrschaft ab, die sie allerdings lange nicht zur Geltung bringen konnte, da innerer Zwist Papsttum und Kirche lähmten. Die Könige und Kaiser ihrerseits nutzten diesen Zustand zur Ausweitung ihrer Rechte bei der Bestellung von Bischöfen. Es ging daher um mehr als symbolische Politik, als die Reformpäpste im 11. Jahrhundert versuchten den königlichen Einfluss auf die Besetzung von hohen Kirchenämtern zurückzudrängen. Die sakrale Würde des weltlichen Herrschers und das Reichskirchenregiment standen auf dem Spiel.

Mehr Mitwirkung für die Fürsten

Darunter verstand man die bevorzugte Berufung von Kirchenfürsten in die engere Umgebung der Herrscher, weil Kleriker ihre Macht nur auf Lebenszeit erlangten und nicht vererben konnten. Der König erhielt auf diese Weise ständig Besitz zurück, den er erneut zur Bindung von Gefolgsleuten ausgeben konnte. Außerdem musste er weniger Rücksicht auf die Familien nehmen als bei weltlichen Fürsten. Diese waren auch deswegen sehr daran interessiert, die Rechte des Königs auf Bischofsinvestitur beschränkt zu sehen, weil sie dadurch wieder auf mehr Mitwirkung bei der Gestaltung der Politik des Reiches hoffen durften. Sie unterstützten daher eher die päpstliche Seite und begrüßten das Wormser Konkordat auch wegen der damit verbundenen Schwächung der Königsmacht.

Mathildische Güter

Der Investiturstreit war vorüber. Doch es blieb immer noch genügend Konfliktstoff zwischen Kaiser und Papst. Ein Dauerbrenner wurden die so genannten Mathildischen Güter, der Besitz der unermesslich reichen Markgräfin Mathilde von Tuszien (1046-1115), der fast die ganze Toskana und die Emilia gehörten. Sie stand im Investiturstreit auf Seiten des Papstes, obwohl sie sich bei diesem in Canossa, einer ihrer Burgen, 1077 für den König eingesetzt hatte. Zwei Jahre später schenkte sie ihre Gebiete dem Papst und nahm sie für ihre Lebenszeit als Lehen von ihm wieder zurück. 1111 setzte sie Kaiser Heinrich V. als Erben ein, der dadurch bei Mathildes Tod formal Lehnsmann des Papstes wurde. Das wurde von ihm und seinen Nachfolgern anerkannt, wenn sie den Papst günstig stimmen wollten, aber immer dann zurückgewiesen, wenn der Papst den Kirchenstaat um die Güter arrondieren und damit weit nach Oberitalien auszudehnen drohte. Bis ins 13. Jahrhundert zog sich der Streit hin, wurde aber gegenstandslos, als sich die umliegenden Herrschaften die Mathildischen Güter nach und nach einverleibt hatten.

Kirchliche Propaganda: Kaiser Heinrich V. (links) erhält 1111 von Papst Paschalis II. die Reichsinsignien Krone, Zepter und Reichsapfel, nach einer Miniatur der Auracher Kaiserchronik von 1113.

Rotbart auf dem deutschen Thron

Friedrich I. Barbarossa (um 1122-1190)

Die Goldbüste zeigt es natürlich nicht: Rötlich war der Bart von König und Kaiser Friedrich I., der daher als Barbarossa in die Geschichte einging. Diese verklärte seine Gestalt im Nachhinein ins Heldische und nahm seinen Namen beim Wort: Friedensreich sei seine Zeit gewesen. Das aber hieße eine Epoche weichzeichnen, die in großen Teilen ebenso von Waffengeklirr erfüllt war wie andere auch.

Krieger und Diplomat

Um 1122 geboren, 1152 gewählt und am 18. Juni 1155 zum Kaiser gekrönt, sah der Sohn Herzog Friedrichs II. von Schwaben seine Hauptaufgabe in der Sicherung der Reichsrechte in Italien. Sechsmal zog er dorthin, ehe es zu einem vernünftigen Ausgleich mit den selbstbewussten lombardischen Städten und dem Papst kam. Beide sahen mit Argwohn die wachsende Macht des Staufers, der 1162 das widerborstige Mailand zerstören ließ und dem 1159 gewählten Papst Alexander III. immer wieder mit Gegenpäpsten zusetzte. 1166 beschloss Barbarossa, endgültig Ordnung zu schaffen, zog erneut mit einem Heer über die Alpen und erfocht dank seines Kanzlers und Erzbischofs von Köln Rainald von Dassel einen Sieg über die Römer bei Tusculum.

Nun aber verließ den Kaiser das Glück. Eine schwere Seuche dezimierte nicht nur sein streitbares Heer, sondern raffte auch Rainald dahin. Nur mit knapper Not konnte Friedrich den Rückzug nach Deutschland einleiten. Die lombardischen Städte um das wiederaufgebaute Mailand und das einst so kaisertreue Cremona erhoben sich, ohne dass der Kaiser eingreifen konnte. Er wurde im Norden von inneren Fehden festgehalten, und als er endlich wieder nach zehn langen Jahren in Norditalien erschien, hatten die Städte Kraft gesammelt und bereiteten ihm die vernichtende Niederlage bei Legnano (1176). Alles Blutvergießen war vergeblich gewesen, Diplomatie war nun gefragt, und Barbarossa bewies, dass er sie weit besser noch als die Kriegskunst beherrschte.

Arrangement mit den Städten im Frieden von Venedig

Im Frieden von Venedig nahm Friedrich 1177 sein harsches „Nie" hinsichtlich der Anerkennung des Papstes zurück und akzeptierte einen Kompromiss mit den Städten des lombardischen Bundes. Erst jetzt begann der Abschnitt seiner Herrschaftszeit, der ihn zur Legende werden ließ, als Einiger des Reiches und Friedensfürst.

Staufer

Heinrich V. starb 1125 kinderlos, mit ihm erlosch das Herrscherhaus der Salier. Schon sein Vater Heinrich IV. aber hatte für die Nachfolge gesorgt. Er hatte seine Tochter Agnes mit Schwabenherzog Friedrich I. aus dem Geschlecht der Staufer (benannt nach dem Stammsitz, der Burg Hohenstaufen nordöstlich von Göppingen vor der Schwäbischen Alb) vermählt. Ohne Konflikte aber ging der Übergang nicht ab. Die deutschen Fürsten, angeführt von ihren geistlichen Kollegen, fürchteten die Machtballung von staufischem Hausbesitz und salischem Erbe in der Hand des Königs und wählten 1125 den Welfen Lothar III. von Supplinburg, Herzog von Sachsen, zum König. Kaiserenkel und -neffe Konrad von Schwaben sah sich um den Thron betrogen und ernannte sich selbst zum Gegenkönig. Der Kampf setzte sich über Lothars Tod (1137) und die nun endlich folgende Wahl Konrads III. zum König hinaus fort, denn nun fühlte sich Lothars Schwiegersohn Herzog Heinrich der Stolze von Bayern in seiner Welfen-Ehre übergangen und wandte sich seinerseits gegen den König. Der besiegte den Rivalen, konnte aber die Rivalität nicht überwinden, die sein Nachfolger Friedrich I. Barbarossa erbte.

Cappenberger Barbarossa-Kopf, gut dreißig Zentimeter hohe Skulptur aus vergoldeter Bronze, nachweislich dem Gesicht Friedrichs I. nachgebildet und diesem um 1160 von Otto von Cappenberg geschenkt; erste unabhängige Porträtdarstellung der abendländischen Kunst seit der Zeit der Karolinger.

Machtkampf

Heinrich der Löwe unterliegt Barbarossa (1176–1181)

Je hochmögender der Herr, desto aufwändiger auch der sakrale Prunk, den er sich leistete. Welfenherzog Heinrich der Löwe (1129-1195) ließ sich beispielsweise ein Evangeliar so prächtig schmücken, dass selbst der Papst nichts Schöneres vorweisen konnte. Weder diesen noch den Herzog oder andere Potentaten hinderte so demonstrative Frömmigkeit daran, ihre Interessen mit sehr weltlichen Mitteln durchzusetzen. Heinrich zeichnete sich dabei besonders aus, und seinen Beinamen „der Löwe" erhielt er wohl nicht zuletzt wegen seiner ungenierten Raub-Politik.

Prozess Friedrichs gegen den Vetter

Kaiser Friedrich sah dem Machtgewinn seines Vetters (Kaiserinmutter Judith war eine Welfin) zunächst beinahe wohlwollend zu, belehnte ihn mit Bayern und schritt auch nicht ein, als Heinrich Mecklenburg und Vorpommern eroberte. Proteste anderer Fürsten fruchteten nichts. Ärger gab es erst, als Heinrich dem Kaiser die Heerfolge verweigerte, ihm 1176 also keine Truppen stellte. Die Katastrophe von Legnano führte Barbarossa auch darauf zurück. Nach seinem Arrangement mit den Lombarden und dem Papst wandte er sich daher gegen den Welfen und machte ihm 1178-1180 den Prozess. Heinrich aber fühlte sich so sicher, dass er drei Vorladungen vor das Hofgericht nicht Folge leistete.

Das Scheitern des „Löwen"

Er hatte seine Karte damit überreizt. In Gelnhausen sprach der Kaiser 1180 die Ächtung Heinrichs aus, der sich gegen die Aberkennung seiner Herzogtümer vergeblich mit Waffengewalt zur Wehr zu setzen suchte und sich im November 1181 unterwerfen musste. Auf sein flehentliches Bitten hin beließ ihm Barbarossa den Hausbesitz um Braunschweig und Lüneburg, erzwang aber sein zeitweiliges Exil in England. Zurückgekehrt eroberte Heinrich Teile seines einstigen sächsischen Besitzes zurück, musste sie aber 1190 wieder herausgeben. Der Löwe war letztlich an seinem allzu großen Appetit gescheitert.

Zu ordnen hatte Barbarossa nach dem Sieg über den welfischen Widersacher nun nur noch die eigene Nachfolge, und er verband das mit einem letzten machtpolitischen Schachzug: 1184 machte er sich nochmals nach Süden auf, erhob in Mailand den Sohn und Mitkönig (seit 1169) Heinrich VI. (geboren 1165) zum König von Italien und vermählte ihn mit Konstanze, der Erbin des Königreichs Sizilien. Sein Haus war damit bestellt: 1189 brach der Kaiser mit einem Ritterheer zum dritten Kreuzzug ins Heilige Land auf. Auf dem Weg dorthin ertrank er am 10. Juni 1190 in den Fluten des Saleph in Kleinasien.

Kniefall von Chiavenna

Schlimm genug, dass Heinrich der Löwe dem Kaiser 1176 die Heerfolge verweigerte, schlimmer aber, wie das bei einem Treffen in Chiavenna am Comer See geschah: Der Kaiser erinnerte den Herzog an den Schutz, den er ihm stets gewährt habe und bat, ihn nun seinerseits nicht im Stich zu lassen. Heinrich aber blieb bei seiner Weigerung. Da geschah etwas, das dem Treffen den historischen Rang verlieh: Friedrich unterstrich seine Bitte mit einem Kniefall vor seinem Vasallen. Das Unerhörte spiegelt sich in den wilden Legenden, die sich daran knüpften: Die Krone soll dem Kaiser dabei vom Kopf gefallen sein, obwohl er zu solcher Gelegenheit mit Sicherheit keine getragen hat; Kaiserin Beatrix habe sich zu scharfen Worten gegen Heinrich hinreißen lassen – ebenfalls eine Erfindung, hatte doch nicht einmal sie in solcher Verhandlung Rederecht. Wie auch immer, Heinrich blieb stur. Friedrich erhob sich und verließ ohne ein weiteres Wort den Raum.

Evangeliar Heinrichs des Löwen, 1173 in Auftrag gegeben und 1188 zur Weihe des Marienaltars dem Dom zu Braunschweig gestiftet. Das kostbar mit 50 ganzseitigen Miniaturen (hier Schöpfungsgeschichte) illuminierte Buch konnte 1983 von der Bundesrepublik Deutschland für 32,5 Millionen Mark ersteigert werden und ist seitdem in der Herzog-August-Bibliothek in Wolfenbüttel ausgestellt.

Lehns- und Landrecht

Eike von Repgow und der „Sachsenspiegel" (um 1230)

Mit kolorierten Federzeichnungen kam der Verfasser des vermutlich ältesten, auf alle Fälle aber bekanntesten deutschen Rechtsbuchs des Mittelalters dem Anschauungsbedürfnis der Leser entgegen. Seine Absicht: „Ich kann die Leute nicht grundsätzlich vernünftig machen, aber sie immerhin ihre Rechtspflichten lehren; möge mir Gott dabei helfen." Ein ostsächsischer Ritter namens Eike von Repgow, Berater und Lehensmann des Grafen Hoyer von Falkenstein, war der Autor. Mehrere Urkunden aus den Jahren 1209-1233 weisen ihn als geschichtliche Persönlichkeit aus; ansonsten ist nichts über ihn bekannt.

Der „Sachsenspiegel"

Der „Sachsenspiegel" wurde so genannt, weil Eike das damalige Sachsenrecht so unbestechlich abbilden wollte wie der Spiegel das Antlitz einer schönen Frau. Das Werk war ursprünglich in lateinischer Sprache gehalten; wie die Vorrede vermerkt, nahm Eike selbst die Übersetzung ins Niederdeutsche (Elbostfälische) vor. Das Buch, in einen landrechtlichen und einen lehnrechtlichen Teil gegliedert, enthält das ungeschriebene Gewohnheitsrecht der Zeit; Bezüge auf ältere Gesetzessammlungen sind selten. Der – wichtigere – landrechtliche Teil behandelt in assoziativer Folge ohne ausgefeilte Systematik Themen des Verfassungs-, Prozess-, Straf-, Familien- und Vermögensrechts.

Folgenreiche Gesetzessammlung

Eigentlich nur als Aufzeichnung üblichen Rechts konzipiert, stieg Eikes Sammlung bald in den Rang eines Gesetzbuches auf. Über 200 erhaltene Handschriften bezeugen die außerordentliche Bedeutung des Sachsenspiegels. Er diente als Vorlage für andere Rechtsbücher, etwa den Schwabenspiegel (entstanden in der zweiten Hälfte des 13. Jahrhunderts) oder das später weit verbreitete Magdeburger Stadtrecht, und besaß auch außerhalb des deutschen Sprachgebiets Geltung, etwa in Teilen Polens, Russlands und Ungarns. In Thüringen und Anhalt blieb er bis zur Einführung des Bürgerlichen Gesetzbuches am 1. Januar 1900 maßgeblich.

Landfrieden

Im Mittelalter war Frieden oder modern gesagt: innere Sicherheit nichts Selbstverständliches, Frieden musste hergestellt werden. Bereits aus der Zeit der Karolinger und der Salier sind Friedensgebote der Herrscher überliefert. Daran knüpfte die von den weltlichen Gewalten seit der zweiten Hälfte des 11. Jahrhunderts geschaffene Landfriedensgesetzgebung an. Thüringen, Schwaben und Bayern machten dabei die Vorreiter. 1103 verkündete Heinrich V. einen Landfrieden auf vier Jahre, der im ganzen Reich Gültigkeit haben sollte. Damit wurden bestimmte Orte (besonders die Kirchen) und Bevölkerungsgruppen (Kleriker, Frauen, Kaufleute, Juden) unter Schutz gestellt und der Versuch unternommen, das Fehdewesen (oft blutige Privatabrechnungen bis hin zu Sippenkriegen) einzudämmen. Neuartig war dabei die Androhung schwerer Strafen wie Rädern, Enthaupten, Verstümmeln, die das überkommene System von Schadensersatzleistungen ablöste. Die Strafverfolgung lag nicht mehr in der Hand des Geschädigten oder seiner Familie, sondern wurde zu einer Aufgabe der öffentlichen Gewalt. Ein Landfrieden kam zustande durch einen Eid, den die beteiligten Fürsten sich gegenseitig leisteten. Unter Friedrich I. Barbarossa wurde der Landfrieden zum Instrument der kaiserlichen Gerichtsbarkeit, ein Netz von Eidesleistungen sollte alle Teile verbinden und Rechtssicherheit gewährleisten. Es stellte sich jedoch heraus, dass Friede nur im Zusammenwirken mit den Territorialherren zeitweilig herzustellen war.

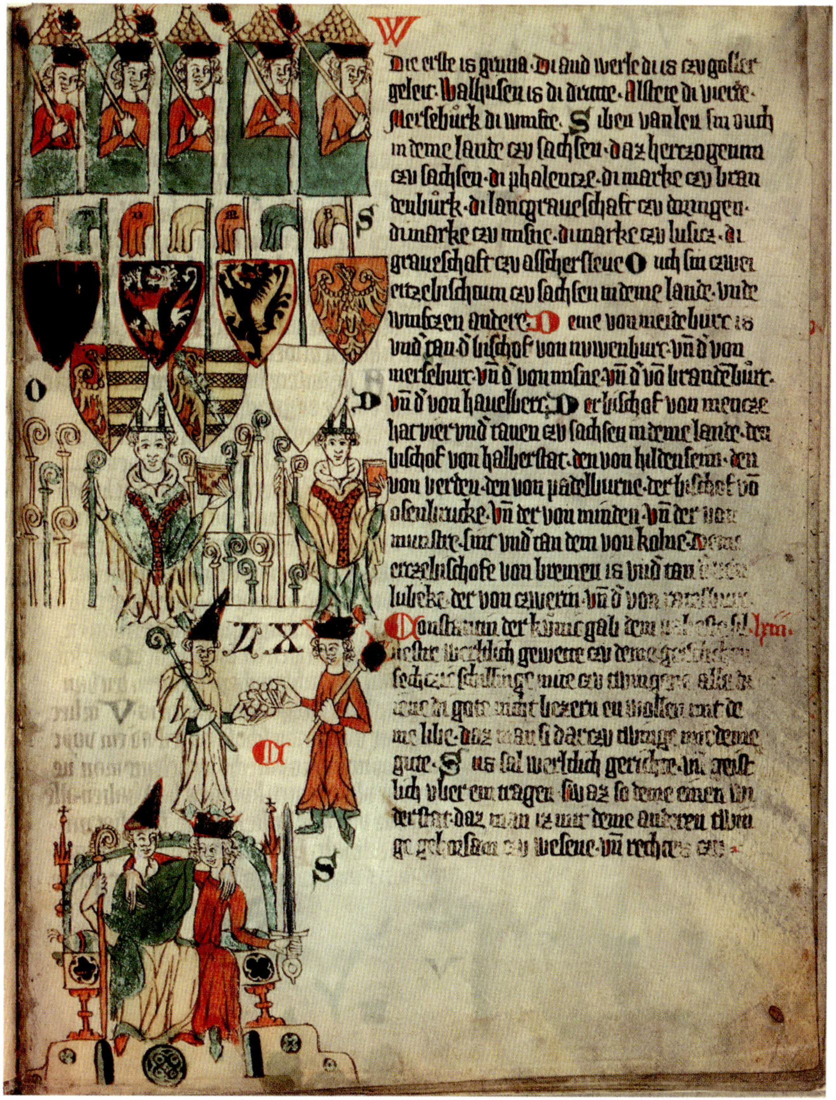

Seite aus dem „Sachsenspiegel“ (Gleichheit weltlicher und geistlicher Gewalt), Pergament 30 mal 23 Zentimeter. Kernaussage: Gott ist alleiniger Gesetzgeber, der König oberster Richter, Ziel des Rechts die Herstellung eines stabilen Landfriedens.

Kreuzzug nach Nordost

Der Deutsche Orden und die Ostsiedlung (1225/26)

Die Zeit heilt offenbar wenigstens manche Wunden: Polen hat die im Zweiten Weltkrieg zerstörte Marienburg über der Nogat wieder aufgebaut und sorgfältig restauriert, obwohl sie doch Monument der deutschen Ostsiedlung im Mittelalter ist. Aber eben ein ungemein eindrucksvolles, und da zählt nicht verjährter Groll, sondern nur die Pflege des wertvollen baulichen Erbes.

Frucht der Kreuzzüge

Erbauer der Burg war der Deutsche Orden. Er entstand als dritter Ritterorden, nach Templern und Johannitern, im Rahmen der Kreuzzüge Ende des 12. Jahrhunderts aus einer Hospitalbrüderschaft, die bei der Belagerung von Akkon 1189/1190 Kranke und Verwundete pflegte. Der Orden konsolidierte sich rasch, was auf die Förderung durch die staufischen Kaiser zurückgeführt wird. 1198 wurden seine Statuten durch Papst Innozenz III. bestätigt. Die Regeln, nach denen die Ordensbrüder lebten, mit dem Gelöbnis von Armut, Keuschheit und Gehorsam, und auch die Prinzipien der Verwaltung entsprachen denen der älteren Orden.

Was die neue Gründung aber von diesen unterschied, war die nationale Prägung. Im „Ordo Theutonicorum" dienten, wie der Name verriet, ausschließlich deutsche Ritter.

In den Osten gerufen

Dem Deutschen Orden wuchs durch Schenkungen bald beträchtlicher Besitz zu. Er sah jedoch, auch wenn er noch in Palästina bis zum Fall Akkons im Jahre 1291 aushielt, sein Hauptbetätigungsfeld bald woanders: in Nordosteuropa. Der Hochmeister Hermann von Salza (1209–1239), ein Freund und Ratgeber Kaiser Friedrichs II., stellte 1225/1226 die entscheidenden Weichen. Er nahm einen Hilferuf des polnischen Herzogs Konrad von Masowien auf, der von den heidnischen Pruzzen bedrängt wurde.

Die deutschen Ritter eroberten Preußen und gründeten einen eigenen Staat. 1237 gewannen sie durch den Zusammenschluss mit dem in Livland ansässigen Schwertbrüderorden ein weiteres Herrschaftsgebiet dazu. Der Kreuzzugsgedanke lebte hier noch lange fort, bis weit ins 14. Jahrhundert war es unter der abendländischen Ritterschaft Brauch, zur „Preußenreise" in den Osten zu ziehen und dort gegen die heidnischen Nachbarn des Ordenslandes, vor allem die Litauer, zu kämpfen.

Ostsiedlung

In der deutschen Geschichte spielt die Besiedlung und wirtschaftlich-kulturelle Durchdringung der von den Germanen in der Völkerwanderung aufgegebenen und an die Slawen gefallenen Ostgebiete eine bedeutende Rolle. Ihre Hauptphase fällt in die Stauferzeit – ohne dass allerdings die Staufer viel dazu taten, wie auch sonst das Königtum insgesamt wenig Einfluss nahm. Das Kolonisationswerk trugen andere: Mönche, Ritter, Bauern, Händler und Bergleute. – Die Anfänge der Ostsiedlung fallen schon in karolingische Zeit. Gegen die Slawen wurde von der Ostsee bis an den Böhmerwald ein Grenzsicherungssystem, die Marken, geschaffen. Unter den Ottonen gab es weitere Expansion. Erst im 12. Jahrhundert aber setzte eine regelrechte Welle der Siedlungsbewegung ein. Drei Fürstenhäuser übernahmen dabei die Führung: die Schauenburger, denen bereits 1110 die Grafschaft Holstein übertragen wurde, die Wettiner, die die Mark Meißen (1123) und die Lausitz (1136) erhielten, und die Askanier, die mit der Nordmark (Brandenburg) belehnt wurden. Heinrich der Löwe besiegte 1160 die slawischen Abodriten und verlegte das Bistum Mecklenburg nach Schwerin. Zumeist erfolgte die Kolonisation nach vertraglicher Landübergabe und ohne dass die einheimische Bevölkerung drangsaliert wurde.

In alter Majestät wiederhergestellt: die Marienburg, 1276 begonnen, seit 1280 Konventssitz des Deutschen Ordens und 1309-1457 Residenz von dessen Hochmeistern.

Das Castel del Monte

Monument der Staufermacht (13. Jh.)

Monument der Macht: Kaiser Friedrich II. (regierte 1212-1250) ließ auf einem Hügel südlich von Andria (Apulien) das Castel del Monte errichten, das bis heute das Umland beherrscht. Der Zentralbau verkörperte den sizilischen Zentralstaat des Staufers, der ihn vom Vater Heinrich VI. (König und Kaiser 1189-1198) geerbt und zu einem hocheffektiven Gemeinwesen ausgebaut hatte. Dazu hatte er vor allem kirchlichen Widerstand zu überwinden, denn Rom sah sich seit der Übernahme Siziliens von Stauferland förmlich umklammert. Und doch hatte Friedrich seinen Aufstieg nicht zuletzt dem Papst zu danken, und das kam so:

Doppelwahl von 1198

1198 wäre es fast mit der staufischen Herrlichkeit vorbei gewesen, denn der Konflikt Welfen-Staufer brach wieder auf: Kaiserbruder Philipp von Schwaben und Otto IV. von Braunschweig wurden beide zum König gewählt. Der im gleichen Jahr inthronisierte Papst Innozenz III. sann auf Schwächung der staufischen Partei und unterstützte Otto. Dafür machte Otto dem Papst umfangreiche Zugeständnisse, offenbar aber nicht genug. Innozenz schwenkte nämlich wieder auf die staufische Seite und präsentierte 1212 Friedrich II., den 1194 geborenen Sohn Kaiser Heinrichs VI., als Gegenkönig. Ein neuer Stauferstern ging auf.

Kreuzzugsversprechen verschleppt

Friedrich konnte sich allerdings bald nicht mehr erinnern, dass er versprochen hatte, Sizilien nicht mit dem Reich zu vereinen. Er vollzog die Einigung in seiner Person und bot der Kurie zum Trost einen Kreuzzug an. Dafür gaben die Innozenz-Nachfolger den Widerstand gegen ein zusammengefasstes Stauferreich auf. Nur: Auch das Kreuzzugsversprechen verschleppte der 1220 zum Kaiser gekrönte Friedrich. 1227 verlor Papst Gregor IX. (1227-41) die Geduld und bannte Friedrich. Er löste ihn erst wieder, als der Kaiser 1229 seinen Kreuzzug mit der Krönung zum König von Jerusalem hatte beenden können. In Deutschland ließ Friedrich seit 1220 seinen Sohn Heinrich (VII.) regieren und griff dort erst ein, als sich dieser von ihm lossagte. 1235 konnte Friedrich den Aufstand niederschlagen und im Reich seinen Sohn Konrad IV. (bis 1254) durchsetzen. Als des Kaisers Macht durch den Sieg über den von der Kurie unterstützten Lombardenbund (1237 Schlacht bei Cortenuova) weiter wuchs, griff der Papst 1239 erneut zum Bann und sprach 1245 sogar die formale Absetzung des Kaisers aus. Gegen den großen Friedrich ließ sich damit nichts erreichen. Nach seinem Tod 1250 aber bröckelte die staufische Bastion.

Kyffhäuser-Sage

Dass ein beliebter Herrscher gar nicht tot, sondern nur entrückt sei, dieses Motiv gibt es im Sagenbestand vieler Völker. In Deutschland knüpfte es sich an Friedrich II., der später von seinem gleichnamigen Großvater verdrängt wurde. Dieser sei gar nicht gestorben, mit ihm verhalte es sich vielmehr so: In einer Höhle tief im Berg schlummert Friedrich Barbarossa. Er sitzt auf einem Stuhl an einem Marmortisch, sein Bart ist durch die Tischplatte gewachsen. Alle hundert Jahre wacht der Kaiser auf und schickt einen Knaben nach oben, der Ausschau halten soll, ob die Raben noch um den Berg fliegen. Wenn das der Fall ist, muss er noch weitere hundert Jahre schlafen. Aber eines Tages ist es soweit, dann verlässt der Kaiser den Berg und stellt des Reiches Herrlichkeit wieder her. Die Erfüllung der Prophezeiung sah man im 19. Jahrhundert in Gestalt das alten Kaisers Wilhelm, der inzwischen natürlich zum Barbablanca (Weißbart) geworden war. Das Kyffhäuser-Denkmal hoch über der Goldenen Aue in Thüringen erinnert an diesen nationalen Überschwang.

Achteckiger Grundriss, achteckiger Innenhof, acht achteckige Türme: Nach dem oktogonalen Vorbild der Grabeskirche in Jerusalem ließ Friedrich II. sein Castel del Monte bauen und selbst einen solchen Wehrbau sakral fundieren.

Staufische Kunst – von der Romanik zur Gotik

Die Entstehung der Naumburger Stifterfiguren (13. Jh.)

Die Figuren beginnen sich aus dem Wandzusammenhang zu lösen und gewinnen Eigenleben: Die Kunst im Zeitalter der Staufer stand im Zeichen des Übergangs von der massigen romanischen Bauweise zu leichteren, vergeistigten Formen der Gotik. Zwar blieb die sakrale Bindung allen künstlerischen Schaffens noch Jahrhunderte erhalten, doch emanzipierten sich Skulptur und Malerei zunehmend von der Architektur. Das lässt sich sehr gut ablesen an den Stifterfiguren im Naumburger Dom, die keine biblischen Gestalten darstellen, sondern die weltlichen Herrscher, die den Kirchenbau ermöglicht haben. Wie die zwei Jahrhunderte zuvor verstorbenen Gönner ausgesehen hatten, wusste der Künstler natürlich nicht, und dennoch bemühte er sich um fast porträtartige Darstellung nach Modellen, die ihm angemessen erschienen.

Französischer Einfluss in der Baukunst

In der Baukunst kam es zunächst zu regionalen Sonderentwicklungen von der rheinischen Vorliebe für Nischen und Laufgänge bis hin zu gedrungeneren Formen weiter südlich. Bald aber machte sich die Dominanz des französischen Einflusses vereinheitlichend bemerkbar. Der dort schon fortgeschrittene gotische Stil mit seinen Spitzbogen und seinem reichen Zierrat drang nach Westen vor und prägte so bedeutende Bauvorhaben wie das Münster in Ulm, den Dom zu Köln oder die Elisabethkirche in Marburg. Er zeigte sich nicht nur an der Auflockerung des Baukörpers, sondern auch in den Details: an der erblühenden Glasmalerei der Kirchenfenster, an Kreuzgewölben, die den Blick gen Himmel führen, an sprechenden Figurenfriesen, an der Innigkeit der Darstellung, besonders deutlich zu sehen bei Madonnen-Plastiken und der liebevollen Hinwendung der Muttergottes zum Jesuskind, statt der bisher üblichen Betonung ihrer Majestät.

Wachsende Formvielfalt

Wie die steileren Gewölbe und Spitzbogenfenster nach oben weisen und zur Andacht laden, so dominieren in der Bildhauerkunst schlanke Figuren. Bei den um 1250 entstandenen Naumburger Statuen macht sich das erst ansatzweise bemerkbar, und zwar in einer gewissen Überlebensgröße: Die Figur des Ekkehard misst 1 Meter 98, die der Uta nur einige Zentimeter weniger, also gut einen Drittelmeter mehr als der damalige Durchschnittsmensch. In der wachsenden Formenvielfalt spiegelt sich auch der regere Austausch der Kulturen, der in der Stauferzeit nicht zuletzt durch das Hinzutreten des sizilischen Reichsteils Impulse erhielt und von den Eindrücken der Kreuzzüge gespeist wurde. Hinzu kam die relative politische Stabilität, die Mut zu visionärem Gestalten machte.

Bamberger Reiter

Ein weiteres berühmtes Werk der Bildhauerkunst der Stauferzeit steht neben der Treppe zum Georgenchor im spätromanischen und frühgotischen Bamberger Dom (geweiht 1237): ein König zu Pferd – den Rang dokumentiert die Krone – in Lebensgröße, der Bamberger Reiter. Der bart- und waffenlose schlanke Mann in auffallend schlichtem, bis zu den Unterschenkeln reichendem Gewand mit kunstvollem Faltenwurf, hält mit dem spitz angewinkelten rechten Arm die Schnur eines Umhangs und blickt aus tiefliegenden Augen energisch in die Ferne. Über der Krone auf dem gelockten Haupt betont ein Baldachin die hohe Würde des Dargestellten. Es ist viel spekuliert worden, wen der Reiter darstellen soll, und nicht wenige haben in ihm einen der staufischen Herrscher sehen wollen. Dafür aber gibt es ebenso wenig Belege wie für andere reale Zuschreibungen. So gewinnt der Reiter trotz der fast porträtartigen Ausführung doch wieder Bedeutung als Typus, sozusagen als hochmittelalterlicher König an sich.

Markgraf Ekkehard II. von Meißen (regierte 1032–1046) und seine Frau Uta, Stifterfiguren im Naumburger Dom, in ihrer herrscherlichen Distanziertheit repräsentativ für das Menschenbild der höfischen Zeit.

Habsburgische Heiratspolitik

Rudolf I. und das Ende des Interregnums (1273–1291)

Seit 1291 liegt er in der Kaisergruft des Speyrer Doms: König Rudolf I., der das so genannte Interregnum (siehe Kasten) beendete. Das Machtvakuum an der Reichsspitze hatte Probleme mit sich gebracht. Die Fürsten, allen voran die geistlichen, suchten nach einem Kandidaten, auf den sich die Mehrheit der Wahlberechtigten würde einigen können. Sie hatten sich zwar alle Mühe gegeben, die Zentralgewalt zu schwächen, doch ganz ohne erodierte der innere Frieden schneller als erwartet. Auch die Kirche wünschte sich einen König, der die deutschen Kräfte für einen neuen Kreuzzug würde bündeln können. Wer kam in Frage? Rudolf Graf von Habsburg schien 1273 der ideale Mann: Er war alt (schon 55), seine Hausmachtbasis in Südwestdeutschland und in der Nordostschweiz konnte sich sehen lassen und schien doch nicht bedrohlich. Und er hatte sechs Töchter.

Gewinn Österreichs

Das gab den Ausschlag, denn der soeben verwitwete Bayernherzog konnte sich so dem neuen Königshaus verbinden, und auch der noch ehelose Markgraf von Brandenburg und der ledige Herzog von Sachsen kamen so unter eine bald königliche Haube. Auf die Stimme des Königs von Böhmen war Rudolf nun nicht mehr angewiesen; am 1. Oktober 1273 wurde er gewählt und wenig später in Aachen gekrönt. Jetzt kam ihm die Verweigerung von Böhmenkönig Ottokar sogar sehr gelegen, konnte er gegen ihn nun doch von reichswegen vorgehen. Der Sieg über den Widerborstigen 1278 bei Dürnkrug verschaffte Rudolf wertvollen Besitz. Er zog Österreich ein und belehnte damit seinen Sohn Albrecht; es sollte das spätere Kernland der Habsburger werden. Den neuen König von Böhmen Wenzel, Sohn des gefallenen Ottokar, machte er nach bewährtem Rezept zum Schwiegersohn.

Machtbasis der Habsburger

Die persönliche Machtbasis der Habsburger war damit hinreichend verbreitert. Fehlte noch die Kaiserkrone, die es Rudolf erlaubt hätte, den genannten Sohn Albrecht zum Kronerben wählen zu lassen. Mehrmals aber rüstete er vergeblich zu einem Romzug, denn die Heiligen Väter wechselten damals sehr rasch: Sieben Päpste sah Rudolf während seiner Regierungszeit kommen und gehen. Als er starb, wurde daher auch nicht sein Sohn, sondern Adolf von Nassau (regierte 1292-1298) zum Nachfolger gewählt.

Interregnum

Der Sturz in Friedlosigkeit und Rechtsunsicherheit nach der langen Herrschaftszeit Friedrichs II. und dem Tod seines Sohnes Konrads IV. 1254 war tief. Deutschland versank in Parteienhader, denn weder Konrads Gegenkönig Wilhelm von Holland, der schon 1256 starb, noch die folgenden, von verschiedenen Fürstenkoalitionen gewählten Herrscher, vermochten im Reich Fuß zu fassen. 1157 kam es wieder zu einer Doppelwahl, und bezeichnenderweise konnten sich beide Parteien nur auf einen Ausländer einigen: Richard von Cornwall († 1272), ein Schwager Friedrichs II., fand nur im Rheinischen Unterstützung, Alfons von Kastilien († 1284), Enkel Philipps von Schwaben, ließ sich erst gar nicht in Deutschland blicken. Diese im Grunde, wenn auch nicht formal herrscherlose Zeit, Interregnum genannt, stärkte die Territorialfürsten, deren mächtigste sich allmählich als das künftige Kurkollegium für die Königswahl herauskristallisierten und damit zu einem neuen Stabilitätsfaktor wurden. Erst als sie einsahen, dass der Verfall von Recht und Macht letztlich ihnen selbst schadete, kam es zur Einigung. In Schillers Ballade „Der Graf von Habsburg" heißt es darüber: „Geendigt nach langem verderblichem Streit/War die kaiserlose, die schreckliche Zeit."

Alters- und sorgenzerfurcht wirkt das Gesicht Rudolfs I. auf der Grabplatte im Speyerer Dom, wo der König nach seinem Tod am 15. Juli 1291 neben seinen salischen Vorgängern beigesetzt wurde.

Stadtluft macht frei

Das Entstehen autonomer Städte (14./15. Jh.)

Selbstbewusst mit gezücktem Schwert und Wappenschild halten in vielen, vor allem norddeutschen Städten die mittelalterlichen Rolandssäulen Wacht und schützen die städtischen Vorrechte. Städte hatte es in Germanien nur dort gegeben, wo die Römer gründend tätig gewesen waren. Doch auch diese Gründungen verfielen später. Erst mit der Konsolidierung des Karolingerreiches und unter dem Druck einer wachsenden Bevölkerung bildeten sich Handelsknotenpunkte. An geschützten Plätzen, Wiken genannt (lebendig noch in Ortsnamen wie Schleswig oder Braunschweig), lagerten die Kaufleute, und es entstanden bald ständige Niederlassungen. Das lag auch an den etwa seit dem 10. Jahrhundert ruhigeren Zeiten, die dauernde und periodische Märkte (Jahr-Märkte) aufblühen ließen. Sie führten zur Herausbildung eines stationären Zwischenhandels, der seinerseits Handwerksbetriebe anzog und so den Produktions- wie den Konsumsektor stärkte.

Ansätze von Selbstregierung

Die ökonomische Ballung Stadt erzeugte natürlich auch einen rechtlichen Druck auf die feudal-bäuerliche Welt des hohen Mittelalters. Zunächst betrachteten die Grundherren (Fürsten, Bischöfe, Grafen oder der König selbst), in deren Gebiet sich Städte bildeten, deren Einwohner nicht anders als die Landleute als Hörige. Die schiere Zahl aber der Bewohner und der Zwang zur Regelung des Miteinanders auf engem Raum ließ es geraten erscheinen, wenigstens den größeren Städten eigene Sicherheitskräfte, Gerichtsbarkeit, Marktprivilegien, Zoll- und Münzrecht zuzugestehen. Je effektiver nämlich solche Gemeinwesen wirtschaften konnten, desto höher der steuerliche Nutzen für den Stadtherrn.

Stadtrecht

Wegen der anderen wirtschaftlichen, sozialen und politischen Gegebenheiten in großen Siedlungen von mehreren Tausend oder gar Zehntausend Einwohnern musste das Landrecht angepasst werden. Am Anfang standen so genannte Freibriefe des Königs oder der geistlichen und weltlichen Landesherren, die den Städten auf ihrem Gebiet Vorrechte einräumten. Sie wurden bei wachsender Eigenverwaltung von Ratsverfassungen und Schöffenordnungen abgelöst. Kodifiziert wurde das Recht in Stadtbüchern, in denen Satzungen, rechtlich erhebliche Entscheidungen und Verwaltungsakte gesammelt wurden. Jüngere Städte erhielten oft Rechtsordnungen einer angesehenen älteren Stadt. So fand zum Beispiel das erstmals 1188 festgehaltene Magdeburger Stadtrecht weite Verbreitung vor allem in den Städten des deutschen Ostens, ja darüber hinaus in Polen, Russland und Ungarn. Es galt, gelegentlich reformiert, bis ins 19. und in einigen Städten auch bis ins 20. Jahrhundert.

Gegen Angriffe gerüstet

Diese Einsicht verhalf den Städten zu weiterer Attraktivität und entwickelte erhebliche Eigendynamik. Das Selbstbewusstsein der wohlhabenden Kommunen mit ihrem hohen Grad an Autonomie wuchs auch den Territorialherren gegenüber. Ein neues bürgerliches Rechtsgefüge trat neben das feudale Recht des Landes: „Stadtluft macht frei", hieß es denn auch bald in Umkehr des Spruchs: „Land macht eigen." Ein Landflüchtling, den der Grundherr nicht binnen Jahresfrist zurückforderte, wurde freier Stadtbürger. Doch selbst berechtigten Forderungen verschlossen sich die Städte nun immer öfter. Sie hießen ja nicht mehr bloß Wik, sondern immer häufiger Burg (Magdeburg, Würzburg, Hamburg sind markante Beispiele), weil sie im Schutz von Burgen entstanden waren. Bald aber hießen sie nicht mehr nur so, sondern waren selber gut gerüstete Burgen mit wehrhaften Mauern und großen Vorräten für Fälle der Belagerung.

Roland vor dem Bremer Rathaus, 1404 errichtete fast zehn Meter (mit Baldachin) hohe Säule, die die Markt- und Gerichtshoheit der Stadt verkörpert.

Horte der Gelehrsamkeit

Die Gründung der ersten Universitäten (11.–14. Jh.)

Die erste abendländische Universität wurde im oberitalienischen Bologna gegründet. Sie bot schon im 11. Jahrhundert ein studium generale und machte sich einen Namen vor allem als juristische Hochschule. Aus allen Gegenden Europas strömten Lernwillige hierher, um sich mit dem römischen Recht vertraut zu machen. Es folgten Gründungen in Paris, Salamanca, Neapel, Oxford und Rom. Sie brachten einen wandernden Gelehrtenstand und eine ebenso mobile europäische Studentenschaft hervor, die gemeinsam auch weit nach Mitteleuropa hinein wirkten. Da auch die Kirche den Einfluss der Universitäten spürte und Interesse an wissenschaftlicher Vermittlung theologischer und philosophischer Inhalte entwickelte, keimte bald auch in deutschen Landen die Idee, sich ein Beispiel an den großen Lehr- und Forschungsanstalten zu nehmen.

Entstehung von Universitäten im mitteleuropäischen Raum

Seit 1348 waren deutsche und böhmische Studenten zum Lernen nicht mehr gezwungen, ins westliche oder südliche Ausland zu ziehen: In Prag öffnete die erste mitteleuropäische Universität die Pforten, gegründet auf Initiative von Papst Klemens VI. (Pontifikat 1342-1352) und dem deutschen König Karl IV. (regierte 1346-1378). Schon ein halbes Jahrhundert später hatte Prag 11 000 Studenten und konnte sich mit der Pariser Sorbonne durchaus messen. Deutlich hob sich dadurch der Ausbildungsstand der Geistlichen und Beamten in den Ländern östlich des Rheins und nördlich der Donau. Außerdem wirkte die Gründung stimulierend auf andere Städte. In rascher Folge entstanden nun auch in Krakau, Wien, Erfurt, Heidelberg und Köln Universitäten, die sich alle an das Prager Vorbild mehr oder weniger eng und erfolgreich anlehnten.

Scholastik

Der mittelalterliche Wissenschaftsbetrieb spielte sich in Schulen (daher „Scholastik") ab: in Klosterschulen, in Kathedralschulen und in Universitäten. Hauptdisziplinen waren Theologie und Philosophie, um deren Versöhnung oder gegenseitige Ergänzung es in erster Linie ging. Weltliches und kirchliches Recht sowie Medizin rundeten den Fächerkanon ab. Grenzen setzten dem freien Forschen und Lehren nur Autoritäten wie die Bibel, die Kirche und die Werke der antiken Philosophie, insbesondere die Schriften des Aristoteles. Gerade dessen Einfluss brachte in den Versuch, die geistige Durchdringung der Welt glaubend und zugleich wissend zu leisten, Probleme der Vereinbarkeit, da die geoffenbarten Glaubensinhalte sich logischer Überprüfung entzogen. Das führte zu Konstrukten wie „credo, ut intelligam" (ich glaube, damit ich verstehe, weil Wissen dazu nicht ausreicht) oder gar „credo, quia absurdum" (ich glaube, eben weil der Glaube widersinnig erscheint, also höher ist als alle Vernunft). Es zeichnete sich ab, dass der Konflikt zwischen Glauben und Wissen zu einer Entkoppelung theologischer und philosophischer Ansätze führen würde.

Geistig-kulturelle Einheit Europas

Wie die Stadtluft rechtlich frei machte, so die Atmosphäre der Hörsäle und Seminare geistig. Hier kam zuerst die Gelehrsamkeit, Stand und Herkunft des Lernenden oder Lehrenden waren nachrangig. Dies kam in der strikt hierarchisch gegliederten Gesellschaft des Mittelalters einer kleinen Revolution gleich. Durch einen überall gleichen Bildungskanon, durch das Lateinische als Sprache der Wissenschaft, durch gemeinsame literarische Muster, wurde die geistig-kulturelle Einheit Europas durch die frühen Universitäten nachhaltig geprägt. Der rege Austausch entwickelte eine enorme Eigendynamik und bereitete Humanismus und Reformation vor.

Astronomische Uhr am Altstädter Rathaus in Prag, 1409 mechanische Uhr und Zifferblatt, 1490 Kalendarium und bewegte Figuren. Die Technik profitierte vom Fortschritt der Wissenschaft.

Reichsgrundgesetz

Die Goldene Bulle (1356)

Die Kostbarkeit der Gestaltung unterstreicht die hohe Bedeutung des Dokuments: Die Goldene Bulle empfanden schon die Zeitgenossen als einen Markstein. Ihr Initiator war Karl IV., 1346-1378 deutscher König aus der Dynastie der Luxemburger. Es gibt eine von Peter Parler geschaffene Büste Karls im Prager Dom: Sie zeigt ein Gesicht von entschlossener Freundlichkeit mit Zügen eines soliden Hausvaters. Heldische Pose und militärisches Auftreten waren dem frommen, sprachgewandten und gebildeten Herrscher fremd.

Geldsegen für Karl IV.

Sein diplomatisches Geschick bewährte sich auf der Italienreise 1355: Zu Ostern ließ er sich in Rom vom päpstlichen Legaten zum Kaiser krönen. Außerdem ließ er sich die Verleihung von Privilegien an die Städte und führenden Familien des Landes kaiserlich bezahlen: Von Pisa erhielt er 60 000 Goldgulden, Florenz zahlte 100 000 und den Visconti war seine Huld sogar 150 000 Goldgulden wert. All das erreichte Karl ohne Heer und ohne großes Gefolge. Ihm war das Schicksal des Großvaters Heinrich VII. (regierte 1308-1313) eine Lehre, der sich heillos in die italienischen Querelen verstrickt und damit seine deutsche Position geschwächt hatte.

Die stärkte der Enkel nun umgehend nach der Rückkehr: Am 10. Januar und am Weihnachtstag 1356 auf den Reichstagen in Nürnberg und Metz ließ er die nach dem Siegel so genannte Goldene Bulle beschließen, die für 450 Jahre eine Art Reichsgrundgesetz wurde. Sie regelte vor allem die Aufgaben und Kompetenzen der deutschen Kurfürsten und die Prozedur der deutschen Königswahl. Von päpstlicher Approbation war nicht mehr die Rede. Böhmens König sollte fortan als erster der weltlichen Fürsten gelten und als Erzschenk die erste Stimme abgeben, der Mainzer Erzbischof war als Wahlleiter vorgesehen, der die letzte Stimme hatte. Als Wahlort wurde Frankfurt festgelegt. Die Goldbulle bestimmte außerdem zur Vermeidung von Erbstreitigkeiten die Unteilbarkeit der weltlichen Kurfürstentümer und übertrug den Kurfürsten in ihren Gebieten kaiserliche Vorrechte wie Zoll- und Münzhoheit. So aufgewertet, konnten die allein zur Königswahl berechtigten Fürsten künftig souveräner über die Nachfolge eines verstorbenen Königs bestimmen und eine dynastische Erbfolge gelassener hinnehmen. Die Goldene Bulle hatte der freien Königswahl zum Sieg verholfen und damit paradoxerweise die Erblichkeit des nun nicht mehr ganz so gewichtigen Herrscheramtes erleichtert.

Der Schwarze Tod

Weit tiefer als Politisches grub sich eine Katastrophe ins kollektive Gedächtnis ein: Die Pest, wegen der Dunkelfärbung der Opfer „Schwarzer Tod" genannt, verbreitete sich vom östlichen Mittelmeer her und wütete 1348-1352 wie nie zuvor und nie wieder: Europa verlor in wenigen Jahren ein Viertel seiner Bevölkerung, allein in Deutschland sollen anderthalb Millionen Menschen umgekommen sein. In Avignon weihte Papst Klemens VI. (Pontifikat 1342-1352) die Rhône, damit die Toten gleich von den Häusern aus in den Fluss geworfen werden konnten. Ganze Dörfer, ja Städte wurden entvölkert, führerlose Schiffe trieben auf Flüssen und Meeren, riesige Flächen Ackerland lagen brach, das Vieh starb mit den Menschen. Für einige deutsche Städte gibt es Verlustzahlen: Basel 14 000, Straßburg 16 000, Münster 11 000, Bremen knapp 7000, Lübeck 9000, Hannover 3000, Weimar 5000 Opfer (fast die gesamte Einwohnerschaft).

Illuminierte Seite der Prachtausgabe der Goldenen Bulle, von König Wenzel, Sohn und Nachfolger Karls IV., in Auftrag gegeben und im Jahr 1400 vollendet.

fuerint extunc offi
ciales imperialis si
ue regalis curie qui
talibus presunt offi
ciis eorum quorum
supplent absenciam
singuli singulorum
sicut vocem nomine
que et laborem sufferunt
sic lucrum et comoda
reportabunt. Seq.

Dum autem
princeps
aliquis
equo vel
alteri veste sedens
et feuda sua ab impera
tore recepit uel rege
equus ille seu vestis
cuiuscumque speciei
sic deletur superior
marescallo id est du
ci saxonie si presens af
fuerit. Alioquin il
li de papenheim et
vicemarescallo aut
illo absente imperia
lis siue regalis curie
marescallo.

Cum sac
rum romanum
celsitu
do imperii
diuersarum nati
onum moribus vita
et idiomate distinc
tarum linguis ha
beat gubernacula mo
derari. Dignum est
iudicio omnium sapie
ntum censetur indi
cio expediens quod elec
tores principes im
perii columpne et la
tera diuersorum idio
matum et linguarum
differenciis instrua
tur ut plures intel
ligant et intelligan
tur a pluribus. Qui
plurimorum necessita
tibus releuandis cesa
ree sublimitati assis
tunt in partem solli
citudinis constituti.
Quapropter statuimus
ut illustrium princi
pum puta regis bo
emie comitis palati
ni reni ducis saxonie
et marchionis bran
dembburgensis elec
torum filii uel heredes
et successores cum ve
risimiliter teutoni
cum idioma sibi na

turaliter inditum
scire presumatur et
ab infancia didicis
se incipiendo a septi
mo etatis sue anno
in gramatica itali
ca et slauica linguis
instruantur ita quod
infra quartum deci
mum etatis sue an
num existant itali
bus iuxta datam sibi
graciam eruditi. Cum
illud non solum uti
le immo ex causis
premissis summe

Handelsmacht

Die Deutsche Hanse (12.–16. Jh.)

Das wuchtige Tor passierte, wer die reiche Handelsstadt Lübeck besuchte. Wer dagegen mit bösen Absichten kam, der musste sich auf einen Geschosshagel aus den Schießscharten gefasst machen. Hier an der Trave schlug das Herz eines mächtigen Handelsverbands, der sich im Gefolge der deutschen Ostsiedlung gebildet hatte. Ritter, Mönche und Bauern waren nach Pommern, Preußen, Polen und ins Baltikum gezogen, hatten aber die Bindungen an die Heimat nie aufgegeben, sondern sie zur Pflege von Gewinn bringenden Handelsbeziehungen genutzt.

Gefahren zu Lande wie zur See

Aus dem Osten schickten sie Pelze, Leder, Honig, Wachs, Holz, Hering, dagegen bezogen sie „Westwaren" wie Wolle, Tuche, Waffen, Gerät, Bergbauprodukte, alles ordentlich verbucht und geldlich verrechnet. Gefahren für die Transporteure aber lauerten zu Lande wie zur See: Musste auf den höchst unzulänglichen Straßen mit Wegelagerern krimineller wie staatlicher Art gerechnet werden, so bedrohten Seeräuber die Schiffstransporte. Schutz durch die Landesherren aber war teuer, kostengünstiger der Selbstschutz.

Gründung des Bundes „van der dudeschen Hanse"

Deutsche Kaufleute mit ähnlichen Routen schlossen sich daher schon im 12. Jahrhundert zu so genannten Hansen (Hanse bedeutete ursprünglich „Schar", „Mannschaft") zusammen, zuerst in Wisby auf Gotland, dann in London und schließlich im ganzen Nord- und Ostseeraum. Zentrum wurde im 13. Jahrhundert Lübeck, wo schließlich 1358 ein umfassender Bund „van der dudeschen Hanse" entstand. Er hatte keine eigentliche Satzung, seine Mitglieder – in besten Zeiten über 100 Städte von London bis Nowgorod (bei St. Petersburg) – waren stadtrechtlich höchst unterschiedlich organisiert, doch wurden auf regelmäßigen Hansetagen oft weitreichende Beschlüsse („Rezesse") gefasst.

Manchmal richteten sie sich gegen Mitglieder, die allzu unbekümmert nur den eigenen Vorteil suchten und über die daher die „Verhansung" (Warenboykott) verhängt wurde. Oft aber hatte sich die Gemeinschaft auch gegen mächtige Gegner zu wehren. So schon 1361 gegen den Dänenkönig Waldemar IV. Atterdag, der eine Hanse-Streitmacht zunächst besiegte, bei der Gegenoffensive fünf Jahre später aber entscheidend geschlagen wurde. Im Frieden von Stralsund 1370 gerieten er und seine Nachfolger in politische Abhängigkeit von der Hanse, die nun wie später Britannien allein „die Wogen beherrschte" bis weit ins 16. Jahrhundert hinein. Dann begann der Niedergang, nicht zuletzt wegen konfessioneller Erosion des Bündnisses. Der letzte Hansetag fand 1669 statt; Delegierte kamen nur noch aus neun Städten.

Seeräuber

Gegen Ende des 14. Jahrhunderts breitete sich das Piratenunwesen immer weiter aus. Manche Großmächte nämlich instrumentalisierten die Freibeuter als Seestreitmacht: 1389–1392 etwa, durchbrachen Seeräuber in mecklenburgischen Diensten die Blockade um das dänisch belagerte Stockholm und versorgten es mit Lebensmitteln (Vitalien). Bei den daher so genannten Vitalienbrüdern (auch als Liekedeeler bekannt, weil sie die Beute zu gleichen Teilen erhielten) handelte es sich um eine Bande, die seit 1392 ganz Gotland kontrollierte, Hanse-Schiffe in der Ostsee aufbrachte und erst vor der geballten Macht des Deutschen Ordens 1398 in die Nordsee auswich. Dort endlich stellte sie eine Hanse-Flotte 1401 unter Führung von Simon von Utrecht († 1437) mit seinem Schiff „Bunte Kuh". Der Anführer Störtebecker wurde zusammen mit zahlreichen seiner Spießgesellen in Hamburg hingerichtet.

Holstentor in Lübeck, 1461-1476 errichtet, Abgrenzung der damals ummauerten Innenstadt nach Westen, Wahrzeichen der Stadt. Das mehrmals aufwändig restaurierte Gebäude präsentiert sich im Mittelteil als vornehmes Bürgerhaus mit Giebel, das von zwei imposanten Türmen flankiert wird; beliebtes Motiv für Münzen und Briefmarken; heute Museum.

Königlicher Wortbruch

Jan Hus Tod auf dem Scheiterhaufen (1415)

Auf Ketzer wartete der Feuertod. Doch die Glaubensgewissheit der Menschen im späten Mittelalter ließ sich damit nicht wieder herbeizwingen; sie war durch Pest und Not nachhaltig erschüttert. Die Kirche hatte außer allgemeiner Sündhaftigkeit keine Erklärung dafür, dass Gott offenbar blindwütig Gerechte und Ungerechte strafte. Zudem bot die Kirchenspitze ein Bild der Zerstrittenheit; Päpste und Gegenpäpste machten einander den Heiligen Stuhl streitig, der Klerus fiel mehr durch Sittenlosigkeit als durch Frömmigkeit auf. Das rief Kritiker und Zweifler auf den Plan wie den englischen Pastor und Theologen John Wyclif (um 1320-1384), in seiner Pfarre mit dem prophetischen Namen Lutterworth. Er leugnete den Primat des Papstes, lehnte Mönchtum und Zölibat ab und bezweifelte sogar die leibliche Anwesenheit (Realpräsenz) Christi beim Abendmahl. Damit und mit dem Schlagwort vom Papst als Antichrist nahm er bereits Kampfparolen der Reformation vorweg.

Probleme in Prag

Kein großer Theologe, aber ein mitreißender Redner war der um 1370 geborene tschechische Bauernsohn und Priester Jan Hus. Ihm kamen die Thesen Wyclifs gerade recht zur Flankierung seines tschechischen Nationalismus, den er zum Träger der wahren Lehre mit ihren Idealen der Armut und Askese machen wollte. Daraus leiteten er und seine Anhänger Vorrechte an der Prager Universität her, was zum Auszug der „Deutschen" (und zur Gründung der Leipziger Universität) führte. Es rief aber auch den um die Ruhe in seinen Stammlanden – Böhmen war ja luxemburgisches Kerngebiet – und in der Kirche besorgten deutschen König Sigismund (regierte 1410-1437, seit 1433 Kaiser) auf den Plan, der für die Vorladung des Rebellen Hus auf das Konzil in Konstanz (1414-1418) sorgte und ihm freies Geleit zusagte.

Schwerwiegende Folgen des Martyriums

Dieses Versprechen aber brach der König, und das sollte schwerwiegende Folgen haben: Als Hus sich standhaft weigerte, seine Thesen zu widerrufen, sah sich Sigismund nicht mehr an sein Wort gebunden, weil man es einem Ketzer gegenüber nicht halten müsse. Hus kam 1415 auf den Scheiterhaufen – und Böhmen brannte plötzlich lichterloh (siehe Kasten). Der Prediger war zum Märtyrer nicht nur der christlichen, sondern auch der tschechischen Sache geworden, was in der Folgezeit immer weiter fanatisch verschmolz.

Hussitenkriege

Gegen Deutsche und Katholiken brach nach der Hinrichtung von Hus in Böhmen ein Pogrom los, der auch durch rasch zusammengeraffte Heere von Kreuzrittern nicht zu ersticken war. Denn die Tschechen wussten, wofür sie kämpften, die anderen immer nur wogegen. Die Hussiten gingen 1419 in die Offensive, schlugen mit Sensen und Dreschflegeln alle Invasionstruppen in die Flucht, fluteten über die Grenzen und bahnten sich 1433 sogar einen Weg durch Polen bis nach Preußen. Was Gewalt nicht erreichte, gelang geschickter Diplomatie: Auf dem Basler Konzil (1431-1439) gewährte man den Hussiten den Laienkelch, also das Abendmahl in beiderlei Gestalt (Brot und Wein), weswegen man sie später auch Utraquisten („Beidgestaltler") oder Kalixtiner („Kelchner") nannte. Hus hatte den Laienkelch zwar nicht ausdrücklich verlangt, doch hatte sich diese im Wortsinn evangelische Abendmahlsform als Ritus bei den Aufständischen verbreitet. Sie nahmen den Kompromiss an, nur die radikale Fraktion der Taboriten (nach dem biblischen Berg Tabor in Galiläa) setzte den Kampf fort, nun auch gegen ihre einstigen Brüder. 1434 unterlagen sie einer Koalition aus Utraquisten und Katholiken.

Hus wird von Bewaffneten zum Scheiterhaufen geführt, kolorierter Holzschnitt aus der „Chronik des Konzils von Konstanz" von Ulrich von Richenthal (1460/65). Der Verurteilte in Mönchskutte und mit Spotthut.

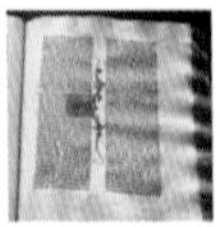

Explosion des Wissens

Johannes Gutenberg und die Folgen (15.Jh.)

Es hätte mit der Neuzeit sicher noch gute Weile gehabt, wenn nicht ein Mainzer Patrizierssohn namens Johannes Gutenberg (genauer: Gensfleisch zur Laden genannt Gutenberg) in den 30er und 40er Jahren des 15. Jahrhunderts auf eine revolutionäre Idee gekommen wäre: Druck von Schriftwerken mittels beweglicher Metallbuchstaben. Gutenberg wandte in Verfolgung dieser Idee sein ganzes Vermögen auf und noch erheblich mehr: Er verschuldete sich so sehr, dass das erste Impressum der Geschichte im Mainzer Psalter von 1457 nicht ihn als Drucker nennt, sondern den Gläubiger Johann Fust. Er hatte durch Rückforderung seines Geldes den Erfinder ruiniert und seine Druckwerkstatt übernommen. Dennoch bleibt es Gutenbergs Verdienst, das Mittel geschaffen zu haben, dem wir die geradezu explosionsartige Verbreitung des Wissens verdanken.

Das Hochdruckverfahren nach Gutenberg

Technisch ging Gutenberg so vor: Nach dem Vorbild geschriebener Buchstaben ließ er einen Stahlstempel schneiden, den er in einen Kupferblock einschlug. So entstanden Matrizen, die mit einem ebenfalls von Gutenberg erfundenen Handgießgerät ausgegossen wurden. Als Gießmaterial diente eine Legierung aus Zinn Blei, Antimon und etwas Wismut. Die nun in beliebiger Menge herstellbaren Buchstaben ordnete Gutenberg in einem Setzkasten, wie er heute noch zur Dekoration in Bürgerstuben hängt, und setzte die Typen zu Zeilen zusammen in einem so genannten Winkelhaken aus Holz mit damals noch starrer Zeilenbreite. Für den Druck der fertigen Seiten entwickelte er eine Presse, die die mit einer Mischung aus Ruß und Firnis geschwärzten Buchstaben aufs Papier brachte.

Zwar kannten schon die Chinesen gut ein halbes Jahrtausend früher den Buchdruck, doch erreichte seine Kenntnis Europa nur in Form von Einblattdrucken oder Stempeln. Erst die beliebige Zusammensetzung von Texten aus Einzellettern machte die Vervielfältigung von umfangreichen Werken möglich, die früher in Schreibstuben der Klöster oder Kanzleien mühsam abgeschrieben worden waren. Luthers Schriften wurden nur 70 Jahre nach Gutenberg innerhalb eines Jahres in einer Auflage von einer halben Million Exemplaren verbreitet. Aus dem Verkehr ziehen ließen sich solche Stückzahlen so wenig, wie es eine Rückkehr zum dumpf-gläubigen Untertan gab.

Humanismus

Ganz allgemein meint Humanismus (von lateinisch: humanus = menschlich) eine ethische Einstellung, die den Wert und die Würde des Menschen zum obersten Prinzip hat. Als geistesgeschichtliche Epoche, die von dieser Vorstellung geprägt war, ist der Humanismus eine Weltanschauung der Renaissance (14.–16. Jahrhundert), die anknüpfend an antike Traditionen und unter Rückgewinnung der griechisch-römischen Literatur die ausschließlich transzendente (also auf das Jenseits gerichtete) Orientierung des mittelalterlichen Christentums (Scholastik) ablehnte und eine Wiederbelebung säkularer (weltlicher) Tugenden betrieb. Das Ideal der Humanisten war die klassische Bildung verbunden mit der Hinwendung zu einer wissenschaftlichen Weltsicht. Seinen Ausgang nahm der Humanismus von Italien, das sich von der Barbarei der „Goten", wie hier die Germanen und ihre „gotische" Kunst und Frömmigkeit genannt wurden, befreien wollte. Von hier aus verbreitete sich die Schriftgelehrsamkeit und kritische Prüfung der Überlieferung nach Norden. Die durch den Buchdruck geförderte intensive intellektuelle Kommunikation und starke Zunahme des Wissens in der Epoche des Humanismus bildete die Grundlage für die Ausbildung der neuzeitlichen Gesellschaft.

Doppelseite aus der 42-zeiligen Gutenberg-Bibel, Gutenberg-Museum in Mainz. Die lateinische Heilige Schrift war eines der ersten Produkte der „Schwarzen Kunst", wie die Buchdruckerei im Volksmund bald hieß.

Allein durch den Glauben

Die Thesen Martin Luthers (1517)

Angesichts der überragenden weltgeschichtlichen Bedeutung Martin Luthers gab es natürlich nie ein einheitliches Lutherbild, und es wird nie eines geben. Kein Protestant jedoch ist noch so protestantisch, Luther für unfehlbar zu halten, und kein Katholik so katholisch, dass er in Luther den bocksfüßigen Gottseibeiuns sähe. Seine überragende Persönlichkeit und sein Genie als Theologe, Volksredner, Dichter und Übersetzer anerkennen alle. Insbesondere seine Bibelübersetzung, seine vielfältigen Schriften („Von der babylonischen Gefangenschaft der Kirche“, „An den christlichen Adel deutscher Nation“, „Von der Freiheit eines Christenmenschen“), seine geistlichen Dichtungen und machtvollen Choräle („Ein feste Burg ist unser Gott“), seine Predigten, Tischreden und Briefe haben für die deutsche Sprache Wegweisendes geleistet, ja sie recht eigentlich erst zum Leben erweckt.

Gegen die Ablassprediger

Der 1483 geborene Bergmannssohn wurde Mönch (1505), Priester (1507) und Professor für Bibelerklärung in Wittenberg (1512). Am 31. Oktober 1517 nagelte Luther ein Papier mit 95 Thesen an die Tür der Schlosskirche, die auch anderen Unikollegen als Schwarzes Brett diente. Dieser Anschlag war keineswegs als ein „Anschlag“ auf die Kirche gedacht, wuchs sich jedoch auf Sicht dazu aus, denn die Thesen verbreiteten sich wie ein Lauffeuer. Sie waren Ergebnis langen Ringens des Mönchs mit dem Problem: „Wie kann ich vor Gott gerecht werden?“ Die Antwort traf direkt ins Herz der Amtskirche, nämlich ihren Geldbeutel: Nicht durch gute Werke ist die Vergebung zu erlangen, sondern allein durch den Glauben an Gott und durch dessen Gnade in der Versöhnungstat seines Sohnes Jesus Christus. Ablassprediger wie der Dominikaner Johann Tetzel fühlten sich provoziert, Rom selbst war herausgefordert.

Die Reaktionen reichten von hilflosen Versuchen des Totschweigens über Drohungen mit dem Kirchenbann und der Aburteilung als Ketzer bis zur Vorladung zum Reichstag 1521. Dort kam es zur Konfrontation mit Kaiser Karl V., der ultimativ von Luther den Widerruf seiner Thesen forderte. Mit den Worten: „Hier stehe ich, ich kann nicht anders!“ verweigerte Luther den Widerruf und setzte damit eine Dynamik ins Werk, die zur Spaltung der Universalkirche führte. Mitwirkten dabei politische Kräfte, die in der neuen Bewegung ein willkommenes Mittel zu Schwächung der Reichsgewalt sahen. Und auch Weltpolitisches spielte eine Rolle, weil der Kaiser militärisch auf die Unterstützung durch die Anhänger Luthers unter den Reichsfürsten angewiesen war.

Türkengefahr

Die Bedrohung der südöstlichen Flanke des Reiches und der habsburgischen Erblande durch die vordringenden Heere der Türken zwang Kaiser Karl V. (1500–1558; regierte 1519–1556) zu vielen Zugeständnissen im Innern. Seit der Einnahme Konstantinopels durch osmanische Truppen 1453 war die Gefahr ständig gewachsen und durch die Eroberungen Sulaimans des Prächtigen zu einer Existenzfrage geworden. 1528 rückte der Sultan mit einer Viertelmillion Mann bis vor Wien, das er allerdings nicht nehmen konnte. Auch ein erneuter türkischer Vorstoß 1532 scheiterte, verschaffte aber den Protestanten im Reich Luft durch Beteiligung am kaiserlichen Abwehrkampf, den Luther mit flammenden Aufrufen unterstützte. Der Nürnberger Religionsfrieden von 1532 war Ergebnis dieses Arrangements. Hinzu kam 1541 die Bedrohung Deutschlands und Oberitaliens durch den „allerchristlichsten“ König Franz I. von Frankreich, der vor einem Bündnis mit dem türkischen „Antichrist“ ebenso wenig zurückschreckte wie der Papst, wenn er sich davon Vorteile gegen Karl V. versprach.

Martin Luther, Porträt von Lucas Cranach d. Ä. (1472–1553), Uffizien in Florenz. Der mit Luther befreundete Künstler hat die energischen Züge des Reformators herausgearbeitet.

Der große Bauernkrieg

Gegen Frondienst und Leibeigenschaft (1524/25)

Ein bewaffneter Konflikt war nur noch eine Frage der Zeit: Im Feudalsystem mit der strengen vertikalen Gliederung der Gesellschaft und der Abhängigkeit der Bauernschaft von den Grundherren kriselte es schon lange. Aufstände wie die des Bundschuhs, benannt nach dem Feldzeichen des gebunden Riemenschuhs der Bauern im Gegensatz zum gespornten Ritterstiefel, schwelten seit Mitte des 15. Jahrhunderts, die Revolte des „Armen Konrad" führte 1514 in Württemberg zu schweren Auseinandersetzungen um indirekte Steuern und landesherrliche Gewalt. Diese Unzufriedenheit erhielt durch die Reformation zusätzlichen Auftrieb und entlud sich 1524/25 im großen Bauernkrieg, der Österreich, ganz Süd- und Mitteldeutschland erfasste.

Unkoordinierte Bewegung

Man forderte Einschränkungen der Lasten und Frondienste, die Aufhebung der Leibeigenschaft, Freiheit von Fischfang und Jagd, freie Wahl der Pastoren. Die Bewegung verlief aber weitgehend unkoordiniert und konnte sich mangels geeigneter Führer nicht entfalten, obwohl regional durch fähige Einzelkämpfer wie Florian Geyer (um 1490-1525), Götz von Berlichingen (1480-1562) oder Thomas Müntzer (um 1490-1525) zeitweilig erhebliche Erfolge erzielt wurden. Vandalismus und Bluttaten besudelten jedoch die gerechte Sache, so dass selbst Luther nach anfänglicher Sympathie in der Flugschrift „Wider die räuberischen und mörderischen Rotten der Bauern" (1525) forderte: „Drum soll hie zuschmeißen, würgen und stechen, heimlich oder öffentlich, wer da kann, und gedenken, dass nichts Giftigeres, Schändlicheres, Teuflischeres sein kann, denn ein aufrührerischer Mensch."

Eskalation der Konfrontation

Die Fürsten ließen sich das nicht zweimal sagen und übertrafen da, wo sie die Oberhand gewannen, die Bauern um ein Vielfaches an Blutdurst. Vor allem ihrer Reiterei hatten die Aufständischen wenig entgegenzusetzen, so dass schließlich alle Aufstände in Racheorgien wie bei Frankenhausen oder Zabern erstickt wurden. 100 000 Bauern sollen insgesamt in den wenigen Monaten des Kampfes umgekommen sein. Wo sie Zugeständnisse erzwungen hatten, wurden diese bald wieder kassiert; Wesentliches änderte sich nicht an der sozialen Lage der Landbevölkerung. Kaiser Karl V. sah den Aufruhr als giftige Frucht des Ketzertums und unterstützte das Vorgehen der Fürsten.

Wiedertäufer

Luthers Methode, die Bibel beim Wort zu nehmen, ließ auch den Missbrauch sprießen. Es bildeten sich viele Erweckungsbewegungen, und eine der erfolgreichsten war die der Täufer, die nur die Taufe von Erwachsenen anerkannte, weil Kinder zum Glauben und zur Buße nicht fähig seien. Wer sich ihnen anschloss, wurde daher erneut getauft, was ihnen bei den Gegnern die Bezeichnung „Wiedertäufer" einbrachte. Es gab unter ihnen keine einheitliche Richtung und schon gar keine gemeinsame Strategie, so dass sie regionalen Verfolgungen ausgesetzt waren und ihnen zu Tausenden zum Opfer fielen. Die Verfolgung sorgte wegen der Flucht vieler Betroffener für rasche Ausbreitung des Täufertums vor allem in der Unterschicht, so dass eine sozialrevolutionäre Komponente hinzukam. Das ließ die Bewegung stellenweise entarten wie in Münster, wo holländische Flüchtlinge ein „Neues Jerusalem" unter einem „König von Zion" gründeten, eine theokratische Diktatur, die zum Inbegriff der Verruchtheit und des teuflischen Lasters wurde. Man plünderte die Klöster und Kirchen und verordnete radikale Gütergemeinschaft, auch an den Frauen. Erst ein Reichsheer konnte dem Spuk am 24.6.1535 ein Ende machen.

Bauernkriegspanorama, Monumentalgemälde (14 mal 123 Meter) von Werner Tübke (1929–2004), entstanden 1976-1987 in einer eigens erbauten Rotunde auf dem Schlachtberg bei Bad Frankenhausen (Thüringen), Ausschnitt aus dem Mittelteil.

Religionsfrieden

Wer herrscht, bestimmt die Konfession (1555)

Nicht mit Gewalt und nicht mit guten Worten hatte sich der konfessionelle Bruch aufgrund der Reformation in Deutschland heilen lassen. Trotz des Erfolges im Schmalkaldischen Krieg 1546/47 (siehe Kasten) gegen die evangelischen Fürsten musste Kaiser Karl V. akzeptieren, dass mehr als ein friedliches Nebeneinander der Konfessionen nicht nur nicht zu erreichen war, sondern schon ein schöner Erfolg wäre. Sein Augsburger Interim von 1548 (obrigkeitlich verfügte vorläufige Kirchenordnung) war dazu freilich nicht geeignet und führte letztlich 1550/51 zu einer Fürstenverschwörung, die Karl V. 1552 zum Nachgeben zwang.

Regelung durch Ferdinand I.

Seine Reichspolitik war damit gescheitert, er zog sich aus Deutschland zurück und überließ dem Bruder und Stellvertreter Ferdinand I. (regierte als König und Kaiser 1556-1564) die Regelung der Streitigkeiten auf dem Reichstag in Augsburg 1555. Da die Gespräche nicht vorankamen, ordnete Ferdinand direkte Verhandlungen zwischen den Parteien an, die sich endgültig vom utopischen Ziel einer einheitlichen Kirche in Deutschland verabschiedeten. Ihr Kompromiss wurde dem König vorgelegt und von ihm überarbeitet. Am 25.9. nahm der Reichstag Ferdinands Vorlage ohne wesentliche Abstriche an:

Der „Friedensvertrag"

Den Protestanten wurde „beständiger, beharrlicher, unbedingter, für und für ewig währender" Friede gewährt, den Landesherren die Bestimmung über die Konfession der Untertanen und in protestantischen Ländern die geistliche Jurisdiktion eingeräumt (Beginn des Bündnisses von Thron und Altar), Andersgläubigen sollte die Auswanderung und der Verkauf ihrer Habe gestattet sein (nicht allerdings in den habsburgischen Erblanden), geistliche Fürsten verloren bei Konfessionswechsel ihre Lehen, den Reichsstädten wurde Toleranz gegenüber beiden Konfessionen auferlegt. Die für diese Regelung gefundene griffige Formel „cuius regio, eius religio" (wes die Herrschaft, des die Konfession) stammt erst aus dem Jahre 1599, trifft den Kern des 144 Paragraphen umfassenden Friedens jedoch gut. Er wurde auch Grundlage des Westfälischen Friedens, der 1648 den Dreißigjährigen Krieg beendete, und galt bis zum Ende des Reiches 1806.

Schmalkaldischer Krieg

1531 hatten sich einige evangelischen Reichsstände (Fürstentümer und Städte) im thüringischen Schmalkalden zu einem Bund zusammengeschlossen, der weiter wuchs. Lange durch Kriege gegen andere Mächte gehindert, machte Kaiser Karl V. erst im Sommer 1546 – Luther war wenige Monate zuvor gestorben – Front gegen den Bund. Er zog gegen Hessen und Sachsen, die sich ihm im Bund mit den anderen Schmalkaldenern mit 57 000 Mann entgegenstellten. Unter der Bedrohung bröckelten die anfänglichen evangelischen Gemeinsamkeiten bald ab, zumal der Kampf in einen kostspieligen Manöverkrieg ohne Ergebnis ausartete und sich lange unentschieden hinschleppte. Erst als Herzog Moritz von Sachsen, der sich trotz seines evangelischen Bekenntnisses auf die Seite des Kaisers geschlagen hatte, in Sachsen einfiel, kam es am 24.4.1547 bei Mühlberg an der Elbe zur Entscheidungsschlacht. Der vollständige Sieg der Kaiserlichen bedeutete das Ende des Krieges und des Schmalkaldischen Bundes, dessen Mitgliedern harte Kontributionen auferlegt wurden; Anführer wie Philipp von Hessen und Johann Friedrich von Sachsen gingen in langjährige Gefangenschaft. Der konfessionelle Konflikt aber war mit dem kaiserlichen Sieg nicht überwunden.

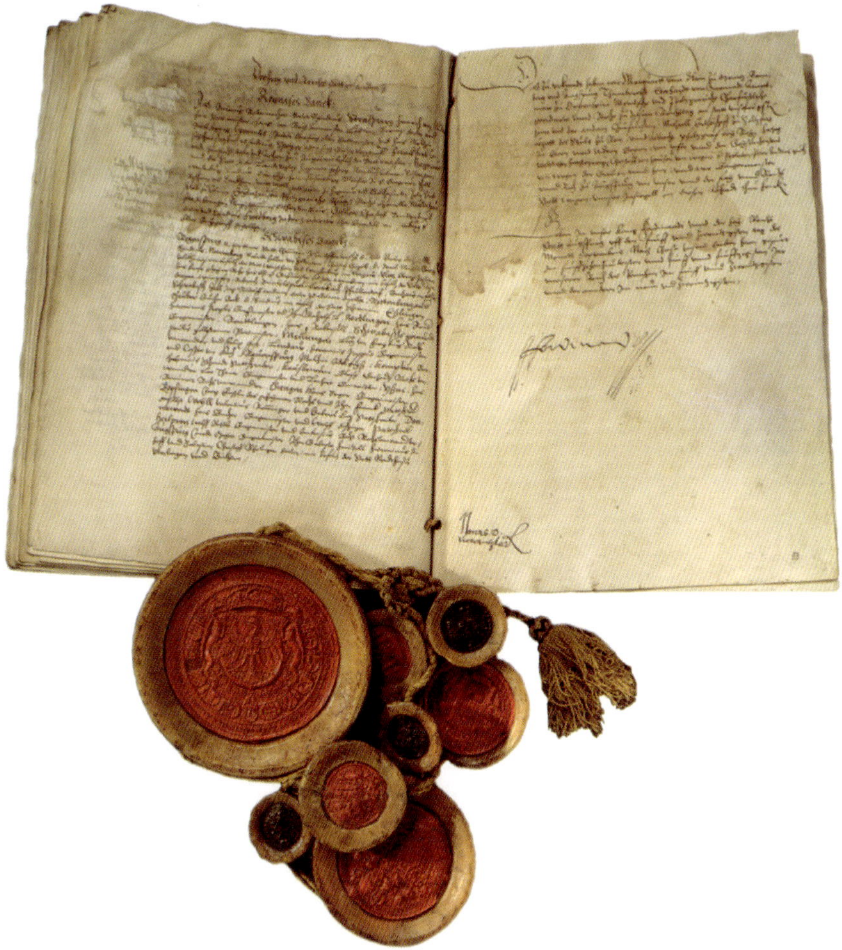

Letztes Blatt des Abschieds (Beschlusses) des Augsburger Reichstags vom 25.9.1555. Mit eigenhändiger Unterschrift und königlichem Siegel Ferdinands I. erhielt der Inhalt des Dokuments Gesetzeskraft und verbürgte den ausgehandelten konfessionellen Kompromiss.

Hexenverfolgung

Die Inquisition und ihre Opfer (15.–17. Jh.)

Flammende Scheiterhaufen leuchteten in die finsteren Zeiten der Hexenverfolgungen im 16./17. Jahrhundert. Furcht vor von Teufeln besessenen oder mit ihnen in „buhlschaft" stehenden Hexen und vor heimtückischen Zauberern gab es seit langem, und die Reformation änderte daran nichts. Man (Luther war da keine Ausnahme) personifizierte den Teufel als den Leibhaftigen und hielt es mithin durchaus für möglich, dass er unter den Menschen Verbündete und ihm Hörige hatte. Dass vor allem Frauen in Verdacht gerieten, buchstäblich bezaubernde junge ebenso wie hässliche alte, resultierte aus der Leibfeindlichkeit des Kirchenchristentums bei entsprechend lüsternen Fantasien.

Die Anfänge und Hintergründe

Die organisierte Verfolgung von angeblichen Hexen hatte im späten Mittelalter angefangen. 1487 verfassten zwei Dominikaner den „Hexenhammer", ein Handbuch für Hexenprozesse, und mit diesem Leitfaden des Aberglaubens in der Hand zogen die Inquisitoren aus, um bevorzugt Frauen, die der Zauberei und des Umgangs mit Dämonen verdächtig waren, vor Gericht und aufs Schafott zu bringen. In der zweiten Hälfte des 16. Jahrhunderts nahmen die Fälle drastisch zu, eine förmliche Hexenhysterie erfasste Kleriker wie Laien. Als Ursachen werden Agrarkrisen, Hungersnöte und Seuchen vermutet, für die man Sündenböcke verantwortlich machte. Frauen eigneten sich da als Opfer schon wegen ihrer geringen gesellschaftlichen Macht. Eine einzige Denunziation konnte genügen, den ganzen Apparat der Verfolgung in Gang zu bringen bis hin zur Erpressung von „Geständnissen" durch Folter und zum Tod auf dem Scheiterhaufen.

Höhepunkt der Hexenhysterie

Den Höhepunkt erreichte der Wahn während des Dreißigjährigen Krieges. In Bamberg wurden zwischen 1616 und 1618 etwa 300 Menschen wegen Hexerei hingerichtet, bei der großen Hexenjagd unter Bischof Fuchs von Dornheim verloren in den Jahren 1626 bis 1630 etwa 600 „Zauberer" und „Unholde" ihr Leben. Höhere Zahlen werden noch aus Würzburg, Mainz und vor allem Köln genannt, wo dem Bischof Ferdinand von Wittelsbach 2000 Opfer zugeschrieben werden. Es erhoben sich aber auch mahnende Stimmen gegen den Irrsinn wie die des Jesuiten Friedrich Spee, der 1631 die Unrechtsmethoden in einer Streitschrift („Cautio criminalis") anprangerte. Dennoch dauerte es noch fast anderthalb Jahrhunderte bis zur letzten Hexenhinrichtung in Deutschland (1775 in Kempten).

Aberglauben

Nicht nur der Hexenwahn blühte im 16./17. Jahrhundert. Unablässig wurden aus ungewöhnlichen Himmelserscheinungen künftige Schrecken prophezeit – und oft genug auch von der Wirklichkeit noch überboten. Die Astrologie erlebte einen Boom. Wer es sich leisten konnte, ließ sich die „Nativität", also ein Horoskop, erstellen, und auch angesehene Astronomen verschmähten den Broterwerb als Sterndeuter nicht. Unter den Soldaten, die in ständiger Nachbarschaft des Todes lebten, war der Aberglaube besonders verbreitet. Hier kreiste alles um das Thema Unverwundbarkeit. Traditionen des Mittelalters und sogar aus heidnischer Zeit lebten weiter, sich „fest" oder „gefroren" zu machen gegen Hieb und Stich hatte stets im Interesse des Kriegsmannes gelegen. Neben den zahlreichen Zaubermitteln, wie Sprüchen, Amuletten, „Nothemden", Salben und Kräutern, die gegen Schussverletzungen immun machen sollten, gab es daher auch genauso viele, die dem Schützen todsichere Ergebnisse ermöglichen sollten; die immer treffende „Freikugel", die der Satan spendiert, ist das bekannteste (in C.M. von Webers Oper „Der Freischütz" wurde sie zum Zentralmotiv).

Verbrennung von zum Tode verurteilten angeblichen Hexen auf dem Scheiterhaufen, kolorierter zeitgenössischer Holzschnitt. Der Hexenwahn entsprang einer Sündenbockstrategie.

Auftakt zum Großen Krieg

Zweiter Prager Fenstersturz (1618)

Die „Defenestration" war eine in Böhmen bekannte Form der Lynchjustiz: Man warf die verhasste Person aus dem Fenster, auf dass sie sich alle Knochen breche und den Hals dazu. So kam es zum ersten Fenstersturz in Prag am 30. Juli 1419, als aufgebrachte Hussiten das Rathaus in der Neustadt stürmten und einen Richter, drei Ratsherren und weitere neun Personen zum Fenster hinauswarfen. Die Tat wurde Fanal für den Ausbruch der Hussitenkriege, die bis 1436 dauerten.

Der zweite Prager Fenstersturz

In bewusster Anlehnung an den Vorfall von 1419 verabredeten sich im Böhmischen Aufstand zweihundert Jahre später die oppositionellen Adligen um den Grafen Thurn, um mit den kaiserlichen Statthaltern, die ihnen Versammlungsverbot auferlegt hatten, in gleicher Weise zu verfahren. Am 23. Mai 1618 zogen rund 100 Delegierte der protestantischen Stände Böhmens, begleitet von einer ungeheuren Volksmenge, zur Prager Burg, dem Hradschin. Sie trafen die kaiserlichen Räte Slawata und Martinitz und den Sekretär Fabritius in der Ratskammer an. Nach kurzem heftigen Wortwechsel griffen die Aufrührer mit den Worten zu: „Nun wollen wir uns wider unsere Religionsfeinde rechtschaffen verhalten!" Martinitz, unaufhörlich „Jesus, Maria!" rufend, flog als erster hinaus. „Wir wollen sehen, ob ihm seine Maria helfen wird", höhnte einer der Adligen hinterher, um dann verblüfft festzustellen, dass der in den Schlossgraben Gestürzte tatsächlich noch am Leben war.

Beginn der Schlacht um Böhmen

Das Gleiche geschah mit Slawata und dem Sekretär, die ebenfalls hinausgeworfen wurden. Nur gering verletzt, konnten sie sich davonmachen. Hastig hinter ihnen hergesandte Schüsse verfehlten ihr Ziel. In seinen Lebenserinnerungen führte Slawata es auf die Fürbitte der Jungfrau Maria zurück, dass ihm der Sturz – immerhin 17 Meter tief – „an seiner Gesundheit trotz seines schweren Leibes nichts geschadet" habe, nach anderen Zeugen soll es ein Misthaufen gewesen sein, der den Fall gedämpft hat. Aber auch ohne Todesopfer wirkte das Fanal: Die zum Kampf entschlossenen böhmischen Stände setzten ihr Landaufgebot in Bereitschaft, am 9. Juni wurden die Jesuiten als die Vorkämpfer der Gegenreformation des Landes verwiesen. Im August überschritt das erste kaiserliche Heer die böhmische Grenze, die Schlacht um Böhmen begann. Sie sollte sich zum Dreißigjährigen Krieg auswachsen.

Böhmischer Majestätsbrief

Grundlage der ständischen Autonomie und Selbstregierung in Böhmen war ein Dokument, das die drei Stände der Herren, Ritter und Städte sich am 9. Juli 1609 von Kaiser Rudolf II. (regierte 1576–1612) hatten unterschreiben lassen. Ihm blieb angesichts seiner Auseinandersetzungen mit seinem Bruder Matthias (Kaiser 1612–1619) und einem drohenden Aufstand in Böhmen (das Volksaufgebot war bereits einberufen) keine Möglichkeit zur Ablehnung. Dieser Majestätsbrief erneuerte die Gültigkeit des Augsburger Religionsfriedens, er gab Religionsfreiheit und untersagte jeglichen gewaltsamen Bekehrungsversuch. Die Protestanten durften die Prager Universität neu eröffnen und Schulen und Kirchen gründen. Wichtiger noch war die Übertragung von Staatshoheiten, insbesondere des Kirchenregiments, vom Monarchen auf die Stände. Nach dem Zusammenbruch des Böhmischen Aufstandes im November 1620 wurde der Majestätsbrief von Kaiser Ferdinand II. (regierte 1619–1637) kassiert. Dass er ihn auch eigenhändig zerschnitten haben soll, ist Legende.

Prager Fenstersturz 1618, Kupferstich von Matthäus Merian d. Ä. (1593-1650). Handgemenge beim Ergreifen der kaiserlichen Räte und Wurf aus dem Fenster des Hradschin, der Prager Burg.

Der Westfälische Frieden

Ende des Dreißigjährigen Krieges (1648)

Angesichts der divergierenden Interessen der vielen Kriegsparteien und verästelten Bündnisse erscheint es noch im Nachhinein wie ein Wunder, dass ein Heer von insgesamt 148 Delegierten aus aller Herren Länder in nur vier Jahren einen dreißigjährigen Konflikt fast sämtlicher europäischen Mächte im Verhandlungswege beendete und einen – fast noch erstaunlicher – tragfähigen Kompromiss zustande brachte. Der Krieg, der von den Gegensätzen zwischen protestantischen und katholischen Fürsten in Deutschland seinen Ausgang nahm und sich in langwierigen, verheerenden Feldzügen hinschleppte, zog eine furchtbare Blutspur vor allem durch Mitteleuropa.

Internationalisierung des Krieges

Gegner waren die von Habsburg geführte Liga der katholischen Fürsten und die protestantische Union, die von Dänemark und Schweden sowie dem katholischen Frankreich unterstützt wurde. Der Waffengang begann 1618 mit einem Aufstand Böhmens gegen die Habsburger, setzte sich 1623-1630 mit der dänischen Intervention auf protestantischer Seite fort und wurde mit dem Eingreifen der Schweden (1630) und Franzosen (1635) endgültig internationalisiert. Die bedeutendsten Heerführer waren auf Seiten der Liga Tilly und Wallenstein, auf seiten der Union Bernhard von Weimar, Hoorn und der schwedische König Gustav II. Adolf.

Der „Westfälische Frieden"

Nach ständig wechselndem Kriegsglück schlossen die erschöpften Parteien 1648 in Münster und Osnabrück den Westfälischen Frieden. Er stellte das Augsburger Bekenntnis und den kirchlichen Besitzstand von 1624 wieder her, sprach Schweden Vorpommern sowie Bremen und Verden zu, Frankreich erhielt das Ober- und das Unterelsass, Brandenburg bekam Minden und Hinterpommern. Die Schweiz und die Niederlande schieden endgültig aus dem Reichsverband aus. Die deutschen Einzelstaaten genossen fortan volle Souveränität, nur Bündnisse gegen den Kaiser waren untersagt. Damit war die territoriale und politische Zersplitterung des Deutschen Reiches festgeschrieben. Es war zudem wirtschaftlich und kulturell auf Generationen verwüstet.

Abwicklung des Krieges

Es galt, die riesigen Armeen loszuwerden, die noch auf Deutschlands Boden standen. Die Schweden sollten fast 100 000 Mann abrüsten, die Kaiserlichen etwa 70 000, dazu noch Zehntausende von Menschen, die mit den Soldaten gezogen waren, Frauen und Kinder, wieder ins zivile Leben integrieren. Erschwerend kam hinzu, dass es sich mehrheitlich um Berufssoldaten handelte, die außer dem Kriegshandwerk nichts gelernt hatten. Die Friedenssehnsucht mochte unter der Bevölkerung überwältigend sein, unter den Soldaten war sie es nicht, und Gefahr bestand, dass die Heere auf eigene Faust weitermachten oder von einer Partei, die mit den Ergebnissen des Friedensvertrages oder seiner Umsetzung nicht zufrieden war, wieder losgelassen wurden. Im April 1649 trat in Nürnberg der „Friedens-Exekutionskongress" zusammen. Die riesenhaften Soldnachzahlungen (für die Ablöhnung der schwedischen Armee z.B. wurden fünf Millionen Taler veranschlagt) wurden von Bankiers finanziert. Bereits im Herbst 1649 konnten die Hauptstreitpunkte als erledigt gelten. Es kam dennoch mehrfach zu Meutereien, die aber unbarmherzig unterdrückt wurden. Die Veteranen des endlosen Krieges verteilten sich über ganz Europa. Nicht allen freilich gelang es unterzukommen, das Marodeurwesen blieb deswegen noch lange virulent. Hier und dort mussten Truppen zur Bekämpfung abgestellt werden, und Kaufleute reisten noch bis Mitte der 1650er Jahre in bewaffneter Begleitung.

Sechzig Porträts der Teilnehmer am Frieden-kongress von Münster versammelte der niederländische Künstler Gerard Terborch (1617-1681) auf seinem Gemälde; heute in der National Gallery in London.

Katholische Erneuerung

Die Gegenreformation (16./17. Jh.)

Die geistlichen Fürsten reagierten auf die Herausforderung durch den strengen Protestantismus mit besonderer Prunkentfaltung in ihren Residenzen und Kirchen. Für das darin sichtbare Bemühen Roms um die Wiederherstellung und Erneuerung des Katholizismus wurde von der Geschichtsschreibung der Begriff Gegenreformation geprägt. Sie nahm ihren Anfang mit der Gründung der Gesellschaft Jesu im Jahr 1534; die Jesuiten wurden die Hauptträger dieser Bewegung. In Deutschland ging der Kampf vor allem darum, die Verhältnisse, die der Augsburger Religionsfriede von 1555 festgeschrieben hatte, zugunsten der katholischen Kirche zu verändern.

Gegenreformation

Seit 1580 unternahmen verschiedene geistliche Fürsten mit Unterstützung Bayerns und Österreichs die ersten Versuche, die protestantische Glaubensausübung zu unterbinden. Vorkämpfer war hier Julius Echter von Mespelbrunn, der 1573-1617 im Bistum Würzburg wirkte. Durch den Wittelsbacher Ernst von Bayern und seinen Nachfolger Ferdinand von Bayern setzte seit 1585 die Gegenreformation in Köln, Münster, Freising, Hildesheim und Lüttich ein. Zu Tausenden flohen die Protestanten aus der „Pfaffengasse", wie man damals die geistlichen Fürstentümer an Rhein und Main nannte. 1595 begann der spätere Kaiser Ferdinand II. (regierte im Reich 1619-1637) in seinen Erbländern Steiermark, Kärnten und Krain mit gegenreformatorischen Maßnahmen, die er als König von Böhmen (1617) und König von Ungarn (1618) fortsetzte. Er ist auch verantwortlich für den kreuzzugartigen Charakter, den die Gegenreformation im Dreißigjährigen Krieg annahm.

Restitutionsedikt

Die Gegenreformation traf auf einen durch innere Auseinandersetzungen geschwächten Gegner: Luthertum stand gegen Calvinismus. Manchen Lutheranern, zum Beispiel dem sächsischen Oberhofprediger Hoë von Hohenegg (1580-1645), waren die Calvinisten noch widerlicher als die „Papisten". Ihren Höhepunkt erreichte die Gegenreformation in Deutschland mit dem Restitutionsedikt von 1629, das norddeutsche Bistümer wie Magdeburg, Bremen, Minden, Halberstadt, Lübeck, die im 16. Jahrhundert säkularisiert worden waren, wieder katholisch machen wollte. Das scheiterte jedoch am Widerstand der deutschen Fürsten, sogar derjenigen, die zur kaiserlichen Partei hielten.

Barock

Die Prunkoffensive der Gegenreformation entfaltete sich in Deutschland erst richtig nach dem Ende der großen Krieges durch Aufnahme und Weiterbildung des in Italien entstandenen barocken Stils. Er wandelte die klassische Strenge und Ruhe der Renaissance in festliche Repräsentation, Kraft und geschwungene Linienführung, löste den Raum auf, schwelgte in Formen- und Farbenreichtum, war dabei aber – insbesondere gegen Ende – nicht immer frei von der Neigung, in hohlem Pathos zu erstarren. Die Barock-Architektur kennt die Kuppelbasilika als typische katholische Gemeindekirche mit emporstrebenden Formen, Licht- und Schmuckfülle. Zahlreiche Baumeister wie Balthasar Neumann(1687-1753) suchten in immer neuen Variationen eine Verschmelzung von Lang- und Zentralbau zu erreichen. Die Barock-Skulptur zeigt stürmischen Bewegungsdrang mit reichen Gewändern, psychologisch-präziser Ausführung und effektvoller Gebärde. Merkmale der Barock-Malerei sind scharfe Hell-Dunkel-Kontraste und eine raumbildende Lichtführung, die Komposition von „idealen" Landschaften, Inszenierung religiöser und mythologischer Szenen und ein sinnlicher Realismus. Auch Literatur und Musik nahmen barocke Impulse auf.

Größtes Deckengemälde der Welt (600 Quadratmeter): Fresko von Giambattista Tiepolo (1696-1770) im gewaltigen Treppenhaus der Würzburger Residenz (erbaut von Balthasar Neumann 1719-1744). Dargestellt sind die vier damals bekannten Kontinente sowie antike Gottheiten, die dem fränkischen Herrscher huldigen (gemalt 1752/53).

Wien bedroht

Die Schlacht am Kahlenberg (1683)

Schon zweimal – zuletzt 1528/29 – waren die Türken bis vor die Tore Wiens vorgedrungen und nur mit Mühe zurückgedrängt worden; sie behaupteten aber immer noch fast ganz Ungarn. Nach dem Tod Sultan Sulaimans des Prächtigen (1494-1566) blieb es trotz alljährlicher kleinerer Gefechte, im Großen bis 1593 ruhig. Dann folgte der dritte, der „lange" Türkenkrieg. Es war aber nicht mehr dasselbe Osmanische Reich, das früher mit schier unbesieglicher Wucht angriff. Der „Mann am Bosporus" zeigte erstmals Krankheitszeichen. Schon 1571 hatte Juan d'Austria, unehelicher Sohn Karls V., mit seinem Seesieg für die Heilige Liga bei Lepanto den Nimbus der türkischen Unbezwinglichkeit zerstört. Und 1593 begann der Kampf gleich mit einer vernichtenden Niederlage der Türken bei Sissek an der Save (Kroatien). Immerhin konnten sie sich in mehreren Feldzügen halten und dies in Friedenschlüssen 1606 und 1615 sichern.

Belagerung

Nach einer langen Phase innerer Wirren wagten die Türken 1663/64 einen vierten Krieg. Sie unterlagen zwar mehrfach, doch konnte Kaiser Leopold I. (regierte 1658-1705) das wegen der französischen Gefahren im Westen kaum ausnutzen. So sammelten die Türken neue Kräfte und standen in einem fünften Krieg 1683 wieder einmal vor Wien, und dieses Mal mit einem Riesenheer von 200 000 Mann. Der Hof floh nach Passau, die Stadt wurde am 15. Juli eingeschlossen. Erst am 11. September zeigten sich Vorausabteilungen eines Entsatzheeres, an seiner Spitze Polenkönig Johann (Jan) III. Sobieski, der am folgenden Tag zum Angriff auf die Belagerer blies, die in der Schlacht am Kahlenberg in die Flucht geschlagen wurden.

Prinz Eugen, der „edle Ritter"

Teilgenommen an der Schlacht hatte auch ein französischer Prinz, den man daheim als Offizier verschmäht hatte: Eugen von Savoyen (1663-1736), der nun zur herausragenden Gestalt auf den europäischen Schlachtfeldern werden sollte. Er beendete auch diesen fünften Türkenkrieg mit dem Sieg der Kaiserlichen bei Zenta 1697. Der Frieden brachte Österreich den Besitz Siebenbürgens, die Türken aber behielten Belgrad. Das konnte nach dem Willen des Prinzen Eugen nicht das letzte Wort sein. Erst der sechste, „sein" Türkenkrieg 1716-1718 schloss das blutige Kapitel der Auseinandersetzungen zwischen Habsburg und der Hohen Pforte, wie das Osmanische Reich nach dem Sultanspalast in Konstantinopel genannt wurde.

Reunionen

Der habsburgische Kaiser hatte nach zwei Seiten zu kämpfen. Seine Erbländer an der Donau gefährdeten die Türken, linksrheinische Reichsgebiete beanspruchte Frankreichs „Sonnenkönig" Ludwig XIV. Er ließ Juristen nach „Beweisen" dafür suchen, dass eine Unzahl von Territorien dort ursprünglich französische Lehen waren oder es doch seit den Erwerbungen durch den Westfälischen Frieden 1648 und durch den Pyrenäenfrieden mit Spanien 1659 geworden seien. Sie sollten daher mit Frankreich „reuniert" (wiedervereinigt) werden. Insgesamt über 600 Gebiete und Städte ließ er 1679-1681 für die französische Krone einziehen, darunter Teile der Rheinpfalz, Lothringen, Straßburg, Mömpelgard, Saarbrücken, Gebiete der Hochstifte Speyer und Trier sowie eine Reihe von Abteien. Es kam dabei immer wieder zu schweren Zusammenstößen mit den rechtmäßigen Herren, aber auch mit der Bevölkerung, was manchmal in regelrechte Reunionskriege mündete und zu schweren Zerstörungen führte. Der Pfälzische Erfolgekrieg 1688-1697, in dem Heidelberg unterging, war ein Ausläufer dieser französischen Politik. Er endete mit dem Frieden von Rijswijk; Ludwig XIV. musste viele Reunionen zurückgeben.

Schlacht am Kahlenberg 1683, zeitgenössisches Monumentalgemälde. Im Vordergrund der polnische König als Führer des Entsatzheeres, dahinter der bayerische Kurfürst Maximilian II. Emanuel mit seinen Leuten.

Eine neue Großmacht

Der Aufstieg Preußens (1640–1688)

Schon zwanzig Jahre nach seinem Tod setzte man ihm ein Denkmal: Friedrich Wilhelm (1620-1688), seit 1640 Kurfürst von Brandenburg und preußischer Herzog. Geprägt von Jugenderfahrungen aus dem Dreißigjährigen Krieg, hatte er zäh und listig daraufhin gearbeitet, aus seinen vom Niederrhein bis nach Masuren verstreuten Ländereien einen wehrhaften Staat zu formen. Das war ihm im Sinn eines zusammenhängenden Gebildes zwar nicht gelungen, doch im Bewusstsein seiner Untertanen war er längst als der „Große Kurfürst" zur Legende geworden
Beigetragen dazu hatte der Aufbau eines kleinen stehenden Heeres, zum Schluss rund 30000 Mann, aus allen Landesteilen, die Einrichtung einer einheitlichen Steuerverwaltung und eine riskante Schaukelpolitik nach außen, die als „brandenburgisches Wechselfieber" sprichwörtlich wurde. Oft überreizte Friedrich Wilhelm dabei seine Karte, musste manchen Erfolg wieder hergeben – zu seiner Erbitterung vor allem das zweimal eroberte Vorpommern –, sicherte sich aber fast unbemerkt eine Schlüsselstellung in der europäischen Politik.

Souveränität über Preußen

Und das ist das Stichwort: Relativ unbeschädigt vom großen Kriege lag abseits, außerhalb des Reichsgebiets das Herzogtum Preußen, das der Kurfürst in Personalunion regierte, allerdings unter polnischer Oberlehnsherrschaft. Seine dortige Position wertete Friedrich Wilhelm zunächst als Bundesgenosse Schwedens im ersten Nordischen Krieg (1655-1660) auf, schloss sich nach Zugeständnissen aber in raschem Schwenk dem bisherigen Gegner Polen an und erreichte im Frieden von Oliva (1660) die volle Souveränität über Preußen. Reich war diese Provinz nicht gerade, dafür aber völlig unabhängig vom Reich, ein Umstand, in dem – wie sich zeigen sollte – ungeahnte Möglichkeiten schlummerten.

Das Edikt von Potsdam

Apropos reich: Der Herrscher über ein vom Krieg entvölkertes Land hatte als 14-Jähriger drei Jahre lang in Holland den Kontrast erlebt: florierender Welthandel, reiche Manufakturen, verzweigtes Verkehrssystem, emsige Kultivierung. So wünschte er sich sein Brandenburg, doch dort fehlte es an allem, vor allem an Menschen. Als Ludwig XIV. von Frankreich den Protestanten (Hugenotten) 1685 dort die Toleranz aufkündigte, erließ Friedrich Wilhelm daher umgehend das Edikt von Potsdam, das die Flüchtlinge zur Ansiedlung einlud. Über 20000 kamen und brachten, modern gesagt, unschätzbares Know how mit.

Preußen

Nach den baltischen Ureinwohnern, den Pruzzen, nannte man das vom Deutschen Orden missionierte Gebiet zwischen Weichsel und Memel Preußen. Der Ordensstaat geriet nach der Niederlage von Tannenberg 1410 in Abhängigkeit von Polen, wandelte sich unter dem Hochmeister Albrecht von Brandenburg-Ansbach 1525 zu einem protestantischen Herzogtum in polnischer Lehnshoheit und fiel 1618 an die brandenburgischen Hohenzollern. Der Große Kurfürst löste es aus der polnischen Aufsicht (s.o.) und hatte damit ein Gebiet, das der Oberhoheit des Reiches ebenso entzogen war. Sein Sohn Friedrich III. (regierte 1688-1713) erreichte beim Kaiser die Aufwertung zum König Friedrich I., wenn auch zunächst nur „in" und nicht „von" Preußen. Das frühere Anhängsel des brandenburgischen Kurfürstentums war damit einen Rang höher geklettert als das Mutterland. Und so ging der Name Preußen schließlich auf den Gesamtstaat der Hohenzollern über, der sich zur europäischen Großmacht entwickeln sollte.

„Friedrich Wilhelm, der Große Kurfürst" zu Pferde, 1708 geschaffenes Denkmal von Andreas Schlüter (um 1660–1714); ursprünglich vor dem Berliner Schloss aufgestellt, heute vor dem Schloss Charlottenburg.

Feldherr und Förderer der Künste

Taten- und gedankenreich: Friedrich II. (1740–1786)

Man kannte ihn als flötenspielenden und schriftstellernden Prinzen und erwartete von dem 28-jährigen Friedrich II. wenig, als er 1740 an die Macht kam. Doch der Vater, Soldatenkönig Friedrich Wilhelm I. (regierte 1713-1740), hatte ihm einen wohlgeordneten, gut gerüsteten Staat hinterlassen und ihm selbst durch fast brutale Erziehung die Härte vermittelt, die jetzt zum Vorschein kam.

Auf dem Gipfel des Ruhmes

Des Vaters schlagkräftiges Heer nutzte Friedrich II. noch 1740 zur Annexion Schlesiens, das er mit fadenscheinigen Argumenten beanspruchte und in drei Kriegen behauptete. Der letzte, der Siebenjährige Krieg (1756-1763), führte Preußen an den Rand des Untergangs, den König aber auf den Gipfel des Ruhms, nachdem er sich in glänzenden Siegen (Rossbach und Leuthen 1757) und trotz verheerender Niederlagen (Kolin 1757, Kunersdorf 1759) gegen eine erdrückende Übermacht fast aller europäischen Großmächte hatte halten können. 1772 gewann Friedrich, inzwischen europaweit als „der Große" verehrt, durch die Erste Polnische Teilung Westpreußen und konnte sein Herrschaftsgebiet dank energischem Ausbau der Infrastruktur zu einem blühenden Gemeinwesen entwickeln.

Friedrich II. und das kulturelle Leben

Ganz nach seinem Selbstverständnis als „erster Diener" seines Staates sorgte er für die Urbarmachung bisher nicht nutzbarer Flächen wie dem Rhinluch, ließ Kanäle bauen, förderte durch einen Erlass den Kartoffelanbau, siedelte 57 000 Kolonisten in den neuen Gebieten an, organisierte ein solides Schulsystem (Landschulreglement 1763) und schaffte die Zensur ab: „Gazetten", sagte er, „dürfen nicht genieret (= gegängelt) werden." Glaubensfreiheit war für ihn eine Selbstverständlichkeit. Und auch die Universitäten erlebten eine Blüte unter seiner Herrschaft.

Am wenigsten von der königlichen Förderung der Künste profitierte die deutsche Literatur, die dem König immer fremd blieb. Der „Philosoph von Sanssouci", so genannt wegen seines seit 1757 erbauten Schlosses in Potsdam und der dort um ihn gescharten Runde von Gelehrten, darunter der große Denker Voltaire, hielt sich sein Leben lang zur französischen Kultur. Shakespeare und die ihn verehrenden deutschen Dichter sah er als ungehobelte Tölpel. Fast ein halbes Jahrhundert bis zum Tod 1786 amtierte Friedrich II. Bang sahen viele der Zeit nach ihm entgegen. Zu sehr hatten sie den „Alten Fritz", wie sie den König wegen seiner knarzenden Fürsorglichkeit nannten, in seiner Selbstlosigkeit, Unbestechlichkeit und geistigen Souveränität achten, ja lieben gelernt.

Aufklärung

Friedrich der Große gilt als bedeutendster Repräsentant des aufgeklärten Absolutismus. „Was ist Aufklärung?" So hieß 1784 ein Aufsatz des Königsberger Philosophen Immanuel Kant, der den Begriff populär machte und definierte: „Aufklärung ist der Ausgang des Menschen aus seiner selbstverschuldeten Unmündigkeit...Habe Mut, Dich Deines eigenen Verstandes zu bedienen! ist also der Wahlspruch der Aufklärung." Diese Abwendung von Bevormundung durch Obrigkeit und Kirche begann bei den englischen Denkern Hobbes, Locke und Hume, fand über den französischen Rationalismus in den Philosophen Voltaire, Montesquieu und Rousseau Fortsetzer und eine Synthese in der Philosophie des deutschen Idealismus (Kant, Fichte, Schelling, Hegel). Das Vertrauen auf die Macht der Vernunft führte einerseits zu einem optimistischen Fortschrittsdenken und zur Verwissenschaftlichung des Daseins, andererseits, beispielsweise in der Französischen Revolution, zu politischem Umsturz durch Infragestellung der überkommenen Autoritäten oder in Preußen zu tiefgreifender Umgestaltung von oben durch einen Herrscher wie Friedrich den Großen.

Flötenkonzert in Sanssouci, 1852 entstandenes Gemälde von Adolph Menzel (1815-1905). Selbst als Herrscher fand Friedrich II. noch Muße zum Musizieren.

Die Kaiserin

Maria Theresia, Macht, Ohnmacht und Größe (1740–1780)

Macht trotz großer und durch große Kinderschar: Mit 19 Jahren wollte Maria Theresia (1717-1780), Tochter Kaiser Karls VI. den preußischen Kronprinzen heiraten. Zu ihrem Glück wandte sie sich aber 1736 Herzog Franz von Lothringen zu, der eher für das erhoffte Familienglück geschaffen war, zudem – auch dank der Hilfe Friedrichs II. – 1745 Kaiser wurde und ihr so den Nenntitel „Kaiserin" verschaffte. Mit 16 Kindern war die Ehe gesegnet, als Franz 1765 starb. Nachfolger als Kaiser wurde der älteste Sohn Joseph II., den die Witwe zum Mitregenten in den habsburgischen Erblanden erhob.

Dem Throne Ehre gemacht

Friedrich hingegen war nicht ihr Mann geworden, sondern ihr „schlimmer Mann" wie sie später über ihren preußischen Widersacher seufzte, der ihr den glänzendsten Stein der habsburgischen Krone raubte: die reiche Provinz Schlesien. Doch gerade dieser bewunderte Dauerfeind setzte bei ihr die Kräfte frei, das Haus Österreich aus der schwersten Krise seiner Geschichte zu führen. Maria Theresia behauptete sich trotz des besagten Verlustes im Österreichischen Erbfolgekrieg, der ausbrach, weil die Männer auf Europas Thronen glaubten, eine schwache Frau leicht überspielen zu können. Sie hatten sich verrechnet, und selbst Friedrich der Große sagte beim Tod seiner Erzgegnerin bewundernd: „Sie hat ihrem Thron Ehre gemacht und ihrem ganzen Geschlechte."

Innere Reform

Damit anerkannte er auch die Leistung, die ihn um ein Haar hätte scheitern lassen: Die „Koalition der Unterröcke", wie er sarkastisch das Bündnis nannte, das Maria Theresia 1757 zur Rückgewinnung Schlesiens geschmiedet hatte: Doch selbst mit Zarin Elisabeth und Madame Pompadour, Mätresse des französischen Königs Ludwig XV., reichte es letztlich nicht gegen Friedrich. Im Frieden von Hubertusburg 1763 wurde Schlesien endgültig preußisch. Die beiden Rivalen wandten sich jetzt Aufgaben der inneren Reformen zu. Friedrich Graf Haugwitz (1702-1765) stand Maria Theresia dabei zur Seite. Sie setzte einen zentralen Beamtenstaat durch, schuf ein neues Strafgesetzbuch, sorgte für die Milderung der Leibeigenschaft der Bauern und förderte den Volksschulunterrichts in Österreich.

Familiär traf sie bald nach Kriegsende durch den Tod ihres Mannes ein schwerer Schlag. Sie versteinerte fast in Trauer. Nur die große Schar ihrer Kinder und ihre Verantwortung für sie hielt sie aufrecht. Sie kümmerte sich vor allem um vorteilhafte Verheiratungen, die sie zur „Schwiegermutter Europas" machten.

Pragmatische Sanktion

1711 wurde der habsburgische Erzherzog Karl als der sechste seines Namens deutscher Kaiser (regierte bis 1740). Karl aber war noch kinderlos, und die Gefahr bestand, dass ihm Nachkommenschaft, wenigstens männliche, versagt blieb. Am 19. April 1713 schuf der Kaiser daraufhin für seine Erblande die Möglichkeit der weiblichen Thronfolge durch eine Pragmatische Sanktion, eine Art habsburgisches Hausgesetz, das zudem die Unteilbarkeit des Hausbesitzes bestimmte. Er sollte „auf Ihres männlichen Stammes Abgang, so Gott gnädiglich abwenden wolle, auf die ehelichen hinterlassenen Töchter ohnzerteilt kommen". Freilich brauchte Karl für die Sanktion die Zustimmung der Fürsten, die er nach und nach auch gewann. Die anderen europäischen Mächte jedoch nutzten die dynastische Not der Habsburger immer wieder zur Präsentierung eigener – männlicher – Ansprüche auf vakant werdende habsburgische Throne. Der österreichische Erbfolgekrieg entstand daraus, denn Karl bekam zwar noch Nachwuchs, aber „nur" weiblichen: Maria Theresia (s.o.).

Die kaiserliche Familie auf der Schönbrunner Schlossterrasse, um 1755 geschaffenes Gemälde von Martin van Meytens (1695–1770.

Weimarer Klassik

Goethe, Schiller und der Musenhof in Weimar (Ende 18./Anfang 19. Jh.)

Rückgriff auf die Antike, das klassische Altertum, prägte schon die Kulturepoche der Renaissance. Nach dem Pathos des Barock und der Verspieltheit des Rokoko setzte erneut eine Flucht in die große Tradition ein, ausgelöst und in eine bestimmte Richtung gelenkt durch die Schrift des deutschen Begründers der Archäologie Johann Joachim Winckelmann (1717–1768): „Geschichte der Kunst des Altertums" (1764). Er kritisierte das „freche Feuer" des Barocks und pries die Werke der griechisch-römischen Künstler als Dokumente „edler Einfalt und stiller Größe".
Während man in der Architektur und Bildenden Kunst eher von Klassizismus spricht, setzte sich in der Literatur der Begriff Klassik durch. Er ist ja ein doppelter, denn hier meint er sowohl Schulung am Vorbild der Alten, als auch Schaffung von Mustergültigem, Maßstäbe Setzendem. Im Geniekult des Sturms und Drangs kündigte sich ein solcher Anspruch an. Die späteren Leitsterne Goethe und Schiller leuchteten bereits hell. Sie aber überwanden den „dichterischen Urschrei" und fanden zu einer Einheit aus Tradition und Ausdruck der neuen Zeit, die wir Deutsche Klassik nennen, weil sie in dieser Ausprägung in keinem anderen Land anzutreffen und mehr war als Adaptierung der antiken Vorbilder im Sinn eines bloßen Klassizismus.

Weimarer Musenhof

Zentrum dieser Steigerung deutscher Kultur zur Weltgeltung wurde Weimar, wo ein kunstsinniger Fürst, Herzog Karl August (1757–1828), einen Musenhof um sich versammelte: neben den genannten zierten ihn die Schriftsteller Herder und Wieland, die Philosophen Hegel und Schopenhauer. Weithin dominierende Figur wurde Johann Wolfgang von Goethe (1749–1832; das „von" erhielt er 1782): Wie kein anderer Dichter verstand er es, Leben und Werk zu faszinierender Harmonie auszubilden; vielfach ist sogar gesagt worden, sein größtes Kunstwerk sei seine Daseinsform, seine allem Wissen zugewandte universale Persönlichkeit: Zum Klassiker wurde er im klassischen Gelände Italiens, wohin er 1786 aus der Weimarer Enge „floh" und von wo er gereift 1788 heimkehrte.

Klassische Musik

Musikalische Klassik war mangels genauer Kenntnis der antiken Musik nicht in Anlehnung daran möglich, wohl aber eine Steigerung zu völlig neuem Ausdruck, der literarischen Vollendung durch die Weimarer durchaus an die Seite zu stellen. In Wien komponierten drei Meister, die die Musik wieder auf Höhen führten, die sie seit den Tagen des großen Johann Sebastian Bach (1685-1750) nicht mehr erreicht hatte. Joseph Haydn (1732-1809) eröffnete die Wiener Klassik mit einem Werk von hinreißender Melodik. Wolfgang Amadeus Mozart (1756-1791) brachte in seiner Nachfolge einen Klang in die Welt, der im Wortsinn unerhört war und bis heute alle Welt bezaubert. Ludwig van Beethoven (1770-1827), der Bonner in Wien, wies mit machtvollen Akkorden und kühner Chromatik bereits in eine romantische Zukunft. Heute meint man mit dem Begriff „klassische Musik" fast die gesamte so genannte E-Musik (E wie Ernst) im Unterschied zur leichten U-Musik (U wie Unterhaltung).

Schiller und Goethe

Es folgte eine fruchtbare Epoche, die vor allem die Freundschaft mit Friedrich von Schiller (1759-1805) prägte, dessen idealistische Ästhetik die dichterische Produktion Goethes nachhaltig beeinflusste, darunter den ersten Teil des „Faust", Drama des Menschen, der „immer strebend sich bemüht". Goethe wurde in den letzten Lebensjahrzehnten mehr und mehr „der Olympier", zu dem die jungen Romantiker ebenso pilgerten wie die Großen der Zeit (Begegnung mit Napoleon 1808 in Erfurt).

Goethe-Schiller-Denkmal vor dem Landestheater in Weimar, geschaffen von Ernst Rietschel (1804-1861) und 1857 aufgestellt.

Neue Epoche der Weltgeschichte

Die Kanonade von Valmy und die Folgen (1792–1799)

In Frankreich war im Sommer 1789 die Revolution ausgebrochen, die zum Sturz der Monarchie, zu blutigen Abrechnungen und zu einem Strom von adligen Flüchtlingen in die Nachbarländer, allen voran Deutschland führte. Sie nutzten ihre vielfältigen Verbindungen zum Betreiben ihrer Rückkehr und zum Vertreiben der Revolutionäre. Und es gelang ihnen auch, die Herrscher Preußens und Österreichs zu einem Bündnis gegen die neuen Machthaber in Paris zu bewegen, denn man fürchtete das Übergreifen des Aufruhrs. Über 70 000 Berufssoldaten stellten Kaiser und König gegen das hastig organisierte Revolutionsheer ins Feld und ließen sie unter Führung des viel gerühmten Herzogs von Braunschweig in Frankreich einrücken.

Vormarsch der Revolutionäre

Bei Valmy in der Nähe von Châlons-sur-Marne trafen die Armeen am 20. September 1792 auf einander. Die Franzosen unter General Dumouriez saßen in einer günstigen Stellung, so dass die Alliierten keinen Infanterieangriff wagten. Ihre Artillerie lieferte sich den Tag über Duelle mit der französischen, und das war alles; Verluste gab es kaum. Aber da der Herzog von Braunschweig danach den Vormarsch aufgab, bedeutete die unentschiedene Kanonade von Valmy, dass die mit heißem Herzen kämpfenden Revolutionäre einen glänzenden Sieg errungen hatte. Sie machten sich an die Verfolgung der Abziehenden und eroberten wenig später Mainz.

Mainzer Republik

Die französische Revolution hatte in Deutschland nicht wenige Anhänger, darunter einen, dessen Stunde nun schlug: Johann Georg Forster (1754–1794), seit 1788 Bibliothekar in Mainz, begrüßte die dort am 21.10.1792 einrückenden Revolutionstruppen, trat der „Gesellschaft der Freunde der Freiheit und Gleichheit" (nach dem Vorbild des Jakobiner-Klubs in Paris) bei und sorgte maßgeblich dafür, dass der rasch gebildete Rheinisch-Deutsche Nationalkonvent am 17.3.1793 die Mainzer Republik ausrief. Vier Tage später beschloss er den Anschluss des Gebiets zwischen Landau und Bingen an Frankreich und entsandte Forster, der zum Vizepräsidenten des Konvents gewählt worden war, nach Paris, wo er die Einzelheiten dieses Anschlusses regeln sollte. Sein Auftrag wurde allerdings sehr bald gegenstandslos, denn schon am 23.7.1793 gelang preußischen und österreichischen Truppen die Rückeroberung von Mainz. Damit hatte sich auch die vom Konvent beschlossene Enteignung der adligen Grundbesitzer im Bereich der Mainzer Republik erledigt. Forster starb ein halbes Jahr später im Pariser Exil.

Neue Epoche der Weltgeschichte

Für Sieg oder Niederlage unwichtig, zur Würdigung des Geschehens aber genau richtig war ein Teilnehmer am Feldzug: Der deutsche Dichter Johann Wolfgang von Goethe (1749-1832), der seinen Herzog bei der Kampagne in der Champagne als Gesellschafter begleitete. Er erkannte, dass bei Valmy die Fundamente der alte Welt des Adels und der Monarchie irreparabel erschüttert wurden: „Von hier und heute geht eine neue Epoche der Weltgeschichte aus, und ihr könnt sagen, ihr seid dabei gewesen." Den Satz formulierte er zwar erst drei Jahrzehnte später, doch Briefe aus dem Feld nach Hause klangen schon seinerzeit sehr ähnlich. Der weitere Verlauf der Revolution sowie Aufstieg und Fall Napoleons bestätigten seine Einschätzung. Hundert Jahre später war es mit der adligen Herrlichkeit in Europa endgültig vorbei.

Viel Pulverdampf und Kanonendonner. Eine Entscheidung aber fiel nicht bei Valmy am 20.9.1792. Doch das allein schon war ein Sieg der Revolutionäre. Kolorierter zeitgenössischer Stich.

Ende des Deutschen Kaiserreichs

Franz II. legt die Krone nieder (1806)

Mit den französischen Revolutionären waren die europäischen Staaten nicht fertig geworden, mit dem Erben ihrer Siege wurden sie es noch viel weniger: Napoleon Bonaparte (1769-1821) erwies sich taktisch, operativ und strategisch allen europäischen Heerführern überlegen, eilte von Triumph zu Triumph und erwarb für Frankreich viele Territorien in Italien und in Deutschland. So verleibte sich der inzwischen zum Alleinherrscher in Paris aufgestiegene Erste Konsul Bonaparte die linksrheinischen Gebiete ein und riet den davon betroffenen deutschen Reichsfürsten, sich an Reichstädten und geistlichen Herrschaften schadlos zu halten, was die christlichen Potentaten ohne große Skrupel umgehend taten. Säkularisierung nannte man das 1803 beschlossene Verfahren.

Napoleon wollte aus den so geschrumpften westlichen deutschen Ländern ein drittes Machtzentrum gegen Österreich und Preußen bauen. Zugleich gab er zu erkennen, dass er Frankreich zu einem erblichen Kaisertum aufwerten wollte, denn die Revolution sei beendet, weil durch ihn vollendet. Da war mit der deutschen Kaiserkrone nicht mehr lange Staat zu machen, und Kaiser Franz II. erklärte daher 1804 seine Erblande ebenfalls zum Kaiserreich und nannte sich fortan Franz I. Kaiser von Österreich. Zwei Jahre blieb er Doppelkaiser, dann hatte Napoleon neue Tatsachen geschaffen, die das Deutsche Reich endgültig überflüssig machten:

Machtstreben Napoleons

Erst einmal setzte er sich am 2. Dezember 1804 im Beisein des Papstes in Notre Dame die Krone eines Kaisers der Franzosen auf. Er sah sich als Erbe des Reiches Karls des Großen mit der gleichen Stoßrichtung nach Osten. Napoleon trug den Krieg 1805 nach Süddeutschland, vernichtete bei Ulm ein österreichisches Heer und zog in Wien ein. Am ersten Jahrestag seiner Krönung kam es dann zur Dreikaiserschlacht bei Austerlitz in Böhmen und zum glänzendsten Sieg der französischen Waffen unter ihrem Revolutionskaiser gegen den russischen Zaren, der sich fluchtartig zurückzog, und Franz I. von Österreich. Im Frieden von Preßburg verlor Österreich Tirol, Vorarlberg und Lindau an Bayern, den Breisgau mit Konstanz an Baden und Württemberg.

Krone ohne Wert

So verpflichtete sich der Eroberer die süddeutschen Staaten und schloß 16 von ihnen am 12.6.1806 in einem Defensivbündnis zum Rheinbund zusammen, eben jener bereits erwähnten dritten deutschen Kraft. Napoleon wurde ihr Schutzherr, wofür die Länder ihm Truppenhilfe gewähren mussten und aus dem Reichsverband ausschieden. Dessen Krone hatte nun nicht einmal mehr symbolische Bedeutung; Franz II. legte sie am 6. August 1806 nieder.

Empirestil

Ein Sonderform des Klassizismus erblühte durch den politischen Triumphalismus Napoleons, der sein Riesenreich in Anlehnung an das antike römische Imperium als „Empire" bezeichnete. Der Begriff diente dann auch zur Bezeichnung für einen Kunst- und Kunsthandwerkstil, der sich wie die napoleonischen Truppen über ganz Europa verbreitete. Die Revolutionäre hatten gern altrömisch-republikanisch repräsentiert. Unter dem Kaiserreich entwickelte sich das konsequent imperial weiter und erfasste vor allem das Dekor: Die beliebtesten Schmuckformen waren Lorbeerkranz und Lyra, gekreuzte Fackeln, Eierstab und Lilienkette, Kriegstrophäen, Flortücher und Ascheurnen. An den Fassaden wie in den Wohnräumen wurden Sphinxe, Karyatiden, Säulen und Obelisken aufgestellt. Schränke wurden griechischen Tempen nachgebildet, als Galgenschaft diente in Hamburg eine korinthische Säule.

Reichs- oder Karlskrone, im 10. Jahrhundert für Kaiserkrönungen geschaffen; seit der Abdankung des letzten Herrschers des Heiligen Römischen Reichs Deutscher Nation 1806 in der Schatzkammer der Wiener Hofburg.

Revolution von oben

Preußens Reformprogramm – eine Konsequenz der Niederlage (1807–1812)

Auch Berlin erwies sich nicht als sicher vor dem korsischen Eroberer: Preußenkönig Friedrich Wilhelm III. (regierte 1797-1840) hatte dem Rheinbund Kleve, Neuenburg und Ansbach-Bayreuth opfern müssen, war aber von Napoleon mit Hannover buchstäblich kurfürstlich belohnt worden. Das hinderte den französischen Kaiser nicht, Hannover wenig später schon wieder als Manövriermasse den Engländern anzubieten, mit denen er den Ausgleich suchte. Das erbitterte den Berliner Hof aufs Äußerste. Napoleon hatte für Warnungen seines Außenministers Talleyrand jedoch nur Verachtung: „Die Idee, dass sich Preußen allein gegen mich erheben könnte, ist so lächerlich, dass sie nicht diskutiert werden muss", sagte er noch am 12. September 1806.

Kapitulation Preußens

Vier Wochen später stand er bei Jena und Auerstedt der ruhmreichen preußischen Armee in einer Doppelschlacht gegenüber, denn Preußen hatte das „Lächerliche" gewagt und allein den Kampf gegen den Usurpator aufgenommen. Es machte sich allerdings auch so lächerlich, wie dieser vermutet hatte, brach völlig zusammen und musste 1807 im Frieden von Tilsit die Rückstufung zu einer Mittelmacht und zu einem Satelliten Napoleons hinnehmen. Der schluckte nun weiteres deutsches Gebiet, schuf das Königreich Westfalen unter seinem Bruder Jérôme, der wegen seiner Ausschweifungen als „König Lustig" mehr Geschichten als Geschichte machte. Aus großen preußischen Gebieten formte Napoleon zudem ein Großherzogtum Warschau als polnischen Staat.

Reformprogramm

Rest-Preußen verordnete sich unter den Ministern Freiherr vom und zum Stein (1757-1831), seinem Nachfolger Hardenberg (1750-1822), und dem Heeresorganisator Scharnhorst (1755-1813) ein drastisches Reformprogramm, das einer Revolution von oben gleichkam: Den Anfang machte 1807 die Befreiung der Bauern; die Erbuntertänigkeit hörte auf, seit dem 11.11.1810 gab es nur noch freie Leute in Preußen. 1808 folgte eine Städteordnung; den Kommunen wurde eigene Finanzverwaltung zugestanden, sie durften sich weitgehend selbst regieren. 1810 setzte mit der Gründung der Berliner Universität eine allgemeine Bildungsreform ein. 1810/11 wurden die Zünfte aufgehoben. 1812 erhielten die Juden die staatsbürgerliche Gleichstellung. Zugleich verstärkten Scharnhorst (1755–1813) und Gneisenau (1760–1831) das preußische Heer durch Einführung der Allgemeinen Wehrpflicht.

Kontinentalsperre

Kontinentaleuropa hatte Napoleon fest im Griff, als unbezwinglich aber hatte sich England erwiesen. Es hatte sogar zur See auf der ganzen Linie, zuletzt 1805 bei Trafalgar, über die französische Flotte triumphiert. Jetzt da er die Küsten des Festlands beherrschte, wollte Napoleon England daher durch Sanktionspolitik gefügig machen. Er verhängte 1806 über alle englischen Waren eine Kontinentalsperre, das heißt: Schiffe mit solchen Gütern durften in den Häfen der französisch kontrollierten Länder, also nahezu aller, nicht mehr gelöscht werden. Damit konnte Napoleon zwar nicht die Versorgung der britischen Inseln blockieren, aber die englischen Absatzmärkte verriegeln. Dass er dadurch deren Versorgung mit Kolonialwaren, vor allem Zucker, empfindlich traf, interessierte ihn wenig, heizte aber die Stimmung gegen die Franzosen überall an. England reagierte mit einer Blockade der Nordseeküste, einer mehrtägigen Beschießung von Kopenhagen 1807, Wegnahme der dänischen Flotte und einer Verständigung mit Portugal. Von dort nahm es Verbindung zum spanischen Widerstand auf, der zum Auslöser des Aufstands gegen Napoleon werden sollte.

Triumph des „kleinen" Kaisers: Napoleon I. an der Spitze seiner Truppen beim Ritt durch das anderthalb Jahrzehnte zuvor errichtete Brandenburger Tor nach dem Sieg über Preußen 1806; Zeichnung von Richard Knoetel

Vereint geschlagen – Völkerschlacht bei Leipzig

Der Anfang vom Ende Napoleons (1813)

Ein gewaltiges Denkmal erinnert an gewaltiges Geschehen: Leipziger Monument für die Kämpfer der Befreiungskriege 1813–1815. Napoleon war geschlagen, aber nicht besiegt aus Russland zurückgekommen. Er stampfte sofort erneut ein Heer aus dem Boden und zog den Verbündeten durch Deutschland entgegen. Er gewann einige Gefechte, auch größere Treffen, doch die Entscheidung stand aus. Sie nahte im Oktober, zur Freude Napoleons, der den Abnutzungskrieg im Feindesland nicht mehr lange durchstehen konnte. Von Süden näherte sich das Böhmische Heer des Gesamtoberbefehlshabers Fürst Schwarzenberg, im Zentrum rückten Blüchers Preußen in Gestalt der Schlesischen Armee vor und am rechten Flügel der Alliierten operierte die Nordarmee unter dem schwedischen Kronprinzen Bernadotte, einst Marschall Napoleons. Vereinigt war diese Streitmacht von über 300 000 Mann den 200 000 Franzosen und Rheinbundtruppen weit überlegen.

Eröffnung der Schlacht

Napoleon schob seine Hauptarmee zwischen die Flügel der Gegner vor und bildete einen flachen Halbkreis südöstlich von Leipzig gegen Schwarzenbergs Österreicher. Doch die Preußen waren auch schon heran und eröffneten am 16. Oktober bei Möckern im Norden die bis dato größte Schlacht der Weltgeschichte. Ehe das große Ringen begann, war der alte Blücher die Linien entlang geritten und hatte die Parole ausgegeben: „Kinder, haut heute einmal auf altpreußische Art ein. Wer heute Abend nicht entweder tot oder wonnetrunken ist, der hat sich geschlagen wie ein infamer Hundsfott." Doch der kleine Kaiser, der die Kriegführung revolutioniert hatte, war alles andere als eine leichte Beute: Schwarzenbergs Angriff blieb im französischen Abwehrfeuer liegen. Unterdessen tobte im Norden die Schlacht von Möckern weiter. Erst im sechsten Anlauf konnten die Preußen den linken französischen Flügel eindrücken und das Dorf stürmen.

Freikorps

In der napoleonischen Not appellierten die Herrscher auch an ihre Untertanen, sich am Kampf gegen den Eroberer zu beteiligen. Das ließ sich der verabschiedete preußische Major Adolf Freiherr von Lützow (1782–1834) nicht zweimal sagen. Er erhielt von König Friedrich Wilhelm III. im Februar 1813 die Genehmigung, ein Freiwilligenkorps aufzustellen. Es entstand die nach ihrer Kleidung so genannte Schwarze Schar, bekannter nach einem Lied ihres Mitglieds Theodor Köner als „wilde verwegene Jagd". Wie dieser waren viele Lützowsche Jäger Studenten, die sich mit Feuereifer in den Kampf warfen. Etwa 3000 Fußsoldaten, 600 Kavalleristen und 120 Artilleristen umfassend, gewannen die Truppe dadurch Bedeutung, dass sie im Rücken der feindlichen Truppen Unruhe stiftete. Das hohe Risiko dabei bezahlten viele Jäger mit dem Leben, auch Körner, der am 26.8.1813 bei Gadebusch in Mecklenburg fiel.

Napoleons Rückzug

Am 18. griff Schwarzenberg mit der Hauptarmee an, flankiert von Blücher und der Nordarmee Bernadottes, der am Nachmittag die Einkreisung Napoleons vollendete. Nur ein winziges Schlupfloch über die einzige intakte Elster-Brücke blieb nach Westen offen. Als auch dieser Weg bedroht wurde, musste der Sieger so vieler Schlachten, dessen verbündete Sachsen und Württemberger längst übergelaufen waren, aufgeben. Um 17 Uhr trat er den Rückzug an. Die Bilanz dieser „bataille des géants" (Schlacht der Giganten), bei uns als „Völkerschlacht" zur Legende geworden: Gefallen waren 22 605 Russen, 16 033 Preußen, 14 958 Österreicher und 178 Schweden, auf der Gegenseite 37 000 Franzosen.

Völkerschlachtdenkmal in Leipzig, 1897–1913 erbaut nach den Plänen des Berliner Architekten Bruno Schmitz (1858–1916). Die auf einem Erdhügel über einem Wasserbassin 91 Meter hoch aufragende Totenburg umschließt eine 68 Meter hohe Ruhmeshalle.

Neuordnung Europas

Der Wiener Kongress (1815)

Die Großen des Kontinents machten sich ans Aufräumen nach dem Abgang Napoleons auf die Exil-Insel Elba. In Wien begann im Herbst 1814 eine Serie von Verhandlungen der europäischen Mächte, genannt Kongress. Die Unterhaltung kam dabei nicht zu kurz. „Der Kongress tanzt, aber er kommt nicht vom Fleck", spottete der österreichische Feldmarschall Fürst von Ligne (1735-1814), hatte damit aber nur halb recht. Der Glanz der allerhöchsten Feste mochte den Eindruck der Untätigkeit erwecken, doch im Hintergrund wurde zäh verhandelt. Schlüsselfiguren waren die Vertreter der fünf Großmächte: Metternich für Österreich, Hardenberg für Preußen, Nesselrode für Russland, Castlereagh für England und Talleyrand für Frankreich. Ja, auch das geschlagene Frankreich war ein Hauptakteur, weil wichtige Stimme im politischen Konzert.

Napoleons letzte Schlacht

Mitten ins Gefeilsche um Grenzen und Gebiete, platzte die Bombe: Napoleon war im März 1815 aus seinem Inselkaiserreich Elba entwichen und eroberte Frankreich erneut im Sturm. Sollte alles Verhandeln wieder verloren sein? Der alte Feind schmiedete die alte Koalition zusammen. Sie machte dem bonapartistischen Spuk bei Waterloo am 18. Juni 1815 nach hundert Tagen ein Ende. Der Korse verlor nun auch den Kaisertitel und ging als Gefangener in die Verbannung auf die ferne britische Atlantik-Insel Sankt Helena, wo er am 5. Mai 1821 starb.

Ausbalancierung der Macht

In Wien trugen derweil den Hauptgewinn Russland und England davon. Die Briten behielten die wichtigsten Stützpunkte wie Helgoland, Malta, die Kapkolonie und Ceylon. Russland bekam neben Finnland, Bessarabien und persischen Gebieten in Personalunion das von Napoleon geschaffene Großherzogtum Warschau als sogenanntes Kongresspolen und verschob so seine Macht weiter nach Westen. Daher sorgte schon England dafür, dass auch Preußen, Österreich und Frankreich stark gemacht wurden. Preußen erhielt Teile Sachsens, die Rheinprovinz, Westfalen und Vorpommern und behielt im Osten Westpreußen und Posen.

Frankreich wurde geschont und für die zurückgekehrten Bourbonen (Ludwig XVIII.) in den Grenzen von 1792 wiederhergestellt. Die Generalstaaten vereinigte man mit den einst österreichischen Niederlanden, die Schweiz wurde neutral, und Österreich verzichtete auf ehemalige Besitzungen im Westen zugunsten einer Abrundung seines Staatsgebiets durch Tirol, Kärnten, Krain, Triest, die Lombardei und Venetien. Damit wuchs es zwar aus Deutschland weiter hinaus, behauptete aber noch jahrzehntelang seine mitteleuropäische Vormachtstellung.

Deutscher Bund

Das Reich war untergegangen. Doch ignorieren ließ sich das große Zusammengehörigkeitsgefühl der Deutschen nicht, das Napoleon herbeigesiegt hatte. Das Gebilde, das schließlich am 9.6.1815 auf dem Wiener Kongress zustande kam, hieß nun Deutscher Bund und bestand aus 37 souveränen Fürsten sowie 4 freien Reichsstädten. Er konnte nur beraten und beschließen, aber nicht handeln, denn eine Bundesexekutive fehlte. Einziges Organ des Bundes war der Frankfurter Bundestag, ein Gesandtenkongress unter Vorsitz Österreichs. Da die Beschlüsse Zweidrittelmehrheit, verfassungändernde sogar Einstimmigkeit verlangten, konnten die Konservativen jeden Fortschritt blockieren. Und da Österreich, die deutsche Vormacht, ein Vielvölkerstaat war und schon deshalb den Nationalstaatsgedanken fürchten musste, blieb die deutsche Einigung zur Erbitterung der Patrioten erst einmal auf der Strecke.

Sitzung der Bevollmächtigten der am Pariser Frieden (1814/15) beteiligten Mächte auf dem Wiener Kongress, Holzschnitt nach einem Gemälde von Jean-Baptiste Isabey (1767–1855). Die Großen machten die Neuordnung weitgehend unter sich aus.

Restauration

Die Heilige Allianz der großen Potentaten (1815–1848)

Fest im Sattel saßen wieder die von Napoleon gedemütigten Fürsten. So bald sollte niemand wieder an ihrem Gottesgnadentum rütteln dürfen, da waren sich die allerhöchsten Herrschaften einig. Russlands Zar Alexander I. verspürte zudem das Bedürfnis, diesen Grundsatz zu fixieren, und entwarf ein Papier, das nach leichter Redaktion durch den österreichischen Staatskanzler Metternich von ihm und seinen preußischen und österreichischen Kollegen am 26.9.1815 signiert wurde. Es ging als Heilige Allianz der führenden Monarchen in die Geschichte ein, weil es nur einen Souverän anerkannte: Gott. In seinem Auftrag versprachen der protestantische preußische König Friedrich Wilhelm III., der katholische österreichische Kaiser Franz I. und der orthodoxe russische Zar, ihre Völker wie Familienväter nach den Grundsätzen der christlichen Religion zu regieren.

System Metternich

Außer dem Papst und dem englischen König traten diesem Bündnis alle Herrscher Europas bei. Es hatte zwar keine unmittelbare politische Bedeutung, signalisierte aber die Entschlossenheit der wieder etablierten Potentaten, die Uhr zurückzudrehen und gegen jedwede revolutionäre Regung gnadenlos vorzugehen. Und das Papier schrieb die Hegemonie der drei Erstunterzeichner fest, die sich als Hüter der „Ruhe der Welt" verstanden und liberale Anwandlungen im Keim zu ersticken drohten. Sie verpflichteten sich 1820 sogar, Staaten, in denen eine Revolution zum Zuge gekommen sei, notfalls mit Waffengewalt „in den Schoß der großen Allianz zurückzuführen", zu deutsch: militärisch zu intervenieren. Diese nach dem federführenden Mann „System Metternich" genannte Ordnung der europäischen Dinge bestimmte die reaktionäre Politik der nächsten Jahre.

Risse in der Allianz

Risse wurden gleichwohl bald sichtbar, weil sich die Interessen der hohen Vertragsparteien allenfalls zeitweilig zur Deckung bringen ließen. Spätesten nach der von Frankreich 1830 ausgehenden Welle der bürgerlichen Revolutionen nahm die Erosion zu. Zwar übten sich die Großen Drei noch einmal im Schulterschluss, doch dieses Mal blieben die Länder des Westens ihrer Allianz fern. Dass sich der status quo, den die Heilige Allianz hatte zementieren wollen, nicht auf Dauer würde halten lassen war absehbar.

Bundesfestungen

Preußen und Österreich waren durch den Wiener Kongress erstarkt – zu Lasten Deutschlands, das zu einem Bund herabgesunken war. Einzige Vorteile des Bundes gegenüber dem früheren Reich waren die größere Übersichtlichkeit dank Napoleon, klarere Grenzziehungen und die Sicherung für den Fall eines Angriffs auf Deutschland: Dann war gemeinsames Handeln bindend vorgeschrieben und Sonderfrieden ausgeschlossen. Durch ein Bundesgesetz vom 9.4.1821 über die Kriegsverfassung erhielt Deutschland auch ein gemeinsames Heer aus zehn Armeekorps (550 000 Mann), von denen je drei die Vormächte Preußen und Österreich stellten, eines Bayern, die anderen setzten sich aus verschiedenen Kontingenten zusammen. Im Kriegsfall musste freilich erst ein Bundesoberfeldherr bestellt werden, was schnelles Reagieren erschwerte. Auch Bundesfestungen gab es, anfangs nur drei in Mainz, Luxemburg und Landau-Germersheim, 1841 kamen mit Rastatt und Ulm zwei weitere hinzu. Sie unterstanden dem Bund direkt, so dass etwa der niederländische König als Großherzog von Luxemburg auf die bei ihm stationierte Garnison keinen Einfluss hatte. Sie wechselte ebenso wie ihr Gouverneur als militärischer Befehlshaber je nach zuständigem Bundesstaat.

Aufs hohe Ross setzten sich nach der Abwendung der napoleonischen Gefahr wieder die Monarchen, allen voran der russische Zar Alexander I. (Mitte), Preußenkönig Friedrich Wilhelm III. (rechts) und der österreichische Kaiser Franz I., die Stifter der Heiligen Allianz.

Revoltierende Jugend

Deutsche Burschenschaft – Wartburgfest und Karlsbader Beschlüsse (1815–1819)

Seit dem Ende der Befreiungskriege blieb es unruhig in Deutschland. Die Erhebung von 1813 hatte Hoffnungen auf ein würdigeres politisches Dasein in einem geeinten Deutschland geweckt; nun trat an die Stelle der Fremdherrschaft das alte absolutistische System. Besonders in der studentischen Jugend blieb die nationale und freiheitliche Stimmung mächtig. Daher gründeten 1815 Studenten der Universität Jena die Allgemeine Deutsche Burschenschaft, die sich bald an anderen Universitäten ausbreitete. Hochfliegende Ideale leiteten sie, „Ehre, Freiheit, Vaterland" war ihr Wahlspruch, Schwarz-Rot-Gold waren ihre Farben, die sie auf die des mittelalterlichen deutschen Kaiserreichs (schwarz-roter Adel auf goldenem Grund) zurückführten.

Wartburgfest

Mitte Oktober 1817 kamen etwa 500 Studenten (rund fünf Prozent der Gesamtzahl) aus ganz Deutschland in Eisenach zum Wartburgfest zusammen, um der Leipziger Völkerschlacht vor vier Jahren und der Reformation Martin Luthers vor dreihundert Jahren zu gedenken. Nach der offiziellen Feier übergaben einige von ihnen als Parallele zu Luthers Verbrennung der päpstlichen Bannandrohungsbulle in einem „Feuergericht" etwa zwei Dutzend reaktionäre Schriften den Flammen und sangen Freiheitslieder. Auch Uniformteile, ein Zopf als Zeichen des Absolutismus und ein Korporalstock wurden ins Feuer geworfen. Diese Demonstration erregte bei den Herrschenden ungeheures Aufsehen; sie sahen darin ein Fanal zum Aufstand gegen die überkommene Ordnung.

Die Karlsbader Beschlüsse

Als dann am 23.3.1819 der Theologiestudent Karl Ludwig Sand den berühmten Schriftsteller und russischen Staatsrat Kotzebue ermordete, weil er ihn für einen zaristischen Spion hielt, griff der österreichische Staatskanzler Metternich in seiner Eigenschaft als Vorsitzender des Deutschen Bundes ein. Er berief eine Ministerkonferenz nach Karlsbad (Böhmen) ein, an der neben Preußen noch acht weitere Bundesstaaten teilnahmen, und setzte am 20.9.1819 im Frankfurter Bundestag die Karlsbader Beschlüsse durch: Verbot der Burschenschaften, Zensur von Büchern und Zeitungen, Überwachung der Universitäten und Professoren, Kampf gegen die „Demagogen", zu denen künftig jeder kritische Geist ohne viel Federlesens gerechnet werden konnte.

Turnbewegung

In Zeiten des staatlich verordneten Argwohns macht sich verdächtig, wer irgend von der Norm abweicht. Zunächst sah die Obrigkeit das Tun des Lehrers Friedrich Ludwig Jahn (1778-1852) eher mit Wohlwollen, weil seine von ihm nach dem Wort „Turnier" als „Turnen" bezeichneten Übungen auf patriotische Wehrhaftmachung der Jugend abzielten. Jahn hatte damit nach der Niederlage Preußens gegen Napoleon begonnen und 1811 seinen ersten Turnplatz auf der Hasenheide bei Berlin eröffnet. Während der Befreiungskriege schloss er sich als Offizier dem Lützowschen Freikorps an, nahm danach seine Turntätigkeit wieder auf und veröffentlichte 1816 die Schrift „Teutsche Turnkunst", die begeisterte Aufnahme fand. Zum Pech für Jahn vor allem auch bei den Burschenschaften. Der „Turnvater", wie Jahn bald genannt wurde, geriet damit ins Visier der Staatsschützer, die ihn als einen der „Demagogen" 1819 in Untersuchungs- und nach Verurteilung 1824 in Festungshaft nahmen. Das Turnen wurde als subversiv verboten. Bis 1841 stand Jahn unter Polizeiaufsicht. Dann erst erkannte man den hohen erzieherischen Wert seiner Leibesübungen. Der preußische Staat nahm sich fortan der Turnbewegung an.

Bücherverbrennung im Namen der Freiheit, ein widersprüchliches Symbol. Doch die studentische Wut auf die Reaktion war zu groß, als das man sich darüber Rechenschaft gegeben hätte. Stich von Ernst Hottenroth (1872–1908).

Die Farben der Freiheit

Das Hambacher Fest (1832)

Hinauf zu den schwarz-rot-goldenen Höhen der Freiheit sehnten sich die Menschen, denen die Fürstenwillkür mehr und mehr zur Last wurde. In Frankreich hatten die wiederinstallierten Bourbonen-Könige nach 1815 alle Errungenschaften der Revolution kassiert und Napoleons Reformen gleich mit verworfen. Der Kaiser erschien verglichen mit ihnen als gerechter Sachwalter des Volkes. Als der König 1830 auch noch das ohnedies gegängelte Parlament nach Hause schicken wollte, brach sich die Volkswut bahn. Der König kapitulierte, der Herzog von Orléans beerbte ihn. Dieser neue „Bürgerkönig" ließ wieder die Trikolore hissen, nannte sich nach Napoleons Vorbild nicht König von Frankreich, sondern volkstümlich „König der Franzosen" und hofierte die Bourgeoisie.

Aufkeimender Liberalismus

Der Erfolg der Julirevolution in Paris elektrisierte auch die deutschen Freiheitsfreunde. Es kam zu Volkserhebungen in Braunschweig, Hannover, Kurhessen und Sachsen, wo Verfassungen durchgesetzt werden konnten. Aber auch in den übrigen Ländern meldete sich wieder der Liberalismus zu Wort und verlangte Pressefreiheit, eine Reform des Deutschen Bundes und landständische Verfassungen. Frankreichs Ideen wurden von der Bewegung des „Jungen Deutschland" und ihren Vorkämpfern, den Dichtern Heinrich Heine (1797–1856) und Ludwig Börne (1786–1837), aufgegriffen. Mit seinem Stück „Dantons Tod" (1834) weckte der junge Dramatiker und Freiheitskämpfer Georg Büchner (1813–37) Erinnerungen an die Ziele der Französischen Revolution.

Das „Hambacher Fest"

Zur Feier des Jahrestags der bayerischen Verfassung versammelten sich auf dem Hambacher Fest der süddeutschen Liberalen am 27. Mai 1832 etwa 30 000 Menschen. Das Forum nutzten Redner zur Forderung nach nationaler Einheit und Menschheitsverbrüderung. Einer fragte empört, ob man es sich gefallen lassen wolle, dass die demokratischen Freiheiten geopfert würden, „damit ein paar unverständige Knaben fortwährend die Königs-Rolle erben können". Als, davon inspiriert, wenig später radikale Studenten den Frankfurter Bundestag stürmten, nahm das Metternich zum Anlass zu weiterer Verschärfung der Demagogenverfolgung, die sich nun besonders gegen Professoren und die akademische Jugend wandte. Prominent wurde der Fall der „Göttinger Sieben", eine Gruppe von Professoren, unter ihnen die Gebrüder Grimm, die gegen einen Verfassungsbruch des Königs von Hannover protestierten und daraufhin abgesetzt und ausgewiesen wurden. Die Reaktion erstickte den nationalen und liberalen Aufbruch mit polizeistaatlichen Mitteln.

Vormärz

Zur Bezeichnung der Epoche nach den Befreiungskriegen dient entweder der Begriff „Restauration" wegen der rückwärtsgewandten Politik der Fürsten oder der Begriff „Vormärz" wegen der keimenden liberalen Tendenzen, die in die Märzrevolution von 1848 münden sollten. Im weiteren Sinn umfasst der Vormärz also die Zeit von 1815 bis 1848, im engeren den von 1830 (Pariser Julirevolution) oder 1832 (Hambacher Fest in Deutschland) an. Die beiden letzteren Daten zeigen, dass sich die Opposition gegen den Wortbruch der Herrscher zwar verfolgen, aber nicht vollständig unterdrücken ließ. Die Forderung nach politischer Einigung Deutschlands verstummte nie. Dass dann auch ein mit so vielen Hoffnungen begrüßter Mann wie der 1840 auf den preußischen Thron gekommene Friedrich Wilhelm IV. nach anfänglich ermutigenden Zeichen auf den reaktionären Kurs eines Metternich einschwenkte, nährte die Enttäuschung des erstarkten Bürgertums noch einmal und lud die politische Atmosphäre gefährlich auf.

Schwarz-rot-golden wehten die Fahnen am 27. Mai 1832 beim Zug der Liberalen von Neustadt an der Weinstraße hinauf zur Schlossruine (Maxburg) über dem pfälzischen Hambach; kolorierte Federlithographie, Historisches Museum der Pfalz, Speyer.

Die Industrielle Revolution erreicht Deutschland

Erster dampfbetriebener Zug von Nürnberg nach Fürth (1835)

Dampfkraft beschleunigte den Puls der Zeit. Während das kontinentale Europa seit 1789 von politischen Revolutionen erschüttert wurde, vollzog sich in England eine industrielle: Spinnmaschine, mechanischer Webstuhl und vor allem die Dampfmaschine revolutionierten die Produktion. Es folgte die Revolution des Verkehrswesens durch die Dampfmaschine auf Rädern, die Lokomotive, und durch das Dampfschiff. Sie erhöhten den Warenumschlag drastisch. Staatliche Lenkung erwies sich da als zu schwerfällig. Die Lehren des Philosophen Adam Smith (1723–1790) gewannen an Boden. Danach ordnet eine „unsichtbare Hand" die ökonomischen Kräfte wie von selbst, wenn man sie gewähren lässt. Angebot und Nachfrage führen ohne Zutun zu natürlichem Einklang des sozialen und wirtschaftlichen Lebens.

Rücksichtslose Ausbeutung

In einem entscheidenden Punkt irrte diese wirtschaftsliberale Lehre allerdings: Von sozialer Harmonie konnte keine Rede sein. Die Industrialisierung brachte nur dem Unternehmer massive Vorteile aus der wirtschaftlichen Freiheit, während sie den Arbeiter in tiefe Not stieß. Schutz nämlich für den wirtschaftlich Schwachen war im Liberalismus nicht vorgesehen. Rücksichtslos wurde der Arbeiter ausgebeutet, denn Arbeitskraft war im Übermaß vorhanden und die neuen Maschinen machten Menschenarbeit, zumal unqualifizierte, vielfach überflüssig.

Entwicklungen in Deutschland

In Deutschland stellten sich die Entwicklungen erst mit deutlicher Verzögerung ein, da dem zersplitterten Land die wirtschaftliche Einheit fehlte. Eine für die Industrialisierung erforderliche Akkumulation von Kapital war damit erheblich erschwert. Der „Deutsche Handels- und Gewerbeverein" forderte daher schon 1819 unter Führung von Friedrich List (1789-1846) den Bundestag auf, eine Zolleinigung herbeizuführen. Preußen hatte kurz zuvor einen Anfang gemacht und innerhalb seines Staatsgebiets gelegene Zollschranken 1818 aufgehoben. Und zehn Jahre später kam ein Zollvertrag mit Hessen zustande, aus dem durch Beitritt Bayerns, Württembergs und Sachsens 1834 der Deutsche Zollverein wurde.

Zwar blieb Deutschland noch lange primär Agrarland, doch schuf der Zollverein die Voraussetzungen für den Aufbau einer Industrie mit teurer Technik. Dabei ist vor allem die Eisenbahn zu nennen, deren erster Zug 1835 von Nürnberg nach Fürth fuhr, eine Linie Leipzig Dresden folgte 1837/39, und 1841 baute Borsig die erste deutsche Lokomotive.

Aufstand der Weber

Bei beginnender Industrialisierung wuchs vor allem auf dem Lande die Arbeitslosigkeit dramatisch. Nur als Heimwerker für Textilfabriken vermochten viele Familien immer knapper ihr Leben zu fristen. Die Unternehmer nämlich nutzten ihre Macht zu brutalem Lohndumping aus. Auf Kritik reagierten sie mit Auftragsentzug und verhöhnten die dadurch gänzlich mittellos gewordenen Menschen noch. Der berüchtigte Fabrikant Zwanziger im schlesischen Peterswaldau etwa empfahl Bittstellern Gras und Stroh als besonders preiswerte Speisen. Nach der Verhaftung eines Weber am 4.6.1844 entlud sich die Wut der Heimarbeiter in einem Aufstand, bei dem Villa und Fabrik des Ausbeuters verwüstet wurden. Mit massivem Militäreinsatz wurde der Aufstand in zwei Tagen zusammengeknüppelt und -geschossen. Zehn Weber fielen, zahllose wurden verhaftet und verurteilt, so dass ihre Familien zugrunde gingen. Die Erhebung hatte in einem weiteren Sinn dennoch Erfolg: Eine breite Öffentlichkeit wurde erstmals auf die brennende soziale Frage aufmerksam.

Erste deutsche Bahnstrecke: Eröffnung der Ludwigsbahn zwischen Nürnberg und Fürth am 7.12.1835; kolorierter Stich von Carl von Heideloff (1789-1865).

Unvermeidlicher Klassenkampf

Karl Marx und das Manifest der Kommunistischen Partei (1848)

„Ein Gespenst geht um in Europa – das Gespenst des Kommunismus. Alle Mächte des alten Europa haben sich zu einer heiligen Hetzjagd gegen dieses Gespenst verbündet." Mit diesen berühmt gewordenen Sätzen beginnt eine Schrift, die kurz vor der Märzrevolution 1848 in deutscher Sprache in London erschien und den Titel trägt „Manifest der Kommunistischen Partei". Verfasser waren der deutsche Philosoph Karl Marx (1818-1883) und sein sozial engagierter Freund Friedrich Engels (1820-1895) aus wohlhabendem Haus. Während das erstarkte Bürgertum noch vorerst weitgehend erfolglos um politische Mitwirkungsrechte kämpfte, sahen die Autoren bereits dessen Untergang voraus, weil bald die Stunde seiner natürlichen Gegner schlagen werde.

Vision einer klassenlosen Gesellschaft

Marx und Engels griffen damit sozialistische Ansätze auf, wie sie vor allem von französischen Denkern zu Beginn des 19. Jahrhunderts formuliert worden waren. Auslöser dafür war das schreiende Elend der Massen und die rabiate Ausbeutung der „Werktätigen" durch die Unternehmer. Während diese über die Produktionsmittel verfügten, hätten die Arbeiter nur ihre Arbeitskraft zu verkaufen und seien am erzielten „Mehrwert" nicht beteiligt. Marx und Engels lieferten mit ihrem Text die Programmschrift für den Bund der Kommunisten, der den „Sturz der Bourgeoisie... und die Gründung einer neuen Gesellschaft ohne Klassen und ohne Privateigentum" forderte. Die Analyse des Gegensatzes zwischen Proletarier und Bourgeois bildet den ersten Hauptteil des Manifests, der zu dem Schluss kommt, dass „die Geschichte aller bisherigen Gesellschaften eine Geschichte von Klassenkämpfen" war, weswegen das Scheitern der Bourgeoisie und der Sieg des Proletariats „gleichunvermeidlich" seien.

Vorübergehendes Bündnis

Der zweite Hauptteil bestimmt als Ziel kommunistischer Politik die Ablösung der Klassengesellschaft durch „Assoziationen", in denen „die freie Entwicklung eines jeden die Bedingung für die freie Entwicklung aller ist". Die Strategie zur Durchsetzung dieses Ziels müsse sich jedoch an der jeweiligen Lage orientieren. So sei für Deutschland ein Bündnis von Kommunisten und Bourgeoisie vorerst unumgänglich, da die Bedingungen für eine proletarische Revolution noch nicht gegeben seien und dafür der Freiraum erst erstritten werden müsse. Dann aber gelte es für die Arbeiterklasse, die nationalen Fesseln zu sprengen und den Kampf aufzunehmen: „Mögen die herrschenden Klassen vor einer Kommunistischen Revolution zittern. Die Proletarier haben nichts in ihr zu verlieren als ihre Ketten. Sie haben eine Welt zu gewinnen. Proletarier aller Länder, vereinigt euch!"

Manchestertum

Den extremen Gegenstandpunkt zu sozialistischen Positionen nahmen Wirtschaftsliberale wie die Industriellen Richard Cobden (1804-1865) und John Bright (1811-1889) im britischen Manchester ein. Nach ihnen bildete sich der Begriff „Manchestertum" für eine Haltung, die auf völlige Freiheit des Wirtschaftslebens von staatlichen Eingriffen drängte, jegliche Schutzzölle ablehnte und natürlich auch staatliche Sozialforderungen zurückwies. 1838 gründete die beiden genannten Kapitalisten die so genannte Anti-Corn-League, die es tatsächlich erreichte, dass 1845 die Getreidezölle in England abgeschafft wurden. Manchestertum wurde zum Schimpfwort für Rücksichtslosigkeit, Ausbeutung und Profitstreben um jeden Preis, für kommunistische und sozialistische Gruppierungen das Feindbild schlechthin.

Manifest

der

Kommunistischen Partei.

Veröffentlicht im Februar 1848.

Proletarier aller Länder vereinigt Euch!

London.

Gedruckt in der Office der „Bildungs-Gesellschaft für Arbeiter“
von J. E. Burghard.

46, LIVERPOOL STREET, BISHOPSGATE.

Titelblatt der Londoner Erstausgabe der im Dezember 1847 und Januar 1848 entstandenen Kampfschrift von Marx und Engels. Die „deutsche bürgerliche Revolution“, heißt es gegen Ende, könne „nur das unmittelbare Vorspiel einer proletarischen Revolution sein“.

Die Restauration besiegt die Hoffnung

Gescheiterte Märzrevolution (1848)

Wieder zündete der revolutionäre Funke von Frankreich her: Hier erhob sich das Bürgertum im Februar 1848, verjagte den König und rief die Republik aus. In Deutschland dachten nur wenige so radikal. Die Könige sollten ruhig bleiben dürfen, aber Mitsprache, die wollte man auch hier, und zudem endlich die Einheit des Vaterlandes. Mit einem Monat Verzögerung brachen auch hierzulande Unruhen aus, weswegen in der deutschen Geschichte von Märzrevolution die Rede ist. Vor der Wucht der Volkswut wichen die Fürsten fast überall zurück, erließen Verfassungen und versprachen Reformen. In Österreich stürzte am 13. März Metternich. Und in Preußen?

Eine riesige Menschenmenge strömt am 21. März 1848 zum Berliner Schloss. Die Leute schweigen, tragen keine Waffen, sondern Särge, die sie vor dem Schloss absetzen. Auf dem Balkon erscheint Friedrich Wilhelm IV., leichenblass, und entblößt vor den Toten das Haupt. Im Hintergrund stöhnt die Königin: „Nun fehlt bloß noch die Guillotine." Doch man schreibt nicht mehr 1789, und die Menschen vor dem Portal sind Preußen. Aus der Menge ertönt der Choral: „Jesus, meine Zuversicht." Revolution auf preußisch. Auch den größten deutschen Staat hatte sie erfasst. Die vor dem König aufgebahrten Toten waren Opfer der nervösen Truppen des Generals von Prittwitz: Am 18. März hatte sich ein Demonstrationszug gebildet, der zum Schloss zog. Möglicherweise versehentlich gelöste Schüsse hatten zur Katastrophe und zu blutigen Straßenkämpfen geführt.

Wahlen zur Nationalversammlung

In allen Ländern des Deutschen Bundes wurden allgemeine Wahlen zu einer Nationalversammlung abgehalten, die am 18. Mai in der Frankfurter Paulskirche zusammentrat. Trotz höchst unterschiedlicher Interessen brachten die Abgeordneten einen Verfassungsentwurf zustande. Es war ein bürgerliches, aber freiheitlich-demokratisches Dokument, das Grundrechte festschrieb und eine kleindeutsche, bundesstaatliche Lösung ohne Österreich vorsah. Aber es kam zu spät.

In Österreich scheiterte die Revolution. Truppen unter Feldmarschall Windischgrätz (1787-1862) räumten Ende Oktober 1849 mit der „Rotzbubenwirtschaft" auf, wie er sich auszudrücken beliebte. Auch mittels standrechtlicher Erschießungen von „Rädelsführern", unter ihnen der von der Nationalversammlung entsandte Robert Blum (1807-1848), Zeichen dafür, dass die Uhr der Frankfurter ablief. In Preußen hatte das Militär ebenfalls wieder das Heft in der Hand. Als die Nationalversammlung dem König die erbliche Kaiserwürde antrug, wies er sie als Ausgeburt des „scheusäligen Jahres 1848" von sich.

Badischer Aufstand

Wie die meisten deutschen Staaten hatte auch das Großherzogtum Baden die Reichsverfassung vorerst akzeptiert, wie sie von der Nationalversammlung entworfen worden war. Den Liberalen im deutschen Südwesten, die im Militär eine starke Anhängerschaft hatten, ging sie aber nicht weit genug und wurde ihrer Meinung nach obendrein verschleppt. Am 9.5.1849 meuterte die Garnison der Bundesfestung Rastatt, der Großherzog wich ins Elsass aus. Die Regierungsgeschäfte übernahm eine Provisorische Regierung, die eine verfassunggebende Landesversammlung wählen ließ. Inzwischen bat die nach Mainz geflohene großherzogliche Regierung bei Preußen um militärische Hilfe, die umgehend gewährt wurde. Unter dem späteren Kaiser Wilhelm I. („Kartätschenprinz") zogen zwei Korps von Norden her gegen die rasch aufgestellte badische Revolutionsarmee, die nach mehreren Niederlagen und dem Fall von Rastatt (23.7.1849) aufgeben musste. Vierzig Führer des Aufstands wurden hingerichtet; 80 000 Badener gingen ins Exil.

Straßenkämpfe in Berlin am 18./19. März 1848,
Straßensperre in der Breiten Straße;
zeitgenössische Kreidelithographie.

Bruderkrieg

Moltkes Sieg bei Königgrätz (1866)

Am 22.9.1862 wurde ein Mann preußischer Ministerpräsident, der klar erkannt hatte: Wollte man dem Volk weiter die bürgerlichen Freiheiten vorenthalten, so musste man ihm wenigstens die nationale Einheit ermöglichen. Und Otto von Bismarck (1815-1898) wusste, ja er sagte ganz offen: Das könne nur mit „Eisen und Blut" gelingen; die widerborstigen Abgeordneten schickte er erst einmal in Urlaub. Und ehe die Bedenkenträger zurückkehrten, kam ein Zufall Bismarck zur Hilfe: 1863 erlosch die Hauptlinie des dänischen Königshauses. Im Zusammengehen mit Österreich forderte der Preuße daraufhin von Kopenhagen die Herausgabe der deutschen Herzogtümer Schleswig, Holstein und Lauenburg. Auf die erwartete dänische Weigerung hin kam es zum Krieg. Preußische Truppen brachten mit der Erstürmung der Düppeler Schanzen und der Eroberung der Insel Alsen am 29.6.1864 die Entscheidung. Schleswig ging in preußische, Holstein und Lauenburg gingen in Österreichische Obhut über.

Kalkulierter Konflikt

Der Sieg bescherte Bismarck einen neuen, willkommenen Konflikt, nämlich mit Mitsieger Österreich. Wien blockierte die von Bismarck gewünschte Reform des Deutschen Bundes, für den Berlin allgemeines Wahlrecht und ein gesamtdeutsches Parlament forderte. Österreichs Mauern beantwortete der Ministerpräsident mit dem Austritt Preußens aus dem Deutschen Bund, der nun noch einmal von Österreich gegen den „Bundbrüchigen" mobilisiert wurde und Preußen am 15.6.1866 den Krieg erklärte. Der Bruderkrieg war nicht populär, schon gar nicht bei den altpreußischen Konservativen, doch die Ereignisse überrollten jeden Widerspruch:

Schon drei Wochen nach Kriegsbeginn konnten sich selbst schärfste Kritiker kaum noch entsinnen, dass sie einmal gegen Bismarcks Kriegspolitik gewesen waren. Gewandelt hatte die Lage ein einziger Tag, der 3.7.1866, an dem bei Königgrätz – die Österreicher sagten bei Sadowa – in Nordböhmen die gegnerischen Heere zur größten Schlacht des 19. Jahrhunderts aufeinander trafen. Der Abend sah die Preußen unter Generalstabschef Helmuth von Moltke (1800-1891) als triumphierende Sieger. Von ihren 220 000 Mann waren 9200 verwundet oder gefallen, die Österreicher beklagten bei 180 000 eingesetzten Soldaten 30 000 Tote. Der Berliner Volksmund übersetzte den Namen des Schlachtenorts: „Dem König gerät's."

Auch die anderen Gegner Preußens aus dem Deutschen Bund mussten sich beugen. Preußen annektierte Hannover, Schleswig-Holstein, Hessen-Kassel, Nassau und die Reichsstadt Frankfurt. Österreich aber behandelte Bismarck mit ungewöhnlicher Schonung (siehe Kasten).

Vorfrieden von Nikolsburg

Nur unter Aufbietung aller Drohmittel von Rücktritt bis Weinkrampf und mit Unterstützung des Kronprinzen, gelang es Bismarck, König Wilhelm I. zum Verzicht auf die Bestrafung der in seinen Augen am Deutschen Krieg Schuldigen, nämlich Österreich und Sachsen, zu bewegen. Dabei hatte es Bismarck eilig, denn es drohte die Einmischung der europäischen Großmächte; die unerwünschte Vermittlung Frankreichs hatte er ohnehin schon akzeptieren müssen. Im preußischen Hauptquartier in Nikolsburg kam es am 26.7.1866 zum Abschluss eines Vorfriedens, der die befristete Waffenruhe ablöste und so auch endgültig übernommen wurde. Österreich verzichtete auf seine Rechte in Schleswig-Holstein, das mit Preußen vereinigt wurde, trat Venetien an Italien ab, stimmte der Neuordnung Deutschlands durch Preußen zu und zahlte eine Kriegsentschädigung; Sachsen verpflichtete sich, dem geplanten Norddeutschen Bund beizutreten. Neben dem Zeitfaktor spielte in Bismarcks Kalkül auch eine Rolle, dass er die Tür für künftige Allianzen nicht zuschlagen wollte.

Der strategische Sieger Generalstabschef Helmuth von Moltke (links) mit dem politischen Strategen Ministerpräsident Bismarck bei Königgrätz 1866; zeitgenössischer kolorierter Holzstich

Gefährlicher Siegesrausch

Die Kaiserproklamation von Versailles (1871)

Kaiserproklamation als Provokation, so mussten es die Franzosen empfinden. Dass sie ihr eigener Kaiser in diese Situation gebracht hatte, zählte da nicht. Napoleon III. sah die preußische Machtballung mit äußerstem Misstrauen. Der Pariser Argwohn steigerte sich, als Spanien einem Hohenzollern-Prinzen 1868 die Krone antrug. Wilhelm I. bewegte den Prinzen zwar zum Verzicht. Immer noch aber gab Paris keine Ruhe: Am 13.7.1870 stellte der französische Gesandte den König auf der Kurpromenade in Bad Ems und ersuchte darum, Wilhelm I. möge auch für alle Zukunft einen Thronanspruch der Hohenzollern in Spanien ausschließen. Der König wandte sich empört ab und ließ Bismarck telegrafisch von dem Vorfall unterrichten. Der Kanzler gab diese Emser Depesche in provozierend gekürzter Form an die Presse und löste damit am 19.7.1870 Frankreichs Kriegserklärung aus.

Französische Republik und deutsches Kaiserreich

Bismarck hatte erreicht, dass Napoleon als Aggressor dastand, was internationalen Interventionen vorbeugte und in ganz Deutschland die patriotischen Wogen hochgehen ließ. Den süddeutschen Höfen blieb nichts anderes übrig, als ihre Truppen dem preußischen König zu unterstellen. Französische Angriffe aus dem Elsass wurden bei Weißenburg und Spichern am 4. und 8.8. zurückgeschlagen. Bei Sedan kapitulierte am 2.9. die eine der beiden französischen Hauptarmeen, wobei Napoleon III. in Gefangenschaft geriet, und in Metz wurde die zweite eingeschlossen. Sie streckte im Oktober die Waffen, nachdem am 4.9. das Kaiserreich gestürzt und die Dritte Republik ausgerufen worden war. Diese Republik verteidigte sich weiter mit unerwarteter Zähigkeit, obwohl Paris belagert wurde. Am 18.1.1871, dem preußischen Krönungstag, wurde Wilhelm I. im Spiegelsaal von Versailles von den deutschen Fürsten zum Kaiser ausgerufen.

Deutsches Reich

Der neue deutsche Gesamtstaat organisierte sich so: Reichssache wurden die Außenpolitik, die neue Kaiserliche Marine, die Post, nicht aber z.B. die Eisenbahnen. Um die Bundesfürsten zu schonen, wurden auch keine Reichsministerien geschaffen. Der Kaiser ernannte und entließ den Reichskanzler, der über eine Anzahl von Reichsämtern unter kaiserlichen Staatssekretären verfügte. Er brauchte zwar für manches die Zustimmung des Reichstags, war aber nur dem Kaiser verantwortlich. Nicht einmal das Heer ließ sich unter dem Reichsdach vereinigen; Bayern, Sachsen und Württemberg behielten im Frieden eigene Armeen. Oberstes Organ der Legislative war der Bundesrat aus den ständigen Vertretern der fürstlichen Gliedstaaten. Erst wenn der Bundesrat Gesetze hatte passieren lassen, kam die Stunde des Reichstags, der mehrheitlich zustimmte oder ablehnte. Der Kaiser entschied allein über Krieg und Frieden.

Riskanter Siegfrieden

Paris hatte unterdessen kapituliert, und am 26.2.1871 wurde ein Vorfrieden geschlossen, ehe am 10.5. der Frieden von Frankfurt endgültig die Kriegsfolgen regelte: Abtretung von Elsass-Lothringen an das neue Deutsche Reich, Zahlung von fünf Milliarden Goldfrancs als Kriegsentschädigung binnen drei Jahren. Zwar hatte Bismarck weitergehende Forderungen eindämmen können, doch ganz ohne Gebietsverlust für den Gegner ließ sich Frieden im Siegesrausch nicht durchsetzen. Und die französische Erbitterung sollte, wie von Bismarck vorausgesehen, die Beziehungen nachhaltig belasten. Die Kriegsverluste betrugen auf deutscher Seite 41 000 Gefallene und auf französischer 139 000 Tote und 384 000 Gefangene.

Die Proklamierung des deutschen Kaiserreichs am 18.1.1871, 1885 entstandenes Gemälde von Anton von Werner (1843-1915); in der Mitte Bismarck, zu seiner Linken Generalstabschef Helmuth von Moltke; auf dem Podest Wilhelm I., hinter ihm zu seiner Rechten Kronprinz Friedrich („Fritz").

Boom auf dem Rücken der Schwächsten

Die Gründerjahre (1870er Jahre)

Not im Überfluss war das Signum der nun anbrechenden Epoche. Mit dem Sieg über Frankreich war nicht nur Geld in die Kassen gekommen, sondern auch blühende Provinzen waren angegliedert worden. Die elsässische Textilindustrie beflügelte die deutsche, das lothringische Erz eröffnete der Stahlindustrie schönste Aussichten. Und außerdem waren endlich die hemmenden Binnengrenzen und die letzten Binnenzölle in Deutschland gefallen, die den Sprung zum Industriestaat bisher behindert hatten. Dabei hatte vor allem das Währungsdurcheinander eine unheilvolle Rolle gespielt. Das war nun überwunden, und im Zusammenwirken mit dem Siegesrausch ergab sich eine unwiderstehliche Aufbruchsstimmung.

Auf dem Rücken der Schwächsten

Der Konjunkturschub erzeugte ein beispielloses Gründungsfieber. Bald aber folgte der Katzenjammer: Die gesetzlich noch in keiner Weise geregelte Spekulation verleitete in vielen Fällen zu schwindelhaften und geradezu tollkühnen Unternehmungen. Das Ergebnis war der Krach an den Börsen im Frühsommer 1873 mit nachfolgender Pleitewelle. Die Wirtschaft erholte sich zwar nach einer Pause wieder, doch vom folgenden stetigen Aufstieg profitierten wie schon vom Gründerboom nur wenige. Die große Mehrheit, das Volk, hatte nichts oder kaum etwas davon. In der Hochkonjunktur stiegen die Preise schneller als die Löhne, und danach wurde die Krise auf dem Rücken der Schwächsten ausgetragen, die massenweise ihre Stellungen verloren. Die Beschäftigung im Berliner Maschinenbau etwa fiel von 1873 bis 1877 von 35 000 auf 16 000. Ende der 1870-er Jahre waren schätzungsweise 25 bis 28 Prozent der Arbeiter in Industrie und produzierendem Gewerbe ohne Anstellung.

„Hinterhofkultur"

Außerdem hatte der Boom zahllose Menschen in die Städte gezogen, wo die Mieten aufgrund ungebremster Spekulation explodierten. Zu sieben oder mehr Personen mussten Familien einen Raum bewohnen, in feuchten Kellern hausen oder sich in die wie Pilze aus dem Boden schießenden grauen Mietskasernen pferchen lassen. Das Obdachlosenproblem nahm brisante Formen an. Unendlich viele Menschen gerieten in einen Teufelskreis aus sozialem Abstieg, Arbeitslosigkeit und Verelendung. Es bildete sich eine Hinterhofkultur, wie sie der Maler Heinrich Zille (1858-1929) mit spitzem Stift festgehalten hat. Seine im Rückblick pittoresken Szenen waren für die betroffenen Proletarier freilich alles andere als heiter.

Auswanderung

1881 erreichte der Strom deutscher Auswanderer nach Amerika mit über 220 000 Menschen eine Rekordmarke und blieb bis 1890 auf hohem Niveau. Das war auf die trotz wirtschaftlichen Wachstums schlechte soziale Lage in Deutschland, den strukturellen Wandel durch die Industrialisierung, aber auch auf politische Unzufriedenheit zurückzuführen. Hinzu kam Bevölkerungsdruck: Von 24,5 Millionen Menschen um 1800 war die deutsche Bevölkerung gegen Ende des 19. Jahrhunderts auf 65 Millionen angewachsen. Viele deutsche Länder hatten die Auswanderung daher lange als Ventil genutzt und sie ärmeren Familien sogar per Zuschuss ermöglicht. Die Welle aber nach dem katastrophalen Ende der Gründerjahre machte dann besorgt, zum einen als Abstimmung mit den Füßen gegen die Zustände im Deutschen Reich, dann als Verlust billiger Arbeitskraft für die Industrie und schließlich aus militärischen Gründen. Bismarck versuchte die Notemigration zu ignorieren, indem er die Tatsachen auf den Kopf stellte und behauptete, sie sei im Gegenteil ein Zeichen der Prosperität, weil sich die Leute sonst die Überfahrt gar nicht leisten könnten (Reichstagsrede 8.1.1885).

Hunderttausende verließen Bismarcks Deutschland Richtung Neue Welt. Wachsende Not verdrängte die Sorgen vor einer Zukunft in der Fremde. Der Stich zeigt wartende Auswanderer am Kai.

Kanzler gegen Papst

Der Kulturkampf und seine Folgen (1871–1877)

Rom bestimmte nach der Gründung des Deutschen Reiches (1871) als neuer Kontrahent auch die innenpolitische Partie mit. Der politische Katholizismus hatte sich in der Zentrumspartei, kurz das Zentrum genannt, organisiert. Es verstand sich als Garanten gegen staatlich geförderte Verweltlichung. Ein starkes Reich konnte nicht im Sinne dieser katholischen Partei sein, die für den protestantischen Reichskanzler Bismarck zum Klotz am Bein wurde und die er finsterer Bündnisse mit anderen „Reichsfeinden" verdächtigte. Seine religionspolitischen Maßnahmen zielten daher auf Bekenntnisfreiheit im ganzen Land und auf schärfere Trennung der Aufgaben von Kirche und Staat wenigstens in Preußen, dessen katholische polnische Bevölkerung nun rege wurde. Diese Politik kollidierte mit dem gerade zu dieser Zeit hochempfindlichen Selbstverständnis der Papstkirche, die soeben den Grundsatz der Unfehlbarkeit des Bischofs von Rom in Dingen des Glaubens und – für aufgeklärte Menschen eine unerhörte Anmaßung – der Sitte verkündet hatte.

Kulturkampf

Mit einer Reihe von Gesetzen und Verordnungen versuchte Bismarck den politischen Einfluss der katholischen Kirche einzudämmen: Schließung der katholischen Abteilung im preußischen Kultusministerium (8.7.1871), Kanzelparagraf (10.12.1871, siehe Kasten), Gesetz über die Schulaufsicht (11.3.1872), Auflösung des Jesuitenordens (4.7.1872), staatliche Aufsicht über Priesterausbildung und Seminare (1873), Einführung der Zivilehe im Reich (1874/75) u.a. Die daraus resultierenden Konflikte mit der Zentrumspartei, mit Bischöfen, Priestern und Orden wurden nach einem Wort der berühmten Arztes Rudolf Virchow als „Kulturkampf" bezeichnet, denn die Liberalen und die Fortschrittspartei kämpften an Bismarcks Seite für die Rettung eines aufgeklärten, humanistisch geprägten Staates, den sie vom Eiferertum der „Pfaffen" gefährdet sahen.

Stärkung der Katholischen Partei

Doch weder diesem ideologischen, noch dem Bismarckschen politischen Angriff gelang der Durchbruch. Priester verweigerten den Gehorsam, Bischöfe gingen lieber ins Gefängnis, die Gläubigen reagierten mit vermehrter Wahl des Zentrums, das aus dem seit 1880 gemilderten und 1887 beendeten Konflikt fast in doppelter Stärke hervorging. Die Macht des Papstes war zwar nicht von dieser Welt, reichte aber weiter in sie hinein als vermutet. Auf lange Sicht bewährte sich die erfolgreich durchgesetzte staatliche Oberaufsicht über die Schulen ebenso wie die Zivilehe dennoch in den folgenden immer kirchenferneren Zeiten. Die katholische Bevölkerung freilich wurde dem protestantischen Staat der Hohenzollern durch den Kulturkampf nachhaltig entfremdet.

Kanzelparagraf

Ausgerechnet das katholische und auf seine Selbständigkeit so bedachte Bayern lieferte Bismarck 1871 das Stichwort für den Auftakt zum Kulturkampf: Kultusminister Lutz beantragte bei der Reichsregierung, Geistliche mit Strafe zu bedrohen, die ihr Amt „politisch missbrauchten". Bismarck griff die Initiative gern auf, und trotz der Bedenken der Liberalen, dass dadurch ein Klima des Denunziantentums entstehen könne, wurde der Straftatbestand „Kanzelmissbrauch" mit Reichsgesetz vom 10.12.1871 als Paragraf 130a ins Strafgesetzbuch geschrieben. Geistliche, die Angelegenheiten des Staates „in einer den öffentlichen Frieden gefährdenden Weise" behandelten, mussten danach mit einer Freiheitsstrafe von bis zu zwei Jahren rechnen. Die Gerichte des Reiches waren sehr zurückhaltend in der Anwendung dieses höchst dehnbaren Kanzelparagrafen. der erst 1953 aufgehoben wurde.

Bismarck beim Schachspiel gegen Papst Pius IX. (Pontifikat 1846–1878); Paragrafen und Verlautbarungen sind die Figuren; Karikatur von Wilhelm Scholz, Kladderadatsch, Ausgabe 1875.

Zu später Kurswechsel

Die Sozialpolitik Bismarcks (1881–1889)

Bei Ende der Ära Bismarck stand Deutschland unter allen Industrienationen sozialpolitisch mustergültig da, und doch war die Kluft zwischen der Arbeiterschaft und dem Staat eher gewachsen. Repressive Maßnahmen wie das Sozialistengesetz (siehe Kasten) hatten zu nachhaltiger Entfremdung geführt. Gerade das hatte Bismarck immer vermeiden wollen, indem er sich schon 1863/64 bei seinen Gesprächen mit dem Publizisten und linken Politiker Lassalle über die Arbeiterfrage informierte und indem er nach der Reichsgründung die staatliche Pflicht zur Sorge für das Wohl der geeinten Gemeinschaft ausdrücklich bejahte. Mit Rücksicht auf das Besitzbürgertum in den liberalen Parteien unterblieb aber lange eine gesetzgeberische Initiative; der Unterdrückung des politischen Gegners von links wurde der Vorzug eingeräumt und damit der Graben zu den unteren Schichten so vertieft, dass er sich später nur noch unvollkommen überbrücken ließ.

Die „Novemberbotschaft" des Kaisers

Zu spät kam der Kurswechsel, eingeleitet durch die von Bismarck veranlasste Novemberbotschaft des Kaisers vom 18.11.1881, die eingestand, dass „die Heilung der sozialen Schäden nicht ausschließlich auf dem Wege der Repression, sondern gleichzeitig auf dem der positiven Förderung des Wohles des Arbeiter zu suchen" sei. In rascher Folge brachte Bismarck das Krankenversicherungsgesetz (15.6.1883), das Unfallversicherungsgesetz (6.7.1884) und das Gesetz über die Invaliditäts- und Altersversicherung (22.6.1889) durch. Bei der Reglementierung der Arbeitszeit aber ließ Bismarck nur hinsichtlich Kinder- und Frauenarbeit mit sich reden, ein generelles Verbot etwa der Sonntagsarbeit scheiterte immer wieder an seinem Veto, hinter dem auch seine privaten Interessen als Unternehmer und Gutsherr standen.

Sprengstoff Arbeiterfrage

Der Hass gegen den Hohenzollernstaat, den Bismarck mit der polizeistaatlichen Verfolgung der Sozialdemokratie geschürt hatte, wirkte daher in der Arbeiterschaft nachhaltiger als der Dank für erst allmählich greifende und noch später begriffene soziale Wohltaten. Die Arbeiterfrage lieferte 1889/90 auch Stoff für den Konflikt mit dem jungen Kaiser, der die Zeichen der Zeit meinte besser deuten zu können, und wirkte mit bei der Entlassung Bismarcks.

Sozialistengesetz

Wenn die Rede auf die Sozialdemokratie kam, kannte Bismarcks Vorrat an Verwünschungen keine Grenzen. Er bauschte die Gefahr einer sozialistischen Revolution maßlos auf, weil er gesetzliche Handhaben gegen die Sozialistische Arbeiterpartei (SAP) und die Gewerkschaften schaffen wollte, wofür nur schwer Mehrheiten im Reichstag herzustellen waren. Am 11.5.1878 scheiterte eine entsprechende Vorlage, doch nach einem Attentat auf Wilhelm I. und der Neuwahl des Reichstags nahm das ein wenig veränderte Gesetz „wider die gemeingefährlichen Bestrebungen der Sozialdemokratie", kurz Sozialistengesetz genannt, am 21.10.1878 die parlamentarischen Hürden. Es gab den Behörden Möglichkeiten zu umfassenden Schikanen gegen Sozialisten wie sozialistische Einrichtungen und Versammlungen. Das Ziel, die Organisationen der SAP und der Gewerkschaften zu zerschlagen, wurde verfehlt. Nur vorübergehend erlitt die Partei Wahleinbußen, obwohl zahllose ihrer Führer verhaftet, zur Auswanderung gezwungen oder sonst wie mundtot gemacht wurden. Das auf drei Jahre verabschiedete Gesetz wurde mehrmals verlängert und erst 1890 fallen gelassen, als es sich endgültig als Rohrkrepierer erwiesen hatte. Wilhelm II. kreidete das Bismarck an und versuchte zu beweisen, dass man anders mit der Arbeiterschaft umgehen müsse. Wenig später wütete er noch weit heftiger gegen die „vaterlandslosen Gesellen".

Herrjeh, Kinder! Euch darf man doch nich alleene lassen!" ruft die heimkommende berufstätige Mutter angesichts des Zimmerbrands. Bild von Heinrich Zille (1858-1929) aus dem Berliner Arbeitermilieu der Kaiserzeit.

Auf der Suche nach Weltgeltung

Koloniale „Schutzgebiete" in Afrika (1884/85)

Es fällt auf, dass die deutschen Kolonien innerhalb weniger Jahre – wie man damals sagte – „erworben" wurden. Die wichtigsten waren 1884/85 beisammen, so auch die größten Deutsch-Südwestafrika und Deutsch-Ostafrika (siehe Kasten), und erfuhren kaum noch Erweiterungen. Dass weder vorher noch nachher nennenswerte überseeische Besitzungen erworben wurden, hatte mehrere Gründe: Preußen hatte vor 1871 andere Sorgen als ferne Gebietsansprüche in einer Zeit, als vor allem Frankreich und England in aller Welt Kolonien sammelten. Nach der Reichseinigung änderte sich daran zunächst nichts, da Bismarck sein ganzes Augenmerk auf die Konsolidierung des Erreichten richtete; „Misstrauen gegen die Friedfertigkeit unserer Gesinnungen" konnte er da ganz und gar nicht brauchen. Auch fürchtete er, Kolonien mangels Flotte nicht hinreichend vor französischem Zugriff schützen zu können: „Wir dürfen keine verwundbaren Punkte in fernen Weltteilen haben."

Gründung des Deutschen Kolonialvereins

Der Druck der Wirtschaft, die Absatzgebiete und Rohstoffquellen suchte, aber wuchs, und 1882 wurde der Deutsche Kolonialverein gegründet. Innen- und außenpolitische Argumente kamen hinzu: Die durch nationale Hochstimmung lange überlagerte soziale Frage hatte sich verschärft, so dass sich Reformen nur durch immer neue weltpolitische Erfolge vermeiden ließen. Und diese wurden plötzlich möglich, als Russland mit England in Asien und Frankreich mit England in Afrika in Konflikt gerieten. Bismarck nutzte das zu Beginn der 80er Jahre zur Annäherung an den „Erbfeind", verständigte sich mit Frankreich auf der Kongokonferenz 1885 und konnte so die von deutschen Kaufleuten erschlossenen kolonialen Regionen als „Schutzgebiete" des Reiches sichern. Das strategische Fenster schloss sich freilich rasch wieder, so dass es weitgehend bei den im ersten Anlauf genommenen Kolonien blieb. Ein weiterer Erfolg der von Bismarck geleiteten Konferenz betraf die Neutralisierung des gesamten Kongo-Beckens, ein Verbot des Sklavenhandels und die Vereinbarung, nie farbige Soldaten auf europäischen Kriegsschauplätzen einzusetzen. Daran hielten sich die großen Kolonialmächte später allerdings nicht.

Deutsch-Ostafrika

„Enthusiast für koloniale Unternehmen" (Reichstagsrede 26.1.1889) sei er wahrlich nicht, bekannte Bismarck mehrmals. Er habe sich nur dem Druck der Öffentlichkeit gebeugt, als er deutsche Kolonien akzeptierte. Wenn schon Kolonialpolitik, dann solle diese nicht von Bürokraten, sondern von Kaufleuten gemacht werden. Insofern kam ihm die Art des Erwerbs der etwa eine Millionen Quadratkilometer großen Kolonie Deutsch-Ostafrika entgegen, die rund 7,6 Millionen Einwohner hatte. Sie wurde nämlich durch Kauf von Carl Peters (1856-1918) und seiner „Gesellschaft für deutsche Kolonisation" Ende 1884 zusammengebracht. Der „energische kleine Kerl", wie Bismarck über Peters urteilte, schloss Verträge mit Häuptlingen in der Gegend zwischen Victoriasee und Njassasee und erhielt für das Gebiet am 27.2.1885 einen kaiserlichen Schutzbrief. Dass Bismarck mit seinen Vorbehalten gegen koloniale Erwerbungen recht gehabt hatte, bewiesen zahlreiche Aufstände der Eingeborenen nach 1890 in Deutsch-Ostafrika (schlimmer noch in Deutsch-Südwestafrika). Das Reich, das am 1.1.1891 die Verwaltung übernahm, musste mehrfach militärisch einschreiten. Hinzu kam der Konflikt mit anderen Kolonialmächten, den Bismarck ebenfalls vorausgesehen hatte, als er feststellte: „Die Freundschaft mit Lord Salisbury (1830-1903, britischer Premierminister 1885-92) ist mir mehr wert als zwanzig Sumpfkolonien in Afrika."

Bismarck hatte zu Recht gewarnt: Koloniale Ambitionen hatten ihren Preis. Schon wenige Jahre nach der Aneignung des „Schutzgebiets" Deutsch-Südwestafrika kam es zu Aufständen des Stammes der Hereros. Foto: Deutsche Soldaten mit gefangenen Eingeborenen.

Reichsgründer entlassen

Das Ende der Ära Bismarck (1890)

Das Reichsschiff war noch lange nicht in sicheren Gewässern, als der allerhöchste Kapitän auf seinen Lotsen meinte verzichten zu können. Dass das so einfach möglich war, lag an der halbabsolutistischen Konstruktion des Reiches. Bismarck war auch schon in früheren Situationen nur die Drohung mit dem Rücktritt geblieben, wenn er Wilhelm I. auf seinen Kurs bringen wollte. Zwischen Ernst und Drohung bewegte sich dann das Entlassungsgesuch, das tatsächlich zum Ende der Ära Bismarck führen sollte. Schlüsseldatum dafür war das Dreikaiserjahr 1888, als Wilhelm I. und sein Sohn Friedrich III. starben. Viele begriffen die Zäsur zunächst nicht, sahen sie sogar als Chance, und auch der profunde Menschenkenner Bismarck gab sich lange Illusionen hin. Zwar erkannte er schon 1882, dass der kommende Kaiser Wilhelm II. selbst würde regieren wollen, doch sah er darin eher eine Garantie dafür, dass eine Parlamentsherrschaft ausgeschlossen blieb.

Peinliche Lobhudeleien

Immer deutlicher aber wurde schon nach kurzer Amtszeit, dass sich der junge Monarch nicht „gängeln" lassen wollte. Die sachlichen Differenzen, die er dafür etwa in der Arbeiterfrage aufbaute, wären sonst leicht zu überbrücken gewesen. Und selbst die Niederlage der Bismarck stützenden Parteien bei den Reichstagswahlen am 20.2.1890 schuf keine dramatisch neue Situation. Die Chemie aber stimmte einfach nicht; Bismarck konnte „Gängelei" noch weniger hinnehmen. Dennoch formulierte er sein Abschiedsgesuch am 18.3.1890 so, dass dem Kaiser möglichst keine Gründe für die Annahme blieben. Vor allem gesundheitlichen Argumenten baute er vor. Dass diese dann doch offiziell für die Entlassung des Kanzlers am 20.3. angeführt wurden, erboste Bismarck besonders. Für den Kaiser war das relativ risikolos, er untersagte eine Veröffentlichung des Abschiedsgesuchs und erging sich in peinlichen Lobhudeleien für den Davongejagten.

Kein „Augenmaß"

Der Bruch war nicht mehr zu kitten. Das Entwürdigende seiner Abhalfterung verwand Bismarck nie, und noch tiefer traf ihn, dass er noch jahrelang mit ansehen musste wie der „junge Herr" zu einer „Weltpolitik" überging, die in Bismarcks Augen geradewegs ins Verderben führen musste. „Kein Augenmaß" war seine Formel für diesen politischen Dilettantismus. Dass er sich so ungehindert austoben durfte, daran freilich war der Eiserne Reichsgründer nicht unschuldig: Sein halbfeudal verfasstes Staatsgebilde wurde mangels konstitutioneller Sicherungen zur Beute eines monarchischen Phantasten.

Februarerlasse

Seinen Kanzler links überholen wollte Wilhelm II. schon bald nach der Machtübernahme (15.6.1888), aber nicht etwa weil ihm das Elend der arbeitenden Massen so zu Herzen ging, sondern weil er sich auf Kosten Bismarcks als „sozialer Kaiser" zu profilieren gedachte. Am 4.2.1890 verbreitete er daher zwei Erlasse ohne Gegenzeichnung des Kanzlers: Der erste bezog sich auf eine Arbeiterschutzkonferenz, die dann auch vom 15.-29.3.1890 in Berlin tagte, aber nichts als heiße Konferenzluft produzierte. Der zweite, ernstere, mahnte die Überprüfung der sozialen Lage der Arbeiter an und zielte auf Maximalarbeitstag, ausreichende Freizeit, Beschränkung der Frauen- und Verbot der Kinderarbeit. Rasch aber machte der Gegenwind aus Großindustrie und Großkapital dem Kaiser klar, dass er sich vergaloppiert hatte. Eilends wurde Schadensbegrenzung betrieben, so dass die sozialpolitischen Vorstellungen von Kaiser und Kanzler bald wieder ganz zur Deckung kamen. Menschlich aber war die Beziehung am Ende.

„Der Lotse geht von Bord" (nicht ganz zutreffende Übersetzung des englischen Titels: „Dropping the Pilot"), Karikatur von Sir John Tenniel (1820-1914) in der englischen Satire-Zeitschrift „Punch", März 1890.

Leichtsinn und Größenwahn

Die „Weltpolitik" Kaiser Wilhelms II. (1890–1914)

Nach Bismarcks Abgang übernahm Wilhelm II. höchstselbst das politische Ruder. Er verwechselte jedoch zunehmend Schein mit Sein, badete in Beifall, tat Kritik als Nörgelei ab, nutzte das Herrscheramt zu dauernder Selbstdarstellung und entfaltete einen lärmenden Kaiserkult, der in krassem Gegensatz zu den preußischen Tugenden der Nüchternheit und Zurückhaltung stand. Doch dieser Byzantinismus war zeitgemäß, gefiel dem Volk, das dem geschickten Bühnenkünstler zujubelte, wenn er sich hoch zu Ross huldvoll lächelnd seinen Untertanen zeigte.

Nachholbedarf an Größe

Nachfrage (nach Verehrung) und Angebot (an Unterwürfigkeit) ergänzten sich dabei aufs Verderblichste. Der deutsche Nachholbedarf an „Größe" war enorm. Unter einem „Platz an der Sonne" stellte man sich, allen voran der Kaiser, anderes und mehr vor: Kolonien mussten streng „an die Kandare" genommen werden (Niederschlagung des Aufstands der Herero 1904), die deutsche Zukunft wurde „auf dem Wasser" gesucht – gefunden wurde dann allerdings nur der Konflikt mit der Seemacht Nr. 1, mit England –, nicht einfache Außenpolitik stand zur Debatte, es musste schon „Weltpolitik" sein. Sie kostete Wilhelm etwa bei der Entsendung deutscher Truppen gegen die Boxer in China 1900 unter „Weltmarschall" Waldersee aus: Nie wieder werde es künftig ein Chinese wagen, „einen Deutschen auch nur scheel anzusehen."

Daily-Telegraph-Affäre

„Ihr Engländer seid verrückt, verrückt, verrückt wie die Märzhasen«, lasen die Briten am 28.10.1908 erstaunt im „Daily Telegraph". Und das Erstaunen schlug in Empörung um, als sie feststellten, wer ihnen diese charmante Diagnose gestellt hatte: Deutschlands Kaiser Wilhelm II. las den Engländern in einem Interview die Leviten und beklagte sich. In England als arrogante Anmaßung empfunden, sah man in Frankreich und Russland in den kaiserlichen Ausführungen den Versuch, das gute Einvernehmen in der Triple-Entente zu stören und reagierte entsprechend heftig. Noch heftiger aber wehte der Gegenwind im deutschen Reichstag, in dem alle Parteien in einer Debatte am 10.11. gegen Wilhelm Front machten und seinen Kanzler Bernhard von Bülow massiv angriffen. Bülows Entlassungsgesuch lehnte der Kaiser jedoch ab. Der Reichstag gewann durch die Affäre an Selbstbewusstsein, vermochte aber Verfassungsreformen nicht durchzusetzen.

Bedrohliche Kulisse

Der Kraftmeier-Wortschatz kam draußen miserabel an. Zar Alexander III. meinte indigniert nach der deutschen Ablehnung der Verlängerung des Rückversicherungsvertrags 1890, Wilhelm II. sei ein schlecht erzogener und treuloser Bursche („garçon mal élevé et de mauvaise foi"), und verbündete sich 1894 mit Frankreich. London wurde von der kaiserlichen Regierung durch Parteinahme im Burenkonflikt 1896 brüskiert und durch forcierte Flottenrüstung provoziert. Und als Großbritannien dann dennoch seit 1898 wieder Verständigungssignale gab, biss Berlin nicht an.

Man hielt die Gegensätze Londons zu Russland und Frankreich für dauerhaft unüberbrückbar. Die Folge war 1904 die Entente cordiale London-Paris. Und auch die russisch-englischen Rivalitäten erwiesen sich als keineswegs so verlässlich wie in Berlin kalkuliert; 1907 einigten sich die beiden Großmächte kolonial. Doch die bedrohliche Kulisse wurde deutscherseits ignoriert. Prompt trat Russland dem französisch-britischen Bündnis bei und machte es 1908 zur Triple-Entente. Die deutsche Rolle in den sich nun häufenden Krisen um Marokko und auf dem Balkan offenbarte die ganze diplomatische Hilflosigkeit des „persönlichen Regiments" des Kaisers.

Ungewohnt schlicht gekleidet und mit nur wenigen Orden geschmückt saß Kaiser Wilhelm II. 1891 dem Maler Max Koner (1854-1900) Modell für dieses Porträt. Gewohnt herrisch allerdings der Blick und gespreizt die Pose.

An der Marne gescheitert

Ausbruch des Ersten Weltkriegs (1914)

Bismarcks Außenpolitik ruhte auf den beiden Säulen Österreich und Russland. Dass die Aufgabe eines Stützpfeilers zu Balanceproblemen führen musste, war abzusehen. Sie stellten sich denn auch umgehend ein, als Wilhelm II. ganz auf die „Nibelungentreue" zu Österreich setzte, in dessen balkanischem „Hinterhof" sich das brisante Gemisch zusammenbraute, das zur großen Explosion führen sollte. Die dortigen Staaten machten sich Hoffnungen auf Stücke aus dem Kuchen der europäischen Besitzungen der Türkei, die von Krisen geschüttelt wurde. Im Oktober 1912 fielen Serbien, Bulgarien, Montenegro und Griechenland gemeinsam als Balkanbund über die Türken her und siegten im Mai 1913 – allerdings auch sich auseinander, weil man sich auf die Verteilung der Beute nicht einigen konnte. Darüber brach einen Monat später erneuter Krieg aus, dieses Mal einer Bulgariens gegen die anderen Verbündeten. Nach zwei Monaten mussten die Bulgaren die Waffen strecken. Griechenland und vor allem Serbien waren die Nutznießer.

Serbien gegen Österreich

Das ließ in Wien alle Alarmglocken schrillen, weil der serbische Machtzuwachs eigene Pläne in der Region bedrohte und russische Einmischung befürchten ließ. Am Ende beider Kriege funktionierte noch einmal das europäische Krisenmanagement, doch das wiederum machte die Serben zu sicher. Obwohl Belgrad von einem Attentatsplan der großserbischen Geheimorganisation „Schwarze Hand" wusste, unternahm es nichts dagegen und riskierte damit den Konflikt mit Österreich: Am 28. Juni 1914 fielen den Kugeln des bosnischen Studenten Gavrilo Princip in Sarajewo der österreichische Thronfolger Franz Ferdinand, seine Frau Sophie und schließlich auch der europäische Frieden zum Opfer. Denn nach der österreichischen Kriegserklärung an Serbien am 28.7.1914 griffen die militärischen Automatismen und Bündnisverpflichtungen.

Tannenberg

In Ostpreußen waren Anfang August zwei russische Armeen eingefallen, konnten aber vom reaktivierten Generaloberst Paul von Hindenburg (1847-1934) und seinem Chef des Stabes Erich Ludendorff (1865-1937) bis 30. August bei Tannenberg in einer Umfassungschlacht mit zahlenmäßig unterlegenen Kräften geschlagen werden. Die halbe russische Njemen-Armee (92 000 Mann) geriet in Gefangenschaft. Es folgte bis 15. September die Schlacht an den Masurischen Seen, bei der die Russen noch einmal über 100 000 Mann verloren. Sie mussten Ostpreußen räumen. Auch ein nachfolgender russischer Vorstoß auf Oberschlesien wurde abgewiesen. Österreich dagegen büßte ganz Ostgalizien und die Bukowina ein nach zwei verlorenen Schlachten bei Lemberg. Und auch gegen Serbien kämpften die Österreicher höchst unglücklich.

Schlieffen-Plan nicht umsetzen

Die Mittelmächte Österreich und Deutschland standen gegen die russisch-französisch-englischen Alliierten. Mit einem gewaltigen Schwenk des rechten Flügels nach dem 1905 entworfenen Plan des damaligen Generalstabschefs Schlieffen wollten die Deutschen im Westen eine schnelle Entscheidung durch Einschließung des Gros der gegnerischen Streitkräfte im Raum Paris. Das bedeutete Überrennen Belgiens und damit Verletzung von dessen Neutralität, und es bedeutete das Risiko der Überdehnung der Kräfte. Und so kam es zum „Wunder an der Marne", wie es die Franzosen und Engländer nannten: Die gewaltige deutsche Offensive versandete wenige Kilometer vor der französischen Hauptstadt. Am 9.9.1914 ordnete Generalstabschef Helmuth von Moltke, Neffe des Siegers von 1871, den Rückzug an.

Abfahrt zum Sieg? In Erinnerung an 1870/71 unterschätzten nicht nur die fröhlich in den Kampf ziehenden Soldaten den kommenden Krieg. Auch die Führung gab sich lange Illusionen hin.

Erstarrte Fronten

Der Stellungskrieg ohne Ende (1914–1915)

Der Krieg im Westen hatte sich Ende 1914 buchstäblich eingegraben. Und das blieb 1915 so. Auch im Süden, wo Italien auf Seiten der Alliierten in den Kampf eingriff, fiel in vier Schlachten am Isonzo keine Entscheidung. Nur im Osten gab es einige Bewegung: In der masurischen Winterschlacht 1915 vertrieben deutsche Truppen endgültig die erneut eingebrochenen Russen von deutschem Boden. Nur gegen Österreich kamen sie weiter voran, so dass der deutsche Generalstabschef nach langem Zögern im Mai zu einer Durchbruchsschlacht bei Golice-Tarnow ausholte. Die Operation gelang und brachte die gesamte russische Front ins Wanken: Kurland, Litauen und Polen wurden erobert, Galizien konnte zurückgewonnen werden. Nur mit Mühe vermochten die Russen die Frontlinie von der unteren Düna bis zur Bukowina zu stabilisieren.

Schlacht bei Verdun

Am Stellungskrieg im Westen änderte sich im Folgejahr trotz ungeheurer Kraftanstrengungen nicht viel. Der neue deutsche Generalstabschef Erich von Falkenhayn (1861-1922) wollte hier wieder initiativ werden und den Eckpfeiler der französischen Front bei Verdun zum Einsturz bringen. Am 21. Februar begann die bis dahin größte Schlacht der Weltgeschichte. Bis in den äußeren Festungsring vermochten die Deutschen vorzudringen, doch alle weiteren Angriffe wurden unter ungeheuren Opfern auf beiden Seiten abgewiesen, wobei Forts wie Douaumont und strategische Punkte wie „Toter Mann" traurige Berühmtheit erlangten. 700 000 junge Männer verloren in dem viermonatigen Ringen ihr Leben. Falkenhayns Strategie des „Verblutens" hatte einen makabren Sinn gewonnen.

> *Seekrieg*
>
> *Die deutsche Hochseeflotte saß zum größten Teil in der Nordsee fest, nur einige Einheiten vagabundierten auf den Weltmeeren und wurden dort nach manchen Erfolgen letztlich doch Opfer der sie jagenden britischen Übermacht, denn auch die deutschen Kolonien, wohin sie sich hätten retten können, gingen bis auf einen ostafrikanischen Rest bald verloren. Schon Ende 1914 waren die deutschen Kreuzer in der Seeschlacht bei den Falklandinseln untergegangen. Nur dem Mittelmeergeschwader gelang es, in Gewässer der inzwischen verbündeten Türkei zu entkommen. Die Kaiserliche Marine im Norden wollte 1916 den entscheidenden Schlag zugunsten Deutschlands führen. Bisher hatte sie eine direkte Konfrontation mit der Royal Navy vermieden, die die gesamte Nordsee weiträumig blockierte und die Zufuhren abschnitt. Am 31. Mai 1916 stellte die deutsche Flotte die britische Hauptmacht vor dem Skagerrak, wo sich 21 deutsche und 37 englische Großkampfschiffe eine verbissene Schlacht lieferten. Sie wurde unentschieden abgebrochen.*

Krieg zwischen Rumänien und den Mittelmächten

An der Somme hielt derweil die Front trotz weit überlegener alliierter Angriffe, und auch die neue Luftwaffe brachte nichts in Bewegung. Im Osten dagegen brannte es im Sommer 1916 auf einmal wieder: Unter General Brussilow gewannen die Russen gegen die Österreicher die ganze Bukowina und brachten 200 000 Gefangene ein. Mit letzter Kraft vermochten deutsche Reserven gerade noch, die russische Flut zum Stehen zu bringen. Nicht mehr verhindern aber ließ sich die vom russischen Erfolg ausgelöste Kriegserklärung Rumäniens an die Mittelmächte. Falkenhayn wurde nun als Chef der Obersten Heeresleitung von Hindenburg abgelöst und durfte seine strategischen Fehler an der neuen rumänischen Front operativ gutmachen. Das gelang ihm auch als Führer der 9. Armee, mit der er über die Karpaten vorstieß. Am 6. Dezember fiel Bukarest.

Alles Leben ausgelöscht hatten Artillerie und MG-Feuer. Nur noch Drahtverhaue, Krater, Unterstände. Postkarte aus dem Jahr 1916 von der Stellung „Toter Mann" in der Schlacht um Verdun.

Frieden im Osten

Die Oktoberrevolution und die Verhandlungen von Brest-Litowsk (1918)

Die Völker hungerten, allen voran die Russen und Deutschen, und in Russland trieb der Hunger die Menschen auf die Straßen. Sozialistische Gruppen wie liberale Parteien nutzten den Aufruhr Anfang März 1917 zur Februarrevolution: Am 13. März – nach altem Kalender am 28. Februar – stürzte der Zar, an die Macht kam eine bürgerliche Regierung unter Kerenski, die aber nicht das erhoffte Kriegsende einleitete, im Gegenteil: Sie versicherte den westlichen Verbündeten, dass sie den Krieg unbeirrt weiterführen werde, und startete sogar unter Brussilow erneut eine nach Kerenski benannte Offensive Richtung Lemberg.

Lenins Agitation gegen die Liberalen

Inzwischen aber stand der Feind bereits unbemerkt innerhalb der russischen Mauern, und eingeschmuggelt hatte ihn der deutsche Gegner, dem dieser Feind selber nicht geheuer war: Der Bolschewistenführer Lenin hatte im Schweizer Exil auf seine Stunde gewartet und war mit deutscher Genehmigung im April 1917 per Bahn mit einigen Getreuen durch Deutschland über Finnland nach Petersburg gereist, wo er ungesäumt die Agitation gegen die Liberalen aufnahm, deren Politik und Kriegführung das Volk um die Früchte der Revolution zu prellen drohe.

Frieden schien zunächst jedoch in weitere Fernen zu rücken, denn die Kerenski-Offensive erzielte Teilerfolge. Es gelangen Fronteinbrüche, und die Österreicher wurden an die Karpaten gedrückt. Doch die russischen Verluste waren erheblich, das Heer begann sich bei der folgenden Gegenoffensive aufzulösen. Als deutsche Truppen auch im Baltikum angriffen und am 3. November Riga eroberten, schlug der Kerenski-Regierung die letzte Stunde. Der 7. November wurde zum Geburtstag der Oktoberrevolution, da noch der alte Kalender galt, und der zeigte den 25. Oktober 1917: Lenin ergriff mit den Bolschewisten die Macht; es entstand die Sowjetunion.

Verhandlungen in Brest-Litowsk

Lenin setzte den Frieden buchstäblich um jeden Preis auch gegen Widerstand in den eigenen Reihen durch, denn die deutsch-österreichischen Forderungen waren überhart. Da aber die Mittelmächte bereits tief im Land standen, gab es zur Waffenruhe keine Alternative. Die Friedensverhandlungen in Brest-Litowsk standen immer unter der Drohung der Mittelmächte, den Vormarsch wieder aufzunehmen. Am 3. März 1918 unterwarfen sich die Sowjets: Kurland, Litauen und Polen schieden aus dem russischen Staatsverband aus, Russland anerkannte die Unabhängigkeit der Ukraine und verpflichtete sich zur Räumung Finnlands.

Kriegsentscheidung durch die USA

Das Kriegsende im Osten machte Kräfte frei für den Westen, die dringend gebraucht wurden. 300 000 US-Soldaten standen bereits in Frankreich. Nachdem Deutschland zum verzweifelten Mittel des uneingeschränkten U-Boot-Kriegs gegriffen hatte, waren die USA am 7.4.1917 in den Krieg eingetreten. Ludendorff, eigentlicher starker Mann in der Obersten Heeresleitung, ließ angreifen. Fünf Mal berannten seine Heere die alliierte Front – vergeblich. Es kam der „schwarze Tag", der 8. August, an dem die Engländer mit 500 Tanks angriffen und die deutsche Front eindrückten. Hier zeigte sich, dass das deutsche Heer gegen die Übermacht der Alliierten – 600 000 Amerikaner standen nun bereits an der Front, bis Oktober wurden es 1,8 Millionen – auf Dauer nicht bestehen würde. Ludendorff und Hindenburg verlangten nach politischen Konsequenzen. Am 4. Oktober suchte die deutsche Regierung um Waffenstillstand nach. Zu spät: Die Alliierten bestanden nun auf der Kapitulation. Am 11. November unterzeichnete eine deutsche Delegation im Wald von Compiègne das Diktat.

Friedenskonferenz im deutschen Hauptquartier in Brest-Litowsk, Generalfeldmarschall Prinz Leopold von Bayern (links mit Vollbart) beim Unterzeichnen des Waffenstillstands am 17.12.1917.

Deutsche Revolution

Ende des Kaiserreichs – Ausrufung der Republik (1918)

In den Mittagsstunden des 9. November 1918 wuchs von Minute zu Minute die Gefahr, dass streikende Arbeiter und meuternde Soldaten in Berlin das Regierungsviertel stürmen könnten. Reichskanzler Prinz Max von Baden verkündete daraufhin auf eigene Faust die Abdankung des Kaisers. Schon vorher hatte er sein Amt dem SPD-Chef Friedrich Ebert (1871-1925) übertragen. Was dieser noch nicht wusste und was er eigentlich hatte verhindern wollen: Es war bereits ein Reich ohne Krone. Sein Parteifreund Scheidemann hatte ohne Absprache die Republik ausgerufen. Er zog damit nur die Konsequenz aus dem Scheitern des Kaisers, der eine Demokratisierung zu lange blockiert hatte. Das Volk hatte darüber die Geduld verloren, erste Streiks gab es schon 1917, und 1918 verweigerten schließlich die Matrosen der Hochseeflotte selbstmörderische Befehle und gaben damit Anfang November das Signal zur „deutschen Revolution":

Unzufriedenheit im Volk

Die Nachricht von der Kapitulation, denn nichts anderes war der Waffenstillstand vom 11. November, traf die Deutschen wie ein Keulenschlag. Erbitterung gegen die obersten Repräsentanten des bankrotten Systems war die logische Folge; und als klar war, dass die Sieger nur mit einem demokratisierten Deutschland in sinnvolle Verhandlungen einzutreten bereit waren, da rührte sich keine Hand mehr für Fürsten und Kaiser. Selbst jene Schichten, die bisher den Thron gestützt hatten – Hochfinanz, Schwerindustrie, Militär und Großgrundbesitz – entdeckten ihre republikanische Seele und setzten auf Sozialdemokraten und Gewerkschaften.

Gefahr im Verzuge

Die SPD ihrerseits suchte die Zusammenarbeit mit den kaiserlichen Offizieren und Beamten. Die Linksradikalen, die 1917 von der SPD abgespaltenen Unabhängigen Sozialdemokraten (USPD), wollten dagegen Sturz und Enteignung aller Dynastien. Ebert aber und die seinen, die „Mehrheitssozialisten", hielten mit der Einführung der parlamentarischen Demokratie das Ziel der Umwälzung für erreicht. Doch da war Gefahr im Verzuge: Überall liefen Truppen zu den Meuterern über, Arbeiter- und Soldatenräte übernahmen die Macht. Die Regierung Ebert, ein von SPD und USPD paritätisch besetzter Rat der Volksbeauftragten in Berlin, wollte das in geordnete Bahnen lenken. Ebert nahm heimlich Kontakte zur Obersten Heeresleitung auf. Das Bündnis Militär-SPD stoppte den Umsturz und führte zu einem verhängnisvollen Bruderzwist innerhalb der deutschen Linken; verbittert skandierten Demonstranten: „Wer hat uns verraten? Sozialdemokraten!" Die Monarchie war tot. Aber was brachte ihr Untergang? Ein entsprechender gesellschaftlicher Umbau unterblieb.

Spartakusaufstand

Fast einstimmig, aber eben nur fast, hatte die SPD 1914 den Kriegskrediten zugestimmt. Die damit Probleme gehabt hatten, deren Gewissen schlug immer lauter, und am 1.1.1916 bildeten sie den Spartakusbund, benannt nach dem Anführer des Sklavenaufstands im antiken Rom. Im April 1917 spalteten sie sich von der SPD ab und gründeten die Unabhängige Sozialdemokratische Partei (USPD). Sie trug seit November 1918 nur halbherzig den politischen Kurs Eberts mit und rief Ende Dezember 1918 die Kommunistische Partei Deutschlands (KPD) ins Leben. Politischer Widerstand allein aber schien vielen, vor allem Rosa Luxemburg (1871-1919) und Karl Liebknecht (1871-1919) zu wenig, sie wollten mit einem Aufstand die Revolution neu beleben. Am 15.1.1919 schlugen sie in Berlin los, doch der Funke zündete nicht. Freikorpseinheiten erstickten die Erhebung blutig. Die beiden Anführer wurden verhaftet und ermordet.

Er kam dem Sozialisten Liebknecht zuvor: Am 9. November 1918 rief SPD-Politiker Philipp Scheidemann (1856-1939) von einem Fenster des Reichstagsgebäudes die Republik aus.

Friedensdiktat

Der Versailler Vertrag (1919)

Dort, wo vor einem halben Jahrhundert das deutsche Kaiserreich aus der Taufe gehoben worden war, verhandelten die Sieger 1918/1919 über das Schicksal eben dieses geschlagenen Reiches: in Versailles. Der von ihnen ohne Mitwirkung Deutschlands verabschiedete Versailler Vertrag wurde ein Dokument der ungezügelten Rache, so drastisch, dass die verhandelnde Führungsmacht nicht unterschrieb. Die USA hatten zwar manche überkrasse Forderung der Franzosen unter ihrem Ministerpräsidenten George Clemenceau (1841-1929) mildern können, doch das „Schanddiktat", wie man ganz allgemein in Deutschland sagte, letztlich nicht zu verhindern vermocht. Unter der Drohung der Alliierten, den Krieg wieder aufzunehmen, knickte die Reichsregierung schließlich ein. Außenminister Müller (SPD) und Verkehrsminister Bell (Zentrum) unterzeichneten am 28.6.1919 den Friedensvertrag. Reichskanzler Scheidemann (SPD) aber trat tief bestürzt zurück: „Welche Hand müsste nicht verdorren, die sich und uns in solche Fesseln legt?!"

Der Vertrag von Versailles

In 440 Artikeln wurde Deutschland gezwungen, folgende Punkte zu akzeptieren: 1. Die Satzung eines neuzugründenden Völkerbunds. – 2. Gebietsabtretungen ohne (Elsass-Lothringen, Westpreußen-Posen, Hultschiner Ländchen, Memelland, Danzig, alle Kolonien) und mit Volksabstimmungen (Ostoberschlesien, Eupen-Malmedy, Nordschleswig) sowie den zeitweiligen Verlust des Saarlands. – 3. Militärische Beschränkungen wie die Besetzung des linken Rheinufers durch alliierte Truppen, die Entmilitarisierung des Rheinlands, die Begrenzung des Feldheers auf 100 000 Mann und der Marine auf 15 000 Mann, den Verzicht auf schwere Waffen (Panzer und Flugzeuge), die Auslieferung allen Kriegsmaterials, die Abschaffung der allgemeinen Wehrpflicht und die Kontrolle der Rüstung. – 4. Wirtschaftliche Folgen wie die Zahlung von Reparationen in Geld (siehe Kasten) und Sachleistungen (Fabriken, Kohle, Maschinen, Vieh usw.), die Auslieferung der Handelsflotte, die Beschlagnahme des gesamten Auslandsvermögens (auch des privaten). – 5. Anerkennung der alleinigen Kriegsschuld.

Artikel 231

Vor allem dieser Artikel 231 mit der – so empfanden es nahezu alle – „Kriegsschuldlüge" erbitterte die Menschen in Deutschland. Hier setzten die Rechtsparteien, und hier setzte auch Hitler bald darauf propagandistisch an. Versailles sollte sich als einer seiner erfolgreichsten Wahlhelfer erweisen.

Reparationen

Die Deutschland auferlegten Reparationen waren als Übernahme der Kriegskosten und zugleich als Bestrafung gedacht. Die Gesamtforderung belief sich auf 226 Milliarden Goldmark und ließ eine Erholung Deutschlands auf Jahrzehnte hinaus unmöglich erscheinen. Die bald galoppierende Inflation war die unmittelbare Folge, so dass politische Bemühungen um verträglichere Zahlungsbedingungen einsetzten. 1929 wurden schließlich im Young-Plan 59 Jahresraten (also bis 1988) von 34,5 Milliarden Reichsmark festgesetzt. Auch das erwies sich in der Weltwirtschaftkrise als illusionär. Nach einer einjährigen Zahlungspause 1931/32 und einer Schlusszahlung von drei Milliarden Reichsmark wurden die Reparationen im Lausanner Abkommen vom 9.6.1932 ganz gestrichen. Bis dahin waren 53 Mrd. Goldmark an die Siegermächte geflossen, was bei wachsender Verarmung den radikalen Parteien in Deutschland Auftrieb gab, allen voran der NSDAP, die nach Hitlers Machtergreifung die Früchte des Schuldenerlasses erntete. So entstand der falsche Eindruck, Hitler habe das Land von der ungeheuren Last der Reparationen befreit.

Unterzeichnung des Friedensvertrags im Spiegelsaal des Schlosses von Versailles am 28. Juni 1919, Gemälde von Sir William Orpen (1878-1931). In der Mitte Frankreichs Ministerpräsident Clemenceau (mit weißem Schnauzbart).

Politischer Mord

Der Tod Walther Rathenaus – die Reaktion der Rechten (1922)

Opfer blindwütige Fanatiker: Reichsaußenminister Walther Rathenau (1867-1922). Einen seiner letzten politischen Erfolge erzielte er eher am Rande: Während des Weltwirtschaftsgipfel in Genua 1922 traf sich Rathenau im April im nahen Rapallo mit Vertretern der jungen Sowjetunion und erreichte die Wiederaufnahme von diplomatischen Beziehungen zwischen den beiden Kriegsverlierern. Außerdem einigte er sich mit den Sowjets auf Verzicht von Kriegsentschädigungen. Rathenaus Coup machte ihn bei seinen Feinden auf der Rechten, die ihn als Juden ohnedies verteufelten, noch verdächtiger. Das später oft bemühte „Gespenst von Rapallo" nahm Gestalt an. Wollte der gewiegte Politiker und erfolgreiche Unternehmer (AEG) dem Bolschewismus ein Hintertürchen nach Mitteleuropa öffnen? So absurd diese Vorstellung war, ließ sie doch Pläne reifen, den gefährlichen Mann zu beseitigen. Die rechtsradikal-brutale Parole wirkte: „Schlagt tot den Walther Rathenau, die gottverdammte Judensau."

Von fünf Schüssen getroffen

Ehemalige Offiziere, die dem Geheimbund „Organisation Consul (OC)" angehörten, nahmen das wörtlich. Am 24. Juni 1922 wurde Rathenau, in einem offenen Auto unterwegs in sein Ministerium, von einem anderen Wagen überholt, dessen Insassen das Feuer auf ihn eröffneten und eine Handgranate warfen. Von fünf Schüssen getroffen, brach er zusammen. Sein Fahrer wendete und raste zurück. In seinem Haus wurde Rathenau auf den Boden gebettet. Er starb, bevor noch der Arzt eintraf. Rathenau war nur eines von insgesamt über 300 Opfern politischer Morde in der Frühzeit der Republik, und in ihm hatten die Täter wieder einen „Novemberverbrecher" getroffen, einen Politiker, den sie für die Revolution 1918 und damit für die Niederlage im Weltkrieg mitverantwortlich machten. Der Unterzeichner des Waffenstillstands, Zentrumspolitiker Matthias Erzberger, war knapp ein Jahr zuvor ebenfalls von OC-Mitgliedern erschossen worden.

> ### *Dolchstoßlegende*
> *Nach den ausufernden Siegesfantasien im Weltkrieg laborierten viele Nationalisten noch lange an der Niederlage vom November 1918 und flohen in Realitätsverleugnung. Sie verbreiteten die Mär, das „im Felde unbesiegte" Heer sei von der revoltierenden Heimat „von hinten erdolcht" worden (Hindenburg am 18.11.1919 vor einem parlamentarischen Untersuchungsausschuss). Mit dieser Dolchstoßlegende attackierten die Rechten in der Folgezeit die junge Demokratie als eine „Republik der Novemberverbrecher". Dass die Politiker 1918 auf dringenden Rat der Obersten Heeresleitung den Krieg beendet hatten, wurde besonders gern gerade von den Befehlshabern bestritten, allen voran von Ludendorff, der auf Waffenstillstandsersuchen bestanden hatte. Die Militärs hatten es dann wohlweislich vermieden, das entsprechend harte Diktat der Sieger zu unterschreiben, und Politiker vorgeschickt.*

Parteiische Justiz

Anschläge gegen Juden, Sozialdemokraten und andere konnten mit Beifall der Rechten und der bürgerlichen Schichten rechnen, die Täter mit einer milden Behandlung durch eine Justiz, die „auf dem rechten Auge blind" war. Nach Rathenaus Tod wurde ein Gesetz zum Schutz der Republik erlassen, auf dessen Grundlage staatsgefährdende Umtriebe hätten verfolgt werden können. Das geschah leider nur allzu selten. An der hasserfüllten Agitation von rechts vermochte das Gesetz sowieso nichts zu ändern.

Aufruf!

Der Mord an dem Reichsminister Dr. Rathenau

hat die **schweren Gefahren enthüllt**, denen Deutschland durch innerpolitische Gärungen ausgesetzt ist. Die Mahnungen, den Zwist der Parteien und den Streit um Vergangenes ruhen zu lassen und alle Kräfte der Nation dem Aufbau und der Rettung des Vaterlandes zu weihen, **sind ungehört verhallt.** Eine ruhelose und **nichtswürdige Verhetzung**, welche sich gegen die Staatsreform richtet und ihre Diener für vogelfrei erklärt, treibt immer wieder unklare, politisch verblendete oder verwilderte Köpfe zu Mordversuch und Mord. **Ein Netz von Verschwörungen droht den inneren Frieden**, die Grundlage einer deutschen Erneuerung, zu zerstören. Der Mord an Rathenau ist nur ein Glied in einer Kette

wohl vorbereiteter Anschläge auf die Republik.

Zuerst sollen die Führer der Republik, dann soll **die Republik selbst fallen.** In der Verteidigung gegen den verbrecherischen Anschlag muß Durchgreifendes geschehen. Dem wachsenden Terror, dem Nihilismus, der sich vielfach unter dem Deckmantel nationaler Gesinnung verbirgt, darf nicht mehr mit Nachsicht begegnet werden. Der Ruf:

„Die Republik ist in Gefahr"

muß alle freiheitlichen, für den Aufbau eines demokratischen Staatswesens arbeitenden Schichten der Bevölkerung zusammenschließen und einigen. Das Reichskabinett, eines seiner fähigsten und besten Mitarbeiter durch Meuchelmord beraubt, erkennt in der Stunde tiefster Trauer die politische Forderung dieser Stunde.

Da Gefahr im Verzug ist, muss schnell gehandelt werden.

Die Reichsregierung hat daher dem Reichspräsidenten empfohlen, von seiner verfassungsmäßigen Befugnis Gebrauch zu machen und durch Verordnung den Schutz des Staates und das Leben seiner **durch politische Mordorganisationen** bedrohten Vertreter zu sichern. Sie **wird für strengste Durchführung dieser Verordnung Sorge tragen** und sofort die Vorbereitungen treffen, um durch gesetzliche Vorschriften der moralischen und politischen Zersetzung entgegenzuwirken, **die den Staat in seinen Grundlagen auf das schwerste bedroht.**
Die Reichsregierung versteht die tiefe Erregung des Volkes. Sie bedauert die wirtschaftlichen Rückschläge eines solchen politischen Wahnsinns, **welche die arbeitenden Klassen am meisten treffen.** Die Reichsregierung hofft, daß das deutsche Volk in seiner verständlichen Erregung **sich nicht zu Schritten verleiten läßt, welche die wirtschaftlichen und politischen Schäden und Wirren noch vermehren würden.**
Sie erwartet vielmehr, daß das deutsche Volk sich hinter die Bemühungen der Regierung stellen wird und richtet daher an die Beamtenschaft, an die Arbeiter aller Parteien und an das ganze freiheitliche Bürgertum **die ernste und dringliche Mahnung zum Schutze des Staates in Not und Gefahr zusammenzustehen.**

Es lebe die Republik!

Die Reichsregierung
Dr. Wirth.

Der Reichspostminister
Giesberts.

Plakat der Reichsregierung zum heimtückischen Anschlag auf ihren Außenminister. Demokraten lebten gefährlich, erfolgreiche besonders.

Galoppierende Inflation

Versailles und die Folgen (1919–1923)

Mit großem Pathos erinnerte man sich später an die Kämpfe des schweren Jahres 1923. Die harten Auflagen der Sieger, der tiefe Schmerz über den Verlust der politischen Bezugsgrößen, der Sturz aus allen Siegesträumen – all dies belastete das Klima in der jungen deutschen Republik nach 1918. Aufstände, Putsch-Versuche und desolate wirtschaftliche Verhältnisse waren die Folge. Vier Mark zwanzig pro Dollar – das war lange die Faustregel. Der Krieg zerstörte auch diese scheinbar eherne Gleichung: Im Juli 1919 musste man schon 14, zwei Jahre später 76, im Juli 1922 dann fast 500 und im Jahr drauf 353 412 Mark für den begehrten grünen Schein hinblättern. Den Gipfel erreichte der Kurs am 15. November 1923 mit 4,2 Billionen – 4200 Milliarden – Reichsmark.

Wie kam es zur galoppierende Schwindsucht der deutschen Währung? Es waren viele Faktoren, die sich addierten, multiplizierten und schließlich potenzierten: Kreditfinanzierung des Krieges, untragbare Entschädigungszahlungen, Geldschöpfung (Nachfrageüberhang) als zeitweiliger Notbehelf, Kriegsfolgelasten, Devisenspekulationen, Kapitalflucht. Schuldnern kam die Geldentwertung wie gerufen. Andererseits wurden die Sparguthaben der kleinen Leute und die Betriebskapitalien der mittelständischen Unternehmen vernichtet. Sachwerte waren jetzt Trumpf.

Auch für die Sieger, allen voran für die auf die deutschen Reparationen besonders angewiesenen Franzosen. Sie achteten peinlich genau auf die Einhaltung der deutschen Lieferungen (vor allem Holz und Kohle), und als die Fristen dafür zeitweise nicht gehalten werden konnten, wurde „Faustpfandpolitik" betrieben: Am 9.1.1923 besetzten belgische und französische Truppen das Ruhrgebiet. Eine Welle der Erbitterung ging durch Deutschland und führte zur Solidarisierung von links bis rechts. Ohne Rücksicht auf die leeren Kassen und die ohnehin rasante Inflation unterstützte auch die Reichsregierung den „Ruhrkampf".

Erfüllungspolitik

Das geschlagene Deutschland hatte nach 1918 kaum politischen Spielraum. Die Siegermächte wachten über die Einhaltung der Friedensbedingungen und drohten bei Abweichungen mit militärischen Konsequenzen. In dieser Lage versuchten die Reichskanzler, die Unerfüllbarkeit des Versailler Vertrags durch strikte Erfüllung seiner Forderungen zu belegen. Das nutzte ihnen weder außenpolitisch noch im Innern: Bei den ersten Lieferengpässen des Reiches besetzten französische Truppen 1923 das Ruhrgebiet (siehe Text). Die Rechten in Deutschland, vor allem die NSDAP, brandmarkten diese Erfüllungspolitik als „würdelos" und „selbstmörderisch". Selbst als Außenminister Stresemann sie nach 1925 zur Verständigungspolitik gewandelt hatte, wurde sie von vielen als Unterwürfigkeit empfunden, obwohl kaum andere Möglichkeiten bestanden. Die auch durch eben diese Politik aufgestaute Wut über die Demütigungen seit 1918 untergrub die Fundamente der Republik.

Drakonische Gegengewalt

Die Spirale der Gewalt begann sich zu drehen: Den Besatzern wurden Dienstleistungen verweigert, Reparationszahlungen hörten ganz auf, Betriebe schlossen, Binnenschiffer blockierten die Kanäle durch Selbstversenkung, Telegrafieverbindungen brachen zusammen, Gleise flogen in die Luft. Entsprechend drakonisch fielen die Gegenmaßnahmen aus. Spektakulärster Fall wurde das Todesurteil gegen den 28-jährigen Weltkriegsoffizier Albert Leo Schlageter, der nach einem Anschlag auf eine Bahnlinie verraten worden war. Appelle an den französischen Ministerpräsidenten Poincaré blieben erfolglos: Auf der Golzheimer Heide bei Düsseldorf machten französische Kugeln am 26.5.1923 den kleinen Freikorpsmann zum großen Märtyrer.

Ein hohes Kreuz erinnerte auf der Golzheimer Heide an den „Blutzeugen" des Ruhrkampfes: 1931 errichtetes Schlageter-Denkmal von Architekt Clemens Holzmeister (1886-1983).

Putsch in München

Hitlers Marsch zur Feldherrenhalle (1923)

Die Republik brodelte weiter. Der Ruhrkampf hatte die Kräfte des Reiches gründlich erschöpft. Dem im August 1923 berufenen neuen Reichskanzler Gustav Stresemann (1878-1929) blieb nur die Rückkehr zu der von der politischen Rechten erbittert bekämpften Erfüllungspolitik, wenn er sich auch bemühte, Gegenleistungen der Siegermächte zu erreichen. Dieser von den Nationalen als „Einknicken" empfundene Kurs und umlaufende Gerüchte, ein kommunistischer Staatsstreich in Sachsen stehe bevor, riefen einen Mann auf den Plan, der bisher nur in bayerischen Rechtskreisen Furore gemacht hatte:

Komplizen auf Distanz

Der österreichische Agitator Adolf Hitler (1889-1945), seit 1919 Führer der kleinen Nationalsozialistischen Deutschen Arbeiterpartei (NSDAP), fühlte sich stark genug, nach dem Muster der italienischen Faschisten unter Mussolini zum Marsch auf Berlin zu blasen. Am Abend des 8. November erklärte er in einer Massenversammlung im Bürgerbräu-Keller in München die bayerische und die Reichsregierung sowie Reichspräsident Ebert für abgesetzt und proklamierte eine „provisorische deutsche National-Regierung". Die konservativen Komplizen Hitlers aus Polizei, Politik und Reichswehr aber sagten sich noch am Abend von ihm los und verlegten die bayerische Regierung nach Regensburg, so dass ihm als Verbündeter nur der allerdings sehr populäre Weltkriegs-Feldherr Ludendorff blieb.

Mildes Urteil für den Ausländer Hitler

Mit ihm versuchte Hitler am nächsten Morgen das Blatt noch zu wenden mit einem Marsch seiner Anhänger durch die Münchener Innenstadt. Doch die Bevölkerung ließ sich dadurch nicht mehr gewinnen. Vor der Feldherrnhalle brach der Hitler-Putsch im Feuer von Landespolizei und Reichswehr zusammen. Drei Polizisten und sechzehn Anhänger Hitlers kamen ums Leben; er selbst floh, wurde aber zwei Tage später in Uffing am Staffelsee verhaftet. Von Februar bis April 1924 stand er vor Gericht und fand kaum verhohlen mit ihm sympathisierende Richter. Die Strafe – fünf Jahre Festungshaft – war eine eher symbolische, wussten doch alle Beteiligten, dass der Putschist nur einen Bruchteil davon in komfortabler Unterkunft würde absitzen müssen.

Hamburger Aufstand

Die Furcht vor einem kommunistischen Aufstand war nicht ganz unbegründet: Der KPD schien bei galoppierender Verelendung aufgrund der Hyperinflation im Herbst 1923 die Stunde zur Vollendung der 1918 erstickten Revolution gekommen; sie wollte in Anlehnung an die Oktoberrevolution in Russland einen „deutschen Oktober" und versuchte ihn durch ein Fanal an besonders geeigneter Stelle auszulösen. Die Zeitpunkt schien günstig, denn die Reichswehr war in Sachsen beschäftigt, und Hamburg schien als Ort ebenfalls günstig wegen seiner starken Arbeiterschaft und weil ein Streik im Hafen eine explosive Situation geschaffen hatte. Am 23.10.1923 schlugen 300 Aktivisten der Partei, die im Bezirk Wasserkante über 18 000 Mitglieder verfügte, los, stürmten 17 Polizeistationen, bewaffneten sich und gingen vor der anrückenden Polizei auf Dächern und hinter Barrikaden in Deckung. Im Grunde war der Aufstand schon am selben Abend gescheitert, nur im Stadtteil Barmbek hielten die Kämpfer noch zwei Tage aus. Dann waren auch sie am Ende, denn der erhoffte Funke war nicht übergesprungen; selbst die eigenen Genossen ließen sich nur zu lahmer Unterstützung herbei, und die Hafenarbeiter ignorierten den aussichtslosen Putsch völlig. Die Aktion kostete siebzehn Polizisten und mindestens sechs Aufständische das Leben, bis zu neunzig Zivilisten fielen den Kämpfen zum Opfer.

Die mit Hitler angeklagten Putschisten durften bei der reaktionären Richterschaft auf Milde, ja Sympathie bauen. Ludendorff wurde wegen seiner militärischen Verdienste sogar freigesprochen.

Hoffnung auf Versöhnung

Deutschlands Rückkehr in den Völkerbund (1925/26)

Rückkehr in die Gemeinschaft der geachteten Völker, das musste das Ziel der deutschen Republik sein: Der Nationalliberale und Führer der eher rechten Deutschen Volkspartei (DVP) Gustav Stresemann hatte aus dem deutschen Unglück gelernt. Noch 1918 ein harter Vertreter eines „Siegfriedens", sah Stresemann schon 1923 nur den Weg der Aussöhnung mit den Gegnern als zielführend für eine auch in seinen Augen unumgängliche Revision des Versailler Vertrages. Das war nur mit den Westmächten, niemals aber gegen sie zu erreichen. Stresemann war es dann auch gewesen, der 1923 im aufgeheizten Klima des Ruhrkampfs, der Inflation und der Putschgefahr von rechts wie links als Reichskanzler den „passiven Widerstand" gegen Frankreich eingestellt und in seiner nur 103-tägigen Amtszeit als Kanzler mit der Rentenmark den Weg aus der Währungskrise gefunden hatte.

Durchbruch in Locarno

Seine Regierung hatte dann zwar die Mehrheit verloren, doch Stresemann blieb weiter entscheidender Weichensteller, wenn auch in anderem Amt. Bis zu seinem frühen Tod am 3.10.1929 war er in allen folgenden Regierungen Reichsaußenminister und flankierte die innere Stabilisierung durch äußere Rehabilitierung Deutschlands. 1924 gelang ihm die Neuregelung und Milderung der Reparationen. Doch der Durchbruch glückte erst 1925 im schweizerischen Kurort Locarno am Lago Maggiore. Dort traf sich Stresemann, nachdem er schon im Frühjahr eine Friedensinitiative gestartet hatte, mit Kollegen aus Ost und West und konnte einen nach dem malerischen Ort im Tessin genannten Pakt abschließen.

Völkerbund

Auf Initiative des amerikanischen Präsidenten Wilson (1856-1924) beschloss die Versailler Friedenskonferenz 1919 die Gründung einer Weltgemeinschaft der Staaten mit dem Ziel weltweiter Friedenssicherung, Achtung des Völkerrechts, Kriegsächtung und Abrüstung. Dem in Genf angesiedelten Völkerbund traten die USA dann aber doch nicht bei, da sie die überharten Friedensbedingungen nicht billigten. Auch erwies sich der Bund als zu schwerfällig wegen des wenig robusten Mandats und wegen institutioneller Blockaden. Organe des Völkerbunds waren: die jährlich tagende Bundesversammlung; der Völkerbundsrat mit Großbritannien, Frankreich, Italien, Japan, dann auch Deutschland und der UdSSR als ständigen und neun auf drei Jahre gewählten nichtständigen Mitgliedern; das von einem Generalsekretär geleitete Ständige Sekretariat mit Sitz in Genf. Der Völkerbund war zuständig für die Verwaltung des Saarlands und Danzigs, für die Aufsicht über die Mandatsgebiete und für den Minderheitenschutz.

Aufnahme Deutschlands in den Völkerbund

Am 16.10.1925 vereinbarten Vertreter Belgiens, Deutschlands, Frankreichs, Italiens und Großbritanniens: Unverletzlichkeit der deutschen Westgrenze, Entmilitarisierung des Rheinlands, Gewaltverzicht zwischen Deutschland und seinen westlichen Nachbarn und friedliche Beilegung aller Konflikte. Damit war für Deutschland der Weg in den Völkerbund (siehe Kasten) frei und durch Anerkennung des Versailler Vertrags ein System kollektiver Sicherheit errichtet, das französischen wie deutschen Sorgen Rechnung trug. Am 8.9.1926 wurde der Kriegsverlierer in den Völkerbund aufgenommen. Stresemann fasste die keimenden Hoffnungen in die Worte: „Möge die Arbeit des Völkerbunds sich auf der Grundlage der großen Begriffe: Friede, Freiheit und Einigkeit vollziehen, dann werden wir dem von uns allen erstrebten Ziele näherkommen. Daran freudig mitzuarbeiten, das ist Deutschlands fester Wille."

Reichsaußenminister Stresemann vor der Bundesversammlung des Völkerbunds in Genf bei seiner Antrittsrede am 10.9.1926, zwei Tage nach dem offiziellen Beitritt Deutschlands.

Staatsoberhaupt in schwerer Zeit

Friedrich Ebert (1871–1925)

Buchstäblich baden ging er mit seinem Versuch, sich möglichst volkstümlich zu geben: Der erste Reichspräsident Friedrich Ebert (1871-1925) wurde 1919 von der Nationalversammlung gewählt und 1922 vom Reichstag für weitere drei Jahre bestätigt. Das lag aber eher an der politischen Konstellation als an seiner Popularität, und sein schlichtes Auftreten war nicht einmal im Sinn der Schöpfer der ersten demokratischen Verfassung Deutschlands. Ihnen hatte immer noch etwas Kaiserartiges vorgeschwebt. Sie wünschten sich eine über den Parteien stehende Autorität. Die 1919 verabschiedete Weimarer Verfassung (benannt nach dem Tagungsort der Nationalversammlung) bestimmte:

Starke Position des Präsidenten

Der Reichspräsident musste gewählt werden, aber eben nicht von Abgeordneten, sondern vom Volk, und zwar gleich auf sieben Jahre. Er sollte repräsentieren, aber nicht bloß wie die inzwischen machtlosen Könige, sondern als tatsächlicher Herrscher. Er konnte den Reichskanzler berufen und entlassen, das Parlament auflösen (Artikel 25) und vorübergehend wie ein Diktator regieren (Artikel 48), und er war Oberbefehlshaber der Streitkräfte. Abzusetzen war er höchstens durch Volksentscheid oder Klage des Reichstags vor dem Staatsgerichtshof. Also so gut wie gar nicht, denn dem konnte der Präsident ja beizeiten durch Auflösung des Parlaments zuvorkommen.

Friedrich Ebert (SPD) hielt sich politisch sehr zurück, wollte ein Präsident aller Deutschen sein. Dennoch zog er die Kritik der Rechten wie der extremen Linken gleichermaßen auf sich. Den einen war er verhasst wegen seiner Rolle in der Revolution von 1918; sie zählten ihn zu den „Novemberverbrechern", die dem kämpfenden Heer in den Rücken gefallen seien. Die anderen verteufelten ihn wegen derselben Rolle als „Revolutionsverräter", der im Bündnis mit den Militärs der Arbeiterschaft den gebührenden Platz in der deutschen Gesellschaft verwehrt habe. Und in den bürgerlichen bis gehobenen Schichten fand er auch nur mäßige Zustimmung, weil er als Sohn eines Schneiders und gelernter Sattler als Parvenü angesehen wurde. Mit seinem betont einfachen Stil leistete er solchen Standesvorurteilen Vorschub.

Ebert starb an diesem allseitigen Druck noch nicht einmal 54 Jahre alt am 28.2.1925. Regierung und politische Mitte würdigten seine vermittelnde überparteiliche Haltung. Die Rechtsparteien hingegen wetterten sogar gegen eine Beerdigung auf Staatskosten.

Goldene Zwanziger

Die Jahre der wirtschaftlichen Erholung nach den Wirren von 1923 bis zum Beginn der Weltwirtschaftskrise 1929 werden im Rückblick oft als „goldene" bezeichnet. Das hätten die Zeitgenossen mehrheitlich als Hohn empfunden, denn gerade bürgerliche Kreise litten weiter an den Folgen der Proletarisierung durch die Inflation. Vom allmählich in Gang kommenden Aufschwung profitierten nur wenige. Und doch kam so etwas wie Glanz in Deutschland auf, nämlich kultureller. Die Künste blühten auf in dieser Phase der politischen Beruhigung und sie nutzten nun aufatmend die hier zu Lande noch ungewohnten demokratischen Freiheiten. Dabei kam es natürlich auch zu kurzlebigen Moden, doch es blieb genug Epochemachendes. In der Architektur entwickelte das Bauhaus seinen funktionalen Stil, der Surrealismus entgrenzte die Malerei, der Kubismus schlug die Brücke zur Plastik, der Expressionismus prägte Kunst wie Literatur, im jungen Film setzten deutsche Regisseure ebenso Maßstäbe wie im Theater, der Rundfunk brachte die neue Kunstform des Hörspiels hervor, geniale Tonsetzer führten die deutsche Musik zu neuer Weltgeltung.

Hohn und Spott von Rechts erntete Reichspräsident Ebert mit diesem Bild vom Bad mit Reichswehrminister Noske (links) in Haffkrug (Ostsee), erschienen am 24.8.1919 in der „Berliner Illustrirten".

Explosion der Arbeitslosigkeit

Der „Schwarze Freitag" und die Konsequenzen (1929)

Abrupt war der Aufschwung kollabiert, Hoffnungslosigkeit und Angst machten sich breit. Der Börsenkrach am Schwarzen Freitag, dem 25.10.1929, zog eine langdauernde Weltwirtschaftskrise nach sich, die im besonders betroffenen Deutschland zu politischer Radikalisierung bis hin zur Unregierbarkeit führte. Die plötzlich zurückgeforderten Kredite der USA ließen Banken zusammenbrechen und trieben mit ihnen zahllose Firmen in die Pleite. Die Arbeitslosigkeit explodierte, die Soziallasten überforderten den Staat, die letzte mit Mehrheit regierende Koalition zerbrach darüber am 27.3.1930. Da sich eine neue Mehrheit nicht herstellen ließ, ernannte Reichspräsident von Hindenburg (1847-1934) den 44-jährigen Zentrumsmann Heinrich Brüning zum Reichskanzler und ließ ihn gestützt auf das Recht des Präsidenten, Gesetze per Notverordnung zu erlassen, regieren.

Schwere Krise herbeigespart

Dieses erste Präsidialkabinett höhlte das parlamentarische System aus. Die Neuwahlen am 30.9.1930 verschärften das Problem noch. Seit 1928 hatten zwölf wenig geschätzte braununiformierte Männer der NSDAP auf der Rechten des Reichstags gesessen. Nach der Wahl tauchten plötzlich 107 von ihnen zur konstituierenden Sitzung auf. Sie waren nun nicht mehr als Grüppchen zu ignorieren und entfalteten im hohen Haus einen lärmenden Terror, der selbst der SPD eine Tolerierung der Regierung Brüning geraten erscheinen ließ. Brüning aber kannte nur ein Rezept gegen die Krise: Sparen und nochmals sparen. Das trug zur weiteren Verarmung der Bevölkerung bei. Die Arbeitslosigkeit war schon 1928, im letzten „guten" Jahr, mit zwei Millionen schwer erträglich gewesen, verdoppelte und verdreifachte sich jetzt aber. Sechs Millionen Menschen waren schließlich ohne Arbeit.

Harzburger Front

Hitlers Wirkung auf die Massen machte ihn für die Nationalisten interessant. Alfred Hugenberg, Presse-Mogul und Chef der Deutschnationalen Volkspartei (DNVP), wollte ihn sich als „Trommler" engagieren und lud NSDAP, Stahlhelm und Vaterländische Verbände am 11.10.1931 nach Bad Harzburg ein. Hier sollte ein Bündnis („Front") der Rechten gegen die Regierung Brüning und zum Kampf gegen die Republik geschmiedet werden. Hitler folgte der Einladung, weil er seinerseits eine Aufwertung durch die etablierten rechten Gruppen anstrebte. Und während seine Rechnung aufging durch die große Publizität des Treffens, blieb Hugenbergs Harzburger Front in bloßer Anti-Haltung stecken. Hitler quittierte das mit demonstrativem Fernbleiben bei der Schlusskundgebung. Im Frühjahr 1932 konnten sich die Harzburger nicht einmal auf einen gemeinsamen Kandidaten bei der Wahl des neuen Reichspräsidenten einigen und mussten neidvoll den beachtlichen Alleingang Hitlers hinnehmen.

Hitlers „Heilslehren"

Heilslehren haben in solchen Situationen Konjunktur, vor allem wenn sich die etablierten Politiker in Ratlosigkeit überbieten. Die Stimme des NSDAP-Führers Adolf Hitler ertönte immer lauter. Er präsentierte einfache Lösungen ohne Rücksicht auf deren Realisierbarkeit, als Sündenbock für alles brandmarkte er „das System", die Ursache allen Unglücks fand er bei „den Juden", mit dem Programm eines „nationalen Sozialismus" versprach er allen alles. Während die anderen die Verantwortung hin und her schoben, forderte er die ganze Macht für sich. Sein „Führerprinzip" traf auf tiefe Sehnsüchte nach Autorität und kam dem Untertanengeist entgegen, der sich nach der geordneten Welt des Soldatentums, nach einem „Frontsozialismus" sehnte, wie ihn Hitler mit seiner „Volksgemeinschaft" beschwor.

Aus der Not schlug Hitler politisches Kapital; Wahlplakat seiner Partei von 1932, entworfen von Hans Schweitzer (Künstlername Mjölnir nach dem Hammer des germanischen Gottes Thor, 1901–1980).

Die ganze Macht

Hitler wird Reichskanzler (1933)

Seit seinem Putsch von 1923 setzte Hitler unbeirrt auf legale Gewinnung der Macht. Er musste also entweder von einer parlamentarischen Mehrheit in die Reichskanzlei getragen werden oder von einer Mehrheit des Volkes direkt ins Präsidentenpalais. Dort hätte er wesentlich rascher das tun können, was er so oder so anstrebte: Beseitigung der Demokratie und Erringung der Alleinherrschaft. Er kandidierte daher im Frühjahr 1932 gegen den 85-jährigen Hindenburg für das Amt des Reichspräsidenten, und erreichte einen erstaunlichen Achtungserfolg: fast 37 Prozent der Stimmen.

NSDAP stärkste Partei im Reichstag

Im Juli 1932 kam er seinem Ziel ganz nahe: Mit 230 Abgeordneten zog die NSDAP in den 608-köpfigen Reichstag ein und stellte nun die mit Abstand stärkste Fraktion. Man bot Hitler lockende Posten In einer Regierung an. Doch er beharrte auf der Kanzlerschaft, die Hindenburg aber dem „böhmischen Gefreiten", wie er abfällig sagte, nicht zu übertragen bereit war. Er ließ Brüning fallen und machte seinen Intimus Franz von Papen zum Nachfolger, der ebenfalls nur mit den präsidialen Ausnahmerechten regieren konnte. Doch selbst das erwies sich gegen die Blockade von NSDAP und KPD als fast unmöglich. Im November 1932 wurde daher erneut gewählt, wobei die Braunen Stimmen einbüßten. Vielleicht würden sie nun gefügiger?

Altonaer Blutsonntag

„Die Straße frei... den braunen Bataillonen!" diese Zeile aus dem Parteilied war Programm der paramilitärischen Sturmabteilung (SA) der NSDAP. Die Parteiarmee entfesselte in den letzten Monaten der Republik einen Terror, der alles Vergleichbare in den Schatten stellte. Man wollte Rechtsunsicherheit herbeiprügeln und so den Ruf nach dem starken Mann stimulieren. Einen schlimmen Höhepunkt erreichte diese Strategie, als etwa 7000 SA-Männer am 17.7.1932 in einem von der Polizeiführung der Stadt genehmigten Marsch durch die kommunistischen Arbeiterviertel des damals noch preußischen Altona zogen. Sie wurden wie gewünscht angegriffen, so dass Polizeikräfte massiv eingreifen mussten. Das machte aus dem Datum erst den „Blutsonntag": 18 Menschen, darunter 2 SA-Leute kamen vor allem durch verirrte Polizeikugeln um. Die Polizei nahm 15 Kommunisten fest, von denen nach der Machtergreifung 4 wegen „Mordes" zum Tod verurteilt und am 1.8.1933 hingerichtet wurden.

Drahtzieher Papen

Nachdem Papen aufgegeben hatte, versuchte seit Anfang Dezember 1932 sein Nachfolger General Kurt von Schleicher, den linken Teil der NSDAP in eine „Gewerkschaftsachse" einzubinden und die Hitler-Bewegung so zu spalten. Er scheiterte an der kultischen „Führergläubigkeit" in der Partei und am überlegenen Taktieren Hitlers. Als Schleicher dem Reichspräsidenten schließlich eine Diktatur auf Zeit vorschlug, lehnte dieser mit Rücksicht auf seinen Eid ab. Das war am 28.1.1933, und vor der Tür des Reichspräsidenten warteten schon die Nachfolger, die den alten Herrn entsprechend präpariert hatten, an ihrer Spitze Hitler und als Drahtzieher im Hintergrund Präsidentenfreund Papen, der Hindenburg versprochen hatte, dass er den NSDAP-Führer „einrahmen" und „zähmen" werde.

Er hatte Hitler nun doch für eine Regierungsbeteiligung gewonnen, aber zu dessen Bedingungen: Der NSDAP-Führer erhielt am 30.1. 1933 aus der Hand des greisen Feldmarschalls die Ernennung zum Reichskanzler. Dass man ihm damit letztlich das ganze Reich zur Beute gegeben hatte, ahnte niemand. Nur Hitler selbst. Als er die Reichskanzlei betrat, sagte er zu seinen Begleitern: „Hier bringt mich lebend niemand mehr heraus."

SA-Kolonnen beim Fackelzug durchs Brandenburger Tor am Abend der Ernennung Hitlers zum Reichskanzler. Kommentar des Künstlers Max Liebermann: „Ich kann gar nicht so viel fressen, wie ich kotzen möchte."

Auf dem Weg in die Diktatur

Der Reichstagsbrand (1933)

Feuer-Fanal zum Aufstand? Das Gebäude des Reichstages, in dem heute der Bundestag untergebracht ist, steht immer noch, sieht aber inzwischen doch sehr anders aus als 1933: Da die deutschen „Genossen" nichts gegen Hitler unternahmen, sah sich der 24-jährige holländische Sozialist Marinus van der Lubbe aufgerufen, ein Zeichen zu setzen. Der Arbeitslose wanderte nach Berlin, versuchte mehrere Brandstiftungen und stieg am Abend des 27.2.1933 gegen 21 Uhr durch ein Fenster in das Reichstagsgebäude ein. Mit Kohleanzündern setzte er im Plenarsaal die Portieren und Sitze in Brand, trug das Feuer mit Stofffackeln weiter und wurde um 21.27 Uhr gestellt. Da aber war nur noch wenig zu retten. Die Hitze hatte die gewaltige Glaskuppel über dem Plenarsaal (1995-1999 nach einem Entwurf von Norman Foster neu errichtet) zum Bersten gebracht und damit einen alles verschlingenden Schloteffekt ausgelöst.

Erster Schritt hin zu Hitlers Diktatur

Hitler, Göring, Goebbels und andere Prominenz der neuen Regierung erschienen fast so schnell vor der glühenden Ruine wie die Feuerwehr. Für Hitler stand fest: „Das war die Kommune!" Nach vorbereiteten Listen wurden noch in der Nacht 4000 KP-Funktionäre festgenommen. Die Reichstagsbrandverordnung (siehe Kasten) vom nächsten Tag war der erste Schritt zu Hitlers Diktatur. Und wem ein Verbrechen so deutlich nutzt, der gerät natürlich selbst in Verdacht; bis heute melden sich immer wieder Historiker zu Wort, die ein Nazi-Komplott annehmen, ja beweisen zu können meinen:

Verschwörung nicht zu belegen

Vom Palais des damaligen Reichtagspräsidenten Göring gab es einen unterirdischen Gang ins Parlamentsgebäude, ein idealer Weg zur Tat und zur Flucht. Nur: Man fand keinerlei Spuren in dem staubigen Gang mit den Heizungsrohren; und der Täter beharrte im Herbst 1933 auch vor dem Leipziger Reichsgericht auf seiner Alleinverantwortung. Er wurde nach einer nachträglich erlassenen „Lex van der Lubbe" zum Tod verurteilt und am 10.1.1934 hingerichtet. Doch die Nationalsozialisten konnten die Tat den Kommunisten auch nicht beweisen, obwohl die Staatsführung massiven Druck auf das Gericht ausübte. Es sprach die mitangeklagten Kommunisten frei, darunter den Kominternfunktionär Dimitrow. Das wurde zum Auslöser für die Gründung des Volksgerichtshofs, der nur noch erwünschte Urteile fällte.

Reichstagsbrandverordnung

Hitler erreichte bei Hindenburg noch in der Nacht des Brands die Unterschrift unter ein Dokument, das die Axt an die Wurzeln der Weimarer Republik legte. Mit der „Verordnung des Reichspräsidenten zum Schutz von Volk und Staat" vom 28.2.1933 wurden fundamentale Grundrechte außer Kraft gesetzt: Unverletzlichkeit der Wohnung, persönliche Freiheit, Meinungsfreiheit, Brief-, Post- und Fernsprechgeheimnis sowie Versammlungs- und Vereinigungsfreiheit waren fortan nicht mehr garantiert. Selbst die Garantie des Privateigentums galt nur noch bedingt. Die Reichsregierung, also Hitler, erhielt das Recht, die Befugnisse der Länderregierungen „vorübergehend wahrzunehmen", für Brandstiftung und Hochverrat wurde rückwirkend die Todesstrafe eingeführt. Die Gleichschaltung der Länder war nun nur noch eine Frage der Zeit, es hagelte Zeitungsverbote, und angebliche oder tatsächliche Gegner des Regimes wurden fast vogelfrei. Noch ehe das Ermächtigungsgesetz vom 24.3.1933 den Weg in die Diktatur ebnete, konnte das Regime, gestützt auf die Verordnung, aus SA und SS Hilfspolizisten rekrutieren, Konzentrationslager (KZ) einrichten und wahl- und begründungslos Verhaftungen vornehmen.

Die Rasanz, mit der sich das Feuer im Reichstagsgebäude am Abend des 27.2.1933 ausbreitete, ließ Zweifel an der Alleintäterschaft des Brandstifters Marinus van der Lubbe bis heute nicht verstummen.

Regieren mit brutaler Gewalt – das Ende der Freiheit

Konzentrationslager (1933–1939)

Zur politischen Strategie des Nationalsozialismus gehörte physische Gewalt und brutale Einschüchterung. Schon vor der Machtergreifung durch Hitler waren politische Gegner bedroht und drangsaliert worden. Jetzt im Besitz der Macht, nahmen sich die braunen Banden jedes Recht, ihr Mütchen an Andersdenkenden zu kühlen. Das bisher schon bekannte Mittel der Schutzhaft wurde umfunktioniert: Hatte man damit bisher Gefährdete vorübergehend aus dem Verkehr gezogen, so wurden Missliebige nun auf unbestimmte Dauer inhaftiert, teils in regulärem Polizeigewahrsam, teils in improvisierten Hafträumen der SA, so genannten wilden Konzentrationslagern (KZ).

Muster-KZ Dachau

Dieser Begriff, offiziell abgekürzt KL, kam nach der Verordnung wegen des Reichstagsbrands nun zu staatlichen Ehren: Der massenhafte Anfall von Häftlingen, vor allem Kommunisten und Sozialdemokraten, nach dem Brand, sprengte binnen Kürze das Fassungsvermögen der vorhandenen Gefängnisse. Außerdem schadeten die „wilden" Einrichtungen der SA dem Ansehen des neuen Regimes, das sie nun mit Gründung des Lagers Dachau am 22.3.1933 durch „amtliche" Konzentrationslager ersetzte. Dachau wurde unter Kommandant Theodor Eicke zur Mustereinrichtung für weitere Lager, deren wichtigste bis 1939 waren: Buchenwald (Thüringen), Flossenbürg (Oberpfalz), Groß-Rosen (Schlesien), Neuengamme (bei Hamburg), Oranienburg (nördlich Berlin, später abgelöst durch Sachsenhausen), Ravensbrück (an der Havel).

Die KZ waren in jeweils fünf Abteilungen gegliedert: Kommandantur (I), politische Abteilung (II), Schutzhaftlager (III), Verwaltung (IV), Lagerarzt (V). Die Bewachung und das Personal stellte die SS (Schutzstaffel) mit den später so bezeichneten Totenkopfverbänden. Zunächst nur für politische Häftlinge gedacht, dienten die KZ bald auch zur Inhaftierung von Kriminellen, „Asozialen", „Arbeitsscheuen", Homosexuellen, Juden, Zigeunern. Sie wurden durch farbige Stoffwinkel auf der Kleidung gekennzeichnet: Kriminelle grün, Politische rot, Homosexuelle rosa usw. und wirkten an der Lagerorganisation mit durch Lagerälteste, so genannten Kapos.

Unmenschliche Behandlung

Die Häftlinge waren einer immer brutaleren Behandlung ausgesetzt, da trotz entsprechender Verbote Übergriffe des Wachpersonals an der Tagesordnung waren. Misshandlungen mit Todesfolge, Hinrichtungen, tödliche medizinische Experimente, Folter, Seuchen aufgrund der miserablen hygienischen Verhältnisse, Hunger, Entkräftung und Kälte in den überbelegten Baracken forderten zahllose Opfer.

Gleichschaltung

In Hitlers Reich durfte es nur eine Meinung geben. Diesem Anspruch fielen als erste die Länder zum Opfer: „Gesetz zur Gleichschaltung der Länder mit dem Reich" (31.3.1933) hieß die rechtliche Grundlage für ihre Entmachtung durch Reichsstatthalter. Gleichschaltung aber, ein aus der Elektrotechnik entlehntes Wort, wurde zum Schlüsselbegriff für die NS-Überwältigung Deutschlands. Fast rascher noch als die Länder verschwanden die Parteien, die verboten wurden oder sich selbst auflösten. Mit dem „Gesetz gegen die Neubildung von Parteien" vom 14.7.1933 war die Gleichschaltung des Parteienstaats abgeschlossen. Es folgten die Verbände nach dem immer gleichen Muster: NSDAP-Mitglieder wurden in die Vorstände aufgenommen, „reinigten" sie und führten sie unter das Dach der Partei. Notfalls griff man wie bei den Gewerkschaften zur Gewalt oder erzwang die Gleichschaltung gesetzlich wie bei den Bauern im Reichsnährstand. Für die Ausrichtung von Kultur und Medien wurde 13.3.1933 eigens ein Ministerium für Volksaufklärung und Propaganda unter Joseph Goebbels geschaffen.

Schon bei der Errichtung des ersten Konzentrationslagers Dachau „schmückte" die SS das Tor mit dem zynischen Spruch „Arbeit macht frei". Er war später auch am Eingang zum größten aller KZ, dem Vernichtungslager Auschwitz, zu lesen.

SA entmachtet

Das blutige Ende der „Röhm-Affaire" (1934)

Nach Hitlers Machtübernahme erhielt die SA (Sturmabteilung) als Hilfspolizei und Wachpersonal der KZ hoheitliche Aufgaben und sah darin eine erste, freilich nicht ausreichende Belohnung für ihren Anteil an der Eroberung der Macht. Die Unzufriedenheit wuchs und schlug um in teilweise offenes Aufbegehren, als zum Jahresende 1933 die Hilfspolizei aufgelöst und die KZ-Wachmannschaften fast nur noch von der SS (Schutzstaffel) gestellt wurden. Die Forderung nach einer zweiten Revolution wurde laut, und auch die Ernennung von SA-Stabschef Röhm zum Reichsminister ohne Geschäftsbereich im Dezember 1933 konnte die Wogen nicht glätten. Sogar gegen Hitler selbst richtete sich Kritik, da man ihn in den Fängen konservativer und bürgerlicher Kreise wähnte.

Alarm in der Reichswehrführung

Das sahen viele durch sein Hofieren der Reichswehr genauso bestätigt wie durch seine Weigerung, das Konzept von SA-Stabschef Ernst Röhm, die SA zu einem Volksmilizheer auszubauen, auch nur zu diskutieren. Auf der Gegenseite alarmierten die SA-Pläne die Reichswehrführung, da die SA inzwischen auf 4,5 Millionen Mann angeschwollen war.

Anfang Februar 1934 forderte Röhm sogar das Aufgehen der Reichswehr in der SA, was das Ende aller Kriegs-Planungen Hitlers bedeutet hätte. Durch Zuträger aus der SA und seine politischen Polizisten Himmler und Heydrich gewarnt, sah sich Hitler zum Handeln gezwungen, als am 17.6. sein Vizekanzler Papen in Marburg sehr deutlich den Unmut der Konservativen über die SA-Forderungen in einer Rede aussprach.

Die im Juni beurlaubte SA-Führung wurde von Hitler zu einer Tagung am 30.6. nach Bad Wiessee beordert, dort verhaftet und in München-Stadelheim liquidiert. Im ganzen Reich löste daraufhin die von der Reichswehr mit Waffen versorgte SS eine Mordaktion aus (Stichwort „Kolibri"), der nach offiziellen Listen 83 Personen zum Opfer fielen, darunter der ehemalige Kanzler und General Schleicher.

Röhm selbst erhielt Gelegenheit zum Selbstmord, nach dessen Verweigerung ihn Dachau-Kommandant Eicke erschoss. Die Zahl der nicht registrierten Opfer persönlicher Racheakte von SS-Mordkommandos ging in die Hunderte. Todesanzeigen wurden den Angehörigen verboten. Hitler ließ das Blutbad am 3.7.1934 als „Staatsnotwehr" gesetzlich für rechtens erklären. Sein letzter Gegenspieler war beseitigt.

SS

Die SA entwickelte im Sog der nationalen Wehrverbände nach Hitlers Geschmack zuviel Eigenleben, als dass er sich ihrer Loyalität immer sicher sein konnte. Mit „Stabswachen" zu seinem persönlichen Schutz und zur Sicherung von Versammlungen legte er daher 1923 den Grundstein für eine Parteiformation, die zwar der Obersten SA-Führung unterstellt war, sich aber zunehmend als „Führerelite" verstand. Seit 1925 nannten sich die einzelnen Wachen „Schutzstaffeln", kurz SS. Wenn von „der SS" gesprochen wird, ist gewöhnlich die Gesamtheit aller Staffeln und ihre Organisation gemeint, deren eigentliche Geschichte mit der Ernennung Heinrich Himmlers zum Reichsführer (RFSS) am 6.1.1929 begann. Er steigerte die Mitgliederzahl auf 52 000 bis Ende 1932, baute einen Sicherheitsdienst (SD) auf und machte die SS so zu einer Art Parteipolizei. Im ersten Jahr nach der Machtergreifung wuchs sie auf über 200 000 Mann, übernahm die Bewachung der KZ und spielte bei der Mordaktion während der Röhm-Affäre die Hauptrolle. Das brachte ihr die Emanzipation von der SA-Führung und die Aufwertung zur „selbständigen Organisation" der NSDAP (20.7.1934).

So sah es das Ausland: Karikatur der französischen Satirezeitschrift „Le Charivari" (Spektakel) vom 11. Juli 1934; Hitler als „Schlächter von Berlin" nach der Mordaktion gegen die SA-Führung.

Ausgegrenzt

„Die Nürnberger Gesetze" – Diffamierung und Verfolgung der Juden (1933–1935)

Hitler hatte mit seinen ständigen Ausfällen gegen „die Juden" nicht nur Propaganda getrieben. Er meinte es bitter ernst, wie der 1. April 1933, ein Sonnabend, bewies: Wie drei Tage zuvor in der Regierung beschlossen, zogen um 10 Uhr SA-Wachen vor den oft mit Schildern und Schmierereien markierten jüdischen Geschäften und Praxen von Anwälten und Ärzten auf, um etwaige deutsche Kunden zu „warnen". Wer darauf nichts gab, musste mit Belästigungen oder Schlimmerem rechnen. Die Aktion wurde als Reaktion auf angebliche jüdische Übergriffe und Boykottaufrufe gegen deutsche Waren im Ausland ausgegeben und entsprechend von einem „Zentralkomitee zur Abwehr der jüdischen Greuel- und Boykotthetze" in München geleitet. Da die Reaktion der Bevölkerung eher ablehnend ausfiel und die Kommentare der internationalen Presse politischen Schaden befürchten ließen, wurde der Boykott in der folgenden Woche nicht fortgesetzt.

Arierparagraf

Das hieß aber beileibe nicht, dass die neue Staatsführung in ihrer antisemitischen Dynamik gebremst wurde. Im Gegenteil: Schon eine Woche später erging das „Gesetz zur Wiederherstellung des Berufsbeamtentums", das einen so genannten Arierparagrafen enthielt, der Juden aus dem Öffentlichen Dienst ausschloss. Nur weitere zwei Wochen danach wurde „empfohlen", Juden aus öffentlichen Schulen zu entfernen und sie nicht an Universitäten zuzulassen – wegen angeblicher „Überfüllung" dieser Einrichtungen. Der Staat machte die Ausgrenzung vor, Wirtschaft und Verbände von Sport bis Industrie folgten dem Beispiel. Es bahnte sich ein völliges Berufsverbot für alle an, die nicht belegen konnten, dass sie „deutschblütig" waren (siehe Kasten).

> *Ariernachweis*
>
> *Seit April 1933 erwünscht, war seit Herbst 1935 für jeden deutschen Bürger der Nachweis vorgeschrieben, dass er/sie von keinem Eltern- oder Großelternteil „vollartfremden, insbesondere jüdischen Blutes" abstammte. Da dieses Blut laboranalytisch nichts hergab, hielt man sich an die Religionszugehörigkeit. Nur wem der Nachweis mit Hilfe von Auszügen aus Taufregistern, Geburts- oder Heiratsurkunden gelang, war nach den Bestimmungen der Nürnberger Gesetze vollgültiger Reichsbürger. Zur Aufnahme in die NSDAP und ihre Gliederungen musste ein „großer" Abstammungsnachweis sogar bis ins Jahr 1800 erbracht werden. Es entstand ein ganz neuer Berufszweig der Sippenforscher, die gegen Honorar beim Beleg der „arischen" Abstammung halfen; daher hieß die entsprechende Urkunde in der Umgangssprache auch „Ariernachweis".*

Die Nürnberger Gesetze

Auf dem „Reichsparteitag der Freiheit" wurde am 15.9.1935 in Nürnberg die Freiheit eines Teils der deutschen Bevölkerung noch weiter eingeschränkt: Nach dem an diesem Tag verkündeten Reichsbürgergesetz waren Juden und andere Personen „nichtarischen Blutes" künftig nur noch bloße Staatsbürger ohne politische Rechte im Unterschied zu den anderen Deutschen. Ein weiteres Gesetz war zum „Schutz des deutschen Blutes und der deutschen Ehre" gedacht: Es verbot Eheschließungen zwischen Juden und „Deutschblütigen" und sah für außereheliche intime Beziehungen zwischen solchen Personen als „Rassenschande" Zuchthausstrafen vor. In den Rassengesetzen, zusammenfassend Nürnberger Gesetze genannt, wurde auch festgelegt, wer als Jude im Sinne der Gesetze zu gelten hatte: Neben den „Volljuden" alle Personen mit drei jüdischen Großelternteilen (Dreivierteljuden) sowie alle Personen mit nur zwei jüdischen Großelternteilen (Halbjuden), wenn sie sich zum mosaischen Glauben bekannten oder mit einem „Volljuden" verheiratet waren.

Stieß noch verbreitet auf Ablehnung: Boykott jüdischer Geschäfte und Praxen am 1.4.1933. Mit der Zeit aber gewöhnte man sich an die von der Hitler-Regierung erlassenen antisemitischen Verordnungen.

„Fest der Völker“

Die Propaganda-Spiele von Berlin (1936)

Zum Erbe der Republikzeit, das die Regierung Hitler übernahm, gehörte auch der 1931 vom Internationalen Olympischen Komitee (IOC) ausgesprochene Zuschlag für die Olympischen Spiele 1936 in Berlin. Zwar lehnte die NSDAP alles „Internationalistische“ und schon gar den Wettkampf mit „Negern und Juden“ ab, doch Hitler entschied sich für die Spiele als unvergleichliche Chance zur glanzvollen Selbstdarstellung seines Regimes und seiner angeblich friedlichen Absichten. Am 5.10.1933 besichtigte Hitler das vorgesehene Gelände im Westen Berlins und befahl den großzügigen Ausbau des Reichsportfeldes: Auf 132 Hektar entstand das Olympiastadion mit 97 000 Plätzen, das Schwimmstadion (17 000), das Reitergelände (2000), das Hockeystadion (16 500), das Tennisstadion (3000), das Maifeld (70 000, Aufmarschplatz für 200 000), die Dietrich-Eckart-Freilichtbühne (20 000), die Gaststätte „Stadionterrassen“ (5000).

Zunehmend aber gefährdete die NS-Rassenpolitik die olympischen Pläne, und nach Verabschiedung der Nürnberger Gesetze im September 1935 entwickelte sich in den USA eine breite Boykottbewegung.

Der Siegeszug der Deutschen

Mit Hilfe leitender IOC-Funktionäre und durch kleine Zugeständnisse wie die Aufnahme zweier jüdischer Sportler in die deutsche Mannschaft gelang es jedoch, diese Bestrebungen zu unterlaufen. Antisemitische Parolen wurden während der Spiele ausgesetzt und über Erfolge farbiger Sportler wie dem Star der Spiele, US-Sprinter Jesse Owens (viermal Gold), in der Presse betont freundlich berichtet.

An den Winterspielen in Garmisch-Partenkirchen nahmen 756 Athleten aus 28 Ländern, an den Sommerspielen in Berlin 4069 Athleten aus 49 Ländern teil. Die deutschen Teilnehmer erlebten einen ungeahnten Siegeszug und verwiesen mit 33 goldenen, 36 silbernen und 30 bronzenen Medaillen bei den Sommerspielen die USA auf den zweiten Platz. Hitler war Schirmherr der Spiele und präsentierte sich bei seinen fast täglichen umjubelten Auftritten im Olympiastadion als äußerst populärer Staatsmann. Für die Haltbarkeit dieses Eindrucks sorgte ein vielfach international ausgezeichneter Film („Fest der Völker, Fest der Schönheit“) von Leni Riefenstahl (1902-2003).

Hitlerjugend

Eine Jugendorganisation bildete die NSDAP schon 1922 in Form des „Jungsturms Adolf Hitler“ in der SA; den Namen „Hitlerjugend“, kurz HJ, erhielt sie 1926. Aber erst 1932 gelang dem seit 30.10.1931 amtierenden Reichsjugendführer der NSDAP, Baldur von Schirach, die Bündelung aller Jugendverbände der Partei wie NS-Schülerbund, Bund Deutscher Mädel (BDM), Deutsches Jungvolk unter dem Dach der HJ. Sie wurde mit Gesetz über die HJ vom 1.12.1936 von bloßer Partei- zur Staatsjugend aufgewertet. Die HJ gliederte sich nun in Jungvolk und Jungmädel (10-14-jährige) sowie BDM und eigentliche HJ (15-18-jährige) in 40 Gebieten, die unterteilt waren in Banne, Stämme, Gefolgschaften, Scharen und auf unterster Ebene Kameradschaften. Attraktive Freizeitangebote lockten in die HJ: Fahrten und Lagerleben, Geländespiele, paramilitärische Ausbildung an der Waffe, sportliche Wettkämpfe, Möglichkeiten zur Betätigung in Sonderformationen wie Flieger- oder Marine-HJ sowie in Musikkorps (Trommler, Bläser u.a.). Auch das Konzept der „Selbstführung“ gemäß Hitlers Forderung: „Jugend muss durch Jugend geführt werden!“ reizte viele als Befreiung von der Gängelei in Schule und Elternhaus, wie überhaupt die hohe Wertschätzung der Jugendlichen als „Garanten der Zukunft“ durch Staat und „Führer“ dem Selbstwertgefühl der Jungen und Mädchen schmeichelte.

Auffallend schlicht fiel das Plakat für die Olympischen Sommerspiele in Berlin 1936 aus. Kein Hakenkreuz ließ erkennen, dass Hitler das Großereignis politisch raffiniert auszuschlachten gedachte.

Wehrertüchtigung auf andere Art

Kraft durch Freude (1933)

Auch Freizeit war im 3. Reich nicht mehr allein Privatsache: Die Deutsche Arbeitsfront (DAF) als Nachfolgeorganisation der Gewerkschaften sollte mit attraktiven Angeboten die „schaffenden Volksgenossen" ohne Ansehen des Standes zu „sinnvoller" Erholung animieren, die ja wieder der Arbeitsleistung zugute komme und zudem Gemeinschaft schaffe. Damit wollte man zudem die anfangs dem Nationalsozialismus noch fernstehenden Arbeiter gewinnen. Das reichhaltige Programm dafür oblag der mit erheblichen Mitteln geförderten Organisation „Kraft durch Freude" (KdF), eine angeblich von Hitler selbst gefundene Bezeichnung. KdF gliederte sich in fünf „Ämter":

Gliederung der Organisation

1. Das Amt „Feierabend" veranstaltete Theateraufführungen und Konzerte, die bis 1939 von rund 38 Mio. Menschen besucht wurden; 2. das Sportamt leitete den Betriebssport zur „Wehrertüchtigung" und zur „rassischen Vervollkommnung"; 3. das Amt „Schönheit der Arbeit" bemühte sich um Verbesserung der Arbeitsbedingungen und möglichst ästhetische Gestaltung des Arbeitsplatzes; 4. das Amt „Wehrmachtsheime" sorgte für die Koordination mit den Streitkräften und dem Reichsarbeitsdienst (RAD); 5. das Amt „Reisen, Wandern und Urlaub" war mit seinen Angeboten von verbilligten Aufenthalten in Erholungsheimen, Skireisen und erschwinglichen Kreuzfahrten mit der „weißen Flotte des Friedens" das populärste; es organisierte bis 1938 für rund zehn Millionen Menschen Urlaubsreisen. KdF sollte auch eine tragende Rolle bei der Massenmotorisierung spielen: Mit kleinen Beiträgen konnten die Arbeitnehmer auf ein Auto sparen, offiziell „KdF-Wagen" genannt (siehe Kasten).

Ertüchtigung der Bevölkerung

Dass diese Fürsorge der Leistungssteigerung galt und damit letztlich den Kriegsplänen Hitlers wurde deutlich an der umstandslosen Umrüstbarkeit etwa der Kreuzfahrtschiffe zu Truppentransportern (schon im Spanischen Bürgerkrieg) und der Nutzung der vor allem an der Ostsee angelegten Ferienburgen (z.B. Prora) zu Lazaretten. Ein KdF-Funktionär erklärte 1940 offen: „Wir schickten unsere Arbeiter nicht auf eigenen Schiffen auf Urlaub oder bauten ihnen gewaltige Seebäder, weil uns das Spaß machte ... Wir taten das nur, um sie gestärkt und neu ausgerichtet an ihren Arbeitsplatz zurückkehren zu lassen." Und sie auf die kommenden schweren Prüfungen im Krieg vorzubereiten, hätte man hinzufügen müssen

Volkswagen

„Wie ein Maikäfer soll er aussehen; man braucht nur die Natur zu betrachten, um zu wissen, wie sie mit der Stromlinie fertig wird", soll Hitler zum Konstrukteur Ferdinand Porsche (1875-1951) gesagt haben, als er ihm 1933 den Auftrag zur Entwicklung eines erschwinglichen Volkswagens gab. Mit ihm sollte ein sozialpolitischer Akzent gesetzt werden: Das Auto sollte den Charakter des Statussymbols reicher Leute verlieren und Klassenschranken abbauen helfen. Daher durfte der Wagen nicht mehr als 1000 Mark kosten, nur wenig (bis acht Liter) verbrauchen und musste robust sein. Schon im Jan. 1934 wurde ein Entwurf vorgestellt, und 1936 fuhren erste luftgekühlte, hinterradgetriebene Prototypen des „KdF-Wagens", im Volksmund nur Volkswagen (VW) genannt, für den ein eigenes Werk in einer eigens gebauten »Stadt des KdF-Wagens« (Wolfsburg) errichtet wurde. Es wurden Sparkarten ausgegeben, auf denen Marken zum Erwerb eines VW gesammelt werden konnten: „5 Mark die Woche musst du sparen, willst du im eignen Wagen fahren." Von den 336 000 VW-Sparern bekam jedoch keiner seinen Wagen zu Gesicht, da er für militärische Zwecke zu einem Kübelwagen für die Wehrmacht umgerüstet wurde.

Froh in die Zukunft blicken und entschlossen an die Arbeit gehen sollten von KdF betreute Menschen. Im Wirklichkeit stand Fitness für den Krieg auf dem Programm; Werbeplakat von 1937.

Erfolg durch Erpressung

Anschluss Österreichs (1938)

Die Niederlage im 1. Weltkrieg traf Deutschland schwer, Österreich aber vernichtete sie beinahe: Die riesige Donaumonarchie wurde in zahlreiche Einzelstaaten aufgelöst, Österreich selbst auf die deutschsprachigen Gebiete (nicht einmal alle) beschränkt. Ein solcher Rumpfstaat schien nicht lebensfähig, und die junge Republik erklärte sich daher per Verfassung 1919 zum „Bestandteil des Deutschen Reiches". Dieser Anschluss aber wurde im Friedensvertrag von Saint-Germain von den Siegermächten ebenso untersagt wie der Artikel 61 der deutschen Verfassung, der bis zu einem Anschluss Österreich eine beratende Stimme in der Länderkammer (Reichsrat) zubilligte.

Überraschte Unschuld

Das belastete die demokratische Entwicklung in Österreich und wurde mit dem Machtantritt des gebürtigen Österreichers Hitler in Berlin 1933 zur europäischen Frage. Seltsamerweise aber verlor das Problem zunächst einmal an Schärfe: Hitler wusste, dass die Ehrlichkeit seiner ständigen Friedensbeteuerungen auch an seinem Verhalten in der Anschlussfrage gemessen werden würde. Das änderte natürlich nichts an der Forderung: „Deutsch-Österreich muss wieder zurück zum großen deutschen Mutterlande." Und Hitler war keineswegs der Überraschte, als der er sich ausgab, als am 25.7.1934 österreichische NSDAP-Leute in Wien mit einem Putsch scheiterten. Schon wegen der drohenden Haltung Italiens musste Hitler die Unschuld spielen.

Politik der Erpressung

Er begriff, dass der Schlüssel für einen Anschluss in Rom lag, und begann mit dem Werben um Mussolini. Mit Erfolg: Die Wiener Regierung musste im Juliabkommen 1936 Hitler Zugeständnisse machen. Sie wurden jedoch nur schleppend eingelöst, und Hitler griff zur Gewalt: Am 12.2.1938 ließ er den österreichischen Kanzler Schuschnigg auf den Obersalzberg laden und drohte mit Einmarsch, wenn nicht sein Mann in Wien, Seyß-Inquart, in die österreichische Regierung aufgenommen würde. Schuschnigg gab nach, beraumte aber überraschend eine Volksabstimmung über die Unabhängigkeit Österreichs für den 13.3.1938 an. Hitler fühlte sich brüskiert, verlangte nun die Kanzlerschaft Seyß-Inquarts und ließ mobil machen. Obwohl der österreichische Bundespräsident Miklas in letzter Minute die Bedingung erfüllte, marschierte die Wehrmacht. Zwei Tage später, am 14.3., meldete Hitler auf dem Heldenplatz in Wien unter tosendem Jubel „den Eintritt meiner Heimat in das Deutsche Reich".

Appeasement

Nach dem 1. Weltkrieg war Großbritannien die Führungsmacht Europas, freilich eine angeschlagene. Weltreich wie Mutterland steckten in der Krise und brauchten Ruhe. Diese aber wurde in den 1930-er Jahren empfindlich gestört von den aggressiven Mächten Italien und Deutschland. London entwickelte daher eine Strategie des dosierten Nachgebens Hitler gegenüber, „Appeasement" genannt. Das hatte damals nicht den schlechten Klang, den es heute vom Ergebnis her bekommen hat (kraftlose Beschwichtigung). Zum einen waren Hitlers Forderungen zunächst nur gegen den Versailler Vertrag gerichtet, den auch England immer als problematisch empfunden hatte. Zum anderen operierte Hitler geschickt mit dem Selbstbestimmungsrecht der Völker etwa beim Anschluss Österreichs. Frankreich folgte dem britischen Kurs. Er gipfelte 1938 im Münchener Abkommen über den Anschluss des Sudetenlands an das Deutsche Reich. Das Abkommen entpuppte sich schon ein halbes Jahr später als feiges Zurückweichen vor erpresserischen Forderungen eines skrupellosen Risikopolitikers: Hitler annektierte im März 1939 die restlichen tschechischen Gebiete. Erst daraufhin beendete London die Politik des Appeasement.

Nach einem „Blumenkrieg", wie die Propaganda den deutschen Einmarsch in Österreich verklärte, konnte Hitler (Ansprache vor Menschenmassen auf dem Wiener Heldenplatz) das nun „Ostmark" genannte Land dem Reich angliedern.

Staatlich verordneter Terror gegen die deutschen Juden

Die Synagogen brennen (1938)

Aus Rache für deutsche Maßnahmen der Judenverfolgung schoss am 7.11.1938 in Paris der aus Hannover stammende 17-jährige Herschel Grynszpan auf den deutschen Legationssekretär Ernst vom Rath und verwundete ihn schwer. Auf dem traditionellen „Kameradschaftsabend" der Alten Kämpfer im Münchener Bürgerbräu erfuhren Hitler und Goebbels zwei Tage später, dass vom Rath seinen Verletzungen erlegen war. Goebbels hielt daraufhin eine flammende antisemitische Hetzrede, worauf die versammelten Gauleiter und Parteiführer ihre Dienstellen, SA, SS und HJ anwiesen, gegen die Juden vorzugehen. In der Nacht zum 10.11. wurden daher in ganz Deutschland jüdische Einrichtungen demoliert.

„Reichskristallnacht"

Insgesamt fielen der angeblichen „Volkswut", wie die Propaganda die gelenkte Aktion verfälschte, 7500 Geschäfte und 171 jüdische Gotteshäuser zum Opfer, 91 Menschen wurden ermordet, 26 000 in KZ eingewiesen. Wegen des Scherbenmeers in den Städten bürgerte sich die Bezeichnung „Kristallnacht" für die Ausschreitungen ein; der Volksmund ergänzte den Begriff im Stil der Großsprecherei der Propaganda zur „Reichskristallnacht". Heute wird meist der wenig passende Begriff „Pogromnacht" verwendet; ein Pogrom aber war es eben gerade nicht, weil dazu ein Moment der spontanen Aufwallung gehört (russisch pogrom = Sturm).

Weitere Entrechtung der Juden

Dem Straßenterror folgte eine Welle von administrativen Maßnahmen zur weiteren Entrechtung der deutschen Juden: Zunächst einmal wurde verfügt, dass die fälligen Versicherungsentschädigungen an das Reich abzuführen seien, außerdem wurde den Juden als „Buße" eine „Kontribution" von einer Milliarde Mark auferlegt. Am 12.11. folgte ein Verbot für Juden, Theater zu besuchen, am 15.11. wurde die Entfernung jüdischer Kinder aus öffentlichen Schulen angeordnet, am 29.11. schuf ein „Judenbann" die Möglichkeit, die Juden Aufenthaltsbeschränkungen zu unterwerfen, im Februar 1939 entstand in Berlin die „Reichszentrale für die jüdische Auswanderung". Die Kristallnacht führte zudem zu einer drastischen Beschleunigung der Arisierung jüdischer Betriebe (siehe Kasten).

Arisierung

Aus dem öffentlichen Leben waren die Juden bis 1934 durch den Arierparagrafen weitgehend entfernt, durch die Nürnberger Gesetze war auch „jüdisch versippten" Personen und Mischlingen öffentliche Wirksamkeit unmöglich gemacht worden. Nur in der freien Wirtschaft spielten Juden noch eine Rolle. Unter dem Schlagwort Arisierung betrieb der NS-Staat daher die „Entjudung der Wirtschaft": Seit dem 26.4.1938 mussten jüdische Vermögenswerte über 5000 Mark angemeldet werden, Juden durften über ihre Konten nur noch eingeschränkt verfügen. Am 14.6.1938 wurden die jüdischen Betriebe registriert und ihr Wert wurde auf niedrigstem Niveau festgelegt. Wachsender Druck zwang viele Juden zu diesem Minimalwert zu verkaufen, wobei vor allem Großbanken, Industrie und Konzerne zu den „Arisierungsgewinnern" gehörten. Nach der Kristallnacht wurde das Tempo der Arisierung drastisch verschärft: Schon zwei Tage später wurde Juden die Geschäftsführung in ihren Betrieben verboten, sie mussten „arische" Direktoren bestellen. Und damit nicht etwa freundliche Deutsche als Strohmänner („Gefälligkeitsarier") tätig wurden, stellte man solche Tarnung unter Strafe. Grundbesitz durfte seit dem 3.12.1938 nur zu einem staatlich festgesetzten Preis, also mit hohem Verlust, Wertsachen konnten nur noch an den Staat veräußert werden.

Erich Kästner zur „Kristallnacht":
„Als die Syagogen brannten.
Der junge SA-Mann:
Wo steckt Jehova nun, der nie verzeiht?
Ist er Adresse unbekannt verzogen?
Der alte Jude:
Gibt's einen Gott, gibt's auch Gerechtigkeit.
Wenn's keinen gibt, was braucht es Synagogen?"

Der Zweite Weltkrieg beginnt

Blitzkrieg gegen Polen (1939)

„Der Wille zum Schlagen war immer in mir", bekannte Hitler später einmal. 1938 hatten die Westmächte ihm noch einen Strich durch die militärische Rechnung gemacht. Polen gegenüber sollte ihnen das 1939 nicht noch einmal gelingen. Mit Forderungen nach einer exterritorialen Verbindung mit Ostpreußen durch den 1918 geschaffenen polnischen Korridor setzte Hitler den östlichen Nachbarn unter Druck. Eine britische Garantie machte Warschau mutig, der polnische Patriotismus tat das Seine: Hitlers Forderung wurde wunschgemäß barsch zurückgewiesen. Verweigert aber wurde auch das von der Sowjetunion verlangte Durchmarschrecht durch Polen, obwohl London und Paris dies dringend anrieten, weil anders bei einem deutschen Angriff zu Lande gar nicht geholfen werden konnte und weil Moskau sonst ins deutsche Lager schwenken könnte.

Mit Panzern und Stukas

Und so orientierte sich Stalin dann auch: Es kam der Pakt der Diktatoren (siehe Kasten), und es kam der 1. September 1939 mit dem deutschen Einmarsch, propagandistisch vorbereitet durch einen fingierten Anschlag angeblicher „polnischer Insurgenten" auf den Reichssender Gleiwitz. Es kamen aber auch zu Hitlers namenloser Überraschung am 3. September Ultimaten aus London und Paris und nach deren Ablauf die Kriegserklärungen der Westmächte, denen freilich keine militärischen Taten folgten. Hitler setzte auf eine Strategie des Blitzkriegs: In zwei Angriffskeilen aus Pommern/Ostpreußen und Schlesien ließ er 57 Divisionen nach Polen vorstoßen. Mit schnellen Panzerraids, unterstützt durch die „fliegende Artillerie" der Sturzkampfbomber (Stukas), schlossen sie in kurzer Frist das Gros der zahlenmäßig und technisch unterlegenen polnischen Kräfte ein. Bis zum 17.9. waren weit über 300 000 Polen in Gefangenschaft geraten.

Hitler-Stalin-Pakt

Hitlers Vision von Lebensraum im Osten wäre 1939 nur mit Unterstützung der Westmächte und/oder Duldung durch Polen zu verwirklichen gewesen. Großbritannien aber und in seinem Schlepptau Frankreich hatten mit Aufkündigung des Appeasement im Frühjahr 1939 deutlich gemacht, dass eine weitere deutsche Expansion zum Kriege führen würde. Hitler aber wandte sich in abrupter Kehrtwendung dem bisherigen Todfeind Stalin zu und schloss mit ihm am 23.8.1939 einen Nichtangriffsvertrag auf zehn Jahre. Der Pakt verschaffte Hitler Handlungsfreiheit gegen Polen und sicherte bei einem Eingreifen der Westmächte Rückenfreiheit nach Osten sowie unblockierbare Rohstoffzufuhr. Stalin befreite der Deal aus der seit dem Münchener Abkommen andauernden Isolierung. In einem geheimen Zusatzprotokoll steckten die Partner ihre Interessengebiete ab: Polen sollte geteilt, das Baltikum und Finnland den Russen, Südosteuropa den Deutschen überlassen werden.

Sieg ohne Frieden

Am selben Tag drang die Rote Armee in Ostpolen ein; die polnische Regierung floh nach Rumänien. Am 19.9. schlossen deutsche Verbände den Ring um die Hauptstadt Warschau, die am 28.9. nach schwerer Beschießung und pausenlosen Luftangriffen völlig zerstört kapitulierte. Letzter polnischer Widerstand erlosch am 6.10., 700 000 Polen gingen in deutsche, 217 000 in sowjetische Gefangenschaft, 70 000 Polen waren gefallen und 133 000 verwundet, die Wehrmacht meldete 10 572 Tote, 3409 Vermisste und 30 322 Verwundete. Deutschland annektierte Westpreußen und den Warthegau, der Rest des besetzten Gebietes wurde zu einem Generalgouvernement zusammengefasst. Der Krieg aber ging weiter. Aus dem Polenfeldzug entwickelte sich der Zweite Weltkrieg.

Schnappschuss für die Presse: Wehrmachtsoldaten entfernen am 1.9.1939 einen Schlagbaum mit Hoheitsadler an der polnischen Grenze.

Frankreich am Boden

Das Wunder von Dünkirchen – Hitler in Paris (1940)

Er verlor Paris nie aus dem Blick. Nach den Blitzkrieg im Osten wollte Hitler zwar so schnell wie möglich auch im Westen offensiv werden, doch Planungspannen und Sorgen um den Erznachschub aus Schweden über Norwegen ließen zunächst einen Griff nach Norden geraten erscheinen. Mit Angriffen aus der Luft und über See auf Norwegen sowie zu Lande gegen Dänemark seit dem 7.4.1940 kam die Wehrmacht ähnlichen britischen Plänen nur knapp zuvor. Eine Niederlage für den britischen Marineminister Churchill (1874-1965), und doch nach innen ein Sieg, hatte er doch vor Hitler immer gewarnt und seine strategischen Ziele richtig eingeschätzt.

Beginn der Offensive im Westen

Churchill wurde britischer Regierungschef genau an dem Tag, an dem die deutsche Offensive im Westen losbrach (10.5.1940). Sie verlief nach dem Plan von General Manstein, der mit einem Panzerangriff aus den nur scheinbar unpassierbaren Ardennen heraus die rückwärtigen Verbindungen der in Belgien versammelten alliierten Kräfte kappen und sie dann frontal mit einer Heeresgruppe von Nordosten her zerschlagen wollte. Trotz großer Skepsis in der Generalität hatte Hitler den Plan gebilligt, der in atemberaubendem Tempo aufging: Nach Luftlandungen und einem verheerenden Bombenangriff auf Rotterdam brach der niederländische Widerstand rasch zusammen (14.5.). In Belgien wurde die Festung Eben-Emael durch Luftlandetruppen ausgeschaltet, am 17.5. fiel Brüssel. Nach nur zehntägigen Kämpfen waren alle nördlich des deutschen „Sichelschnitts" operierenden alliierten Armeen abgeschnitten. Am 28.5. kapitulierte Belgien.

Von den im Raum Dünkirchen eingeschlossenen alliierten Soldaten konnten fast 340 000 unter Verlust der gesamten Ausrüstung nach Großbritannien evakuiert werden. Am 5.6. begann mit der zweiten Operationsphase („Rot") der eigentliche Frankreichfeldzug. Die französische Hauptstadt fiel kampflos am 14.6., die Maginot-Linie wurde am 16.6. frontal durchbrochen und am 22.6.1940 unterschrieb eine französische Delegation die Waffenstillstandsbedingungen im Wald von Compiègne in demselben Eisenbahnwagen, in dem die Deutschen 1918 hatten kapitulieren müssen. Gefallen waren 3000 Niederländer, 7500 Belgier, 92 000 Franzosen, 70 000 Briten und 27 000 Deutsche. Nordfrankreich bis zur Loire und die gesamte Atlantikküste blieben deutsch besetzt, eine nationalfranzösische Regierung nahm Sitz im Badeort Vichy.

Luftschlacht um England

Nach der Weigerung Londons, den „sinnlos gewordenen Kampf" (Hitler) nach dem deutschen Triumph im Westen aufzugeben, plante Hitler eine Invasion Englands (Unternehmen „Seelöwe"), die nur unter einem sicheren Luftschirm durchführbar war. Daher begann am 13.8.1940 der Angriff der Luftwaffe auf die britischen Fliegerbasen. Es gelang jedoch nicht, die britische Jagdabwehr niederzukämpfen, die mit der Radarfrühwarnkette an der Südküste über ein modernes Abwehrmittel verfügte und zudem „Heimvorteil" hatte: Ausgestiegene Besatzungen konnten mit neuen Maschinen mehrmals aufsteigen, während mit den deutschen Flugzeugen zumeist auch die Flieger verloren waren. Als die Verluste unerträglich anstiegen, ging die Luftwaffe seit Anfang September 1940 zu Nachtangriffen auf London über. So erholte sich die Royal Air Force (RAF), während die erhoffte Zermürbung der Zivilbevölkerung ausblieb. Selbst so verheerende Angriffe wie der auf Coventry am 14./15.11.1940 stählten eher den Widerstandswillen der Briten. Die Krise auf dem Balkan und der Russlandfeldzug zwangen schließlich zum Abbruch der Luftschlacht, die 40 000 Zivilisten das Leben gekostet hatte (bis 31.5.1941).

Hitler in Paris vor dem Eiffelturm; später besuchte er noch das Grab des von ihm bewunderten Napoleon im Invalidendom. Der Diktator stand auf dem Gipfel seiner Popularität.

„Barbarossa“ vor Moskau gestoppt

Der Anfang vom Ende im Osten (1941)

Nachdem England nicht zu bezwingen war, sollte der Feldzug gegen Russland die Kriegsentscheidung bringen und Hitlers Lebensraum-Vision verwirklichen. Hitler deklarierte daher das dazu entworfene Unternehmen „Barbarossa“ als „Krieg zweier Weltanschauungen“, in dem Ritterlichkeit und traditionelle soldatische Ehrbegriffe nur Hemmnisse seien. Ziel der Eroberung sollte die Dezimierung der slawischen Bevölkerung und eine „rücksichtslose Germanisierung“ sein. Über den Pakt mit Stalin setzte sich Hitler bedenkenlos hinweg. Nach Abschluss des Balkanfeldzuges (Mai 1941), der Hitlers Zeitplan für 1941 durcheinandergebracht hatte, wandte er sich nach Osten mit der erklärten Absicht, „Sowjetrussland in einem schnellen Feldzug niederzuwerfen“, ehe die UdSSR ihre riesigen Reserven mobilisieren konnte.

Drei Stoßrichtungen

Zum Angriff ohne Kriegserklärung traten am 22.6.1941 Dreiviertel des deutschen Feldheeres (3 Millionen Mann mit 3580 Panzern und Sturmgeschützen) in drei Heeresgruppen mit insgesamt 152 Divisionen an: Nord mit Stoßrichtung baltische Länder und Leningrad, Mitte in Richtung Minsk-Smolensk-Moskau und Süd in Richtung Kiew-Dnjepr-Bogen. Der deutsche Angriff traf auf 5 sowjetische Heeresgruppen, formiert in 15 Armeen mit 149 Divisionen. Die deutsche Luftwaffe bot mit den Luftflotten 1, 2, 4 und 5 insgesamt 1945 Bomber, Stukas, Zerstörer und Jäger auf, die Sowjetunion verfügte in den westlichen Militärbezirken über 8000 Maschinen, deren Gros beim Angriff bereits am Boden zerstört wurde.

Katastrophe der Wehrmacht vor Moskau

Der Sommerfeldzug kam weiträumig voran: Baltikum, Weißrussland, Ukraine. In der Kesselschlacht von Bialystok und Minsk (bis 9.7.) gingen 324 000 sowjetische Soldaten in Gefangenschaft, bei Smolensk (bis 5.8.) weitere 310 000, bei Kiew (bis 26.9.) 655 000 und in der Doppelschlacht von Wjasma und Brjansk (bis 15.10.) 673 000. Die Erfolge verleiteten Hitler früh zur Annahme, der Russlandfeldzug sei bereits gewonnen. Vorsorge für einen Winterfeldzug unterblieb. Am 2.10. trat die Heeresgruppe Mitte zum Angriff auf Moskau an; die sowjetische Regierung setzte sich am 16.10. aus der Stadt nach Osten ab. Dann aber brachte eine Schlammperiode mit folgendem Kälteeinbruch (bis unter minus 30 Grad) den Vormarsch zum Stehen. Sowjetische Gegenoffensiven mit frischen Kräften aus Sibirien setzten ein und zwangen die Deutschen zur Aufgabe weiter Gebiete.

Waffen-SS

In den Polenfeldzug zogen Einheiten der SS (Verfügungstruppe, Totenkopfverbände und Polizeikräfte) verteilt auf die Angriffsarmeen. Erst danach fasste man sie zu einer als Waffen-SS bezeichneten Truppe zusammen. Ihre Verbände unterstanden dem Feldheer, während die SS-Führung nur disziplinarisch zuständig war. Ihre Stärke nahm rasant zu. Hatte die SS Anfang 1939 nur insgesamt 20 000 Mann unter Waffen, so verfügte sie gegen Kriegsende über 600 000 Mann in 38 Divisionen. Diese Entwicklung war nur möglich durch Aufweichung des Freiwilligkeitsprinzips und durch Senkung der Anforderungen an die Tauglichkeit. Auch ideologisch-rassische Gesichtspunkte mussten zurücktreten, als man auf Tataren, Albaner und andere Truppen zurückgriff. Der Kampfwert der Divisionen war entsprechend unterschiedlich, doch konnte die Waffen-SS aufgrund der Leistungen einiger besonders gut ausgerüsteter Einheiten das Image einer militärischen Elite bewahren. Ihr Todesmut kehrte sich freilich oft auch gegen die Zivilbevölkerung und führte zu schweren Kriegsverbrechen. Im Nürnberger Prozess wurde die Waffen-SS als verbrecherische Organisation eingestuft.

22. Juni 1941: Deutsche Panzerkampfwagen auf dem Vormarsch tief nach Russland hinein. Der erhoffte Blitzsieg aber in einem nächsten Blitzkrieg erwies sich als Illusion.

Bürokratische Regelung des Völkermords

Die Wannseekonferenz und die „Endlösung der Judenfrage“ (1942)

Der deutschen Front im Russlandfeldzug folgten so genannte Einsatzgruppen. Gegliedert waren sie in vier bis fünf etwa kompaniestarke Sonderkommandos (SK) aus Polizisten (Sipo und Kripo) und Angehörigen des Sicherheitsdienstes (SD) der SS, die durch Hilfswillige und einheimische Milizen verstärkt wurden. Unter dem Vorwand der Bekämpfung von „Banden“ und „reichsfeindlicher Elemente“ verfolgten die Einsatzgruppen, oft von der Wehrmacht durch Gerät und Transporraum sowie Absperrmaßnahmen unterstützt, vor allem Juden, die sie durch Dolmetscher und Hinweise aus der Bevölkerung ermittelten, zusammentrieben und als angebliche Träger des bolschewistischen Systems erschossen.

Massentötungen

Zunächst betrafen die Morde nur wehrfähige Männer, von August 1941 an auch Frauen, Kinder und alte Leute. Sie wurden an zuvor ausgehobenen oder von ihnen selbst gegrabenen Gruben exekutiert und verscharrt. Später bemühte man sich, die Tötungen durch Gaswagen zu beschleunigen. „Ereignismeldungen“ an das Reichssicherheitshauptamt (RSHA) und andere Akten lassen eine realistische Schätzung der Opferzahlen zu: Insgesamt töteten Kommandos der Einsatzgruppen mindestens 900 000 Menschen. Und dennoch gingen den Verantwortlichen die „Säuberungen“ zu langsam. Nach der Katastrophe der Wehrmacht vor Moskau Ende 1941, wurde auf der so genannten Wannseekonferenz beschlossen, eine umfassende „Endlösung der Judenfrage“ anzustreben.

Sorgfältige sprachliche Tarnung

Ursprünglich nämlich hatte man geplant, die Juden durch Zwangsauswanderung zu entfernen. Als aber in Polen weitere Millionen Juden in den deutschen Machtbereich geraten waren und in der UdSSR noch mehr, ging man zum mörderischen Konzept über. Am 20.1.1942, Tag der Konferenz, wurden die Details der Ermordung möglichst aller europäischen Juden festgelegt, wobei man auf schärfste Geheimhaltung achtete und schon sprachlich das Ungeheuerliche durch Begriffe wie „Umsiedlung“ oder „Sonderbehandlung“ tarnte. Die jüdische Bevölkerung wurde zunächst in Gettos gepfercht, dann in endlosen Deportationszügen in Vernichtungslager wie Auschwitz, Kulmhof, Treblinka, Maidanek, Sobibor verbracht und dort in Gaskammern getötet. Mindestens 5,1 Millionen Menschen aus Frankreich wie Holland, Ungarn wie Polen, Norwegen wie Kroatien fanden so den Tod. Auf Gegenwehr stießen die Mörder kaum (siehe Kasten).

Warschauer Gettoaufstand

Nach Deportation von mehr als 300 000 Juden aus Warschau in die Vernichtungslager, beschloss die SS im Frühjahr 1943 die endgültige Räumung des Gettos der polnischen Hauptstadt. Erstmals aber wehrten sich die Juden und nahmen die am 19.4. einrückenden deutschen Einheiten unter Feuer. Allerdings beteiligte sich nur ein Teil der 75 000 im Ghetto verbliebenen Juden. Die SS-Truppen unter Brigadeführer Stroop wurden immer wieder von den jüdischen Kämpfern vertrieben, so dass man am 23.4. die Häuser im Ghetto in Brand setzen ließ. Viele Bewohner, die dem Flammenmeer entkamen, leisteten aus Kellern und Abwasserkanälen weiter Widerstand und konnten nur durch Flutung und Sprengungen niedergekämpft werden. Mitte Mai gaben die letzten überlebenden Aufständischen auf. 56 000 Juden waren gefangengenommen worden, die anderen waren gefallen, 7000 wurden nach der Kapitulation erschossen, 21 000 deportierte man in die Vernichtungslager, die übrigen wurden in Arbeitslager eingewiesen; deutsche Verluste: 16 Tote, 90 Verwundete.

Unter der Hand munkelte man in Deutschland, Auschwitz (polnisches Oberschlesien) sei die „größte Stadt der Welt": Millionen seien hingefahren, zurückgekehrt sei keiner. Tatsächlich wurden dort über 1,5 Millionen Juden und andere „Unerwünschte" in Gaskammern umgebracht oder durch Sklavenarbeit und Misshandlungen getötet.

Scheitern an der Wolga

Die Niederlage von Stalingrad (1943)

Dass die russischen „Untermenschen" nicht geschlagen waren, sondern selbst Schläge austeilten, zeigte sich 1942. Der Feldzug begann mit dem Entsatz der Kessel von Cholm und Demjansk. Es folgte die Kesselschlacht südlich von Charkow (17.-26.5.) und die Zerschlagung der sowjetischen Stellungen auf der Krim. Dann trat das deutsche Heer am 28.6. im Süden zur Sommeroffensive an: Die Heeresgruppe B erreichte am 3.7. den Don bei Woronesch. Aber Gefangenenzahlen wie im Vorjahr gab es nicht mehr. In einer zweiten Operationsphase wurde am 23.7. Rostow erobert.

Doppelangriff gegen Stalingrad und den Kaukasus

Entgegen der bisherigen Planung befahl Hitler einen Doppelangriff gegen Stalingrad und gegen den Kaukasus. Damit waren die deutschen Kräfte überfordert, die Heeresgruppe A blieb am Terek stecken, die Heeresgruppe B erreichte Mitte September Stalingrad und wurde in wochenlange, verlustreiche Häuserkämpfe verwickelt. Die Front dort bot sich der Roten Armee für eine großangelegte Zangenoperation an. Am 19.11. brach sie über die weit gedehnten Flanken herein. Die deutsche 6. Armee wurde mit 250 000 Mann abgeschnitten. Hitler untersagte den noch möglichen Ausbruch. Am 2.2.1943 kapitulierten die Verteidiger in Stalingrad. 91 000 gerieten in sowjetische Gefangenschaft, nur 6000 kehrten später heim.

Rückzug an allen Fronten

Die Rote Armee drang im Winter 1942/43 überall weit nach Westen vor. In den deutsch besetzten Gebieten führten zudem die Unterdrückung und Ausbeutung der Bevölkerung durch die NS-Verwaltung zu lawinenartig anwachsenden Angriffen von Partisanen. Der letzte Versuch einer deutschen Offensive fand bei Kursk statt, wo man einen großen sowjetischen Frontbogen abschneiden wollte. Der deutsche Angriff blieb jedoch am 12.7.1943 liegen. Im Herbst musste der Kuban-Brückenkopf über See geräumt werden (7.9.-9.10.). Zu Beginn des Jahres 1944 überschritt die Rote Armee bei Sarny (Wolhynien) die ehemals polnisch-sowjetische Grenze. Zugleich brach sie den deutschen Blockadering um das seit August 1941 eingeschlossene Leningrad auf und trat am 4.3.1944 in der Ukraine zur Offensive an. Die deutsche Front wich bis weit nach Rumänien und nach Ostgalizien zurück. Bis 12.5.1944 vernichteten sowjetische Truppen die abgeschnittene deutsche 17. Armee auf der Krim. Im Juni/Juli 1944 ging die deutsche Heeresgruppe Mitte (350 000 Mann) unter.

Wehrmachtverbrechen

Jahrzehntelang wurde die Legende von der „sauberen" Wehrmacht öffentlich gepflegt, obwohl es „Sauberkeit" vor allem in dem nach Hitlers Willen im Osten geführten Vernichtungskrieg nicht geben konnte. Anfangs, im Polenfeldzug, bemühten sich militärische Befehlshaber noch, dem mörderischen Treiben von SS- und Polizei-Einheiten Einhalt zu gebieten. Nach dem Triumph im Westen jedoch verstummte fast alle Kritik, so dass selbst verbrecherische Befehle wie die zur „Erledigung" von Kommissaren der Roten Armee noch auf dem Gefechtsfeld hingenommen und vielfach von Verbänden der Wehrmacht umgesetzt wurden. Ausschreitungen gegen die Zivilbevölkerung waren, weil straffrei gestellt, an der Tagesordnung. Das millionenfache Verhungern von Russen wurde nach der Maßgabe, die Truppe solle sich aus den besetzten Gebieten ernähren, billigend in Kauf genommen. Und finsterstes Kapitel: Von den im Kampf eingebrachten russischen Gefangenen kamen drei Millionen in deutschem Gewahrsam, zum weitaus größten Teil also in Lagern der Wehrmacht hinter der Front, um: verhungert, erfroren, misshandelt und oft auch aus nichtigem oder gar keinem Grund gehängt oder erschossen.

In Stalingrad ging die militärische Initiative 1942/43 endgültig an die Rote Armee verloren: Russische Infanteristen beim Sturmangriff auf deutsche Stellungen in der zerstörten Stadt.

Verspätetes Handeln

Widerstand gegen Hitler – 20. Juli 1944

Willfährige Blutrichter machten sich zum Racheinstrument Hitlers nach dem Attentat des Grafen Claus von Stauffenberg. Am 20.7.1944 hatte er hatte einen Sprengsatz im Führerhauptquartier „Wolfsschanze" bei Rastenburg in Ostpreußen gezündet. Seine Tat hätte anders als viele vorherige Versuche, den Tyrannen zu beseitigen, Erfolg haben können. Hier nämlich ging es nicht nur um die Tötung Hitlers, sondern zugleich um den Sturz des gesamten NS-Systems. Und es war nicht die Tat eines einzelnen, sondern eine von langer Hand geplante Verschwörung des Widerstands, an der hohe und höchste Militärs, ehemalige Politiker und Gewerkschafter sowie Diplomaten beteiligt waren.

Ungeheuerliche Verbrechen

Sie hatten sich dazu entschlossen, obwohl selbst bei Gelingen des Anschlags und des politischen Putsches kaum noch damit zu rechnen war, dass Deutschland von den Alliierten einen Frieden ohne Besetzung würde erreichen können, und obwohl die Mehrheit der Bevölkerung kein Verständnis für den Umsturz mitten im – so die Propaganda – „Überlebenskampf des Volkes" aufbringen würde. Darüber meinten die Verschwörer sich jedoch hinwegsetzen zu müssen angesichts der ungeheuerlichen Verbrechen des Regimes.

Attentat auf Hitler und Putschversuch

Trotz der Bündelung der Opposition war die Personaldecke des Widerstands dünn. Stauffenberg musste sowohl den Anschlag in Ostpreußen ausführen, als auch den Putsch in Berlin leiten. Dadurch ging wertvolle Zeit verloren, in der die Nachricht vom Überleben Hitlers Berlin erreichte, ehe das Unternehmen „Walküre" greifen konnte. Mit diesem Stichwort sollte die Festsetzung der Staats-, Polizei-, Partei- und SS-Führung ausgelöst und die Übernahme der Macht durch eine Regierung der Widerstandskämpfer eingeleitet werden. Wie Stauffenbergs Anschlag durch widrige Umstände scheiterte, so misslang in Berlin die Machtübernahme durch verspätetes Handeln. Ob entschlosseneres Vorgehen allerdings von Erfolg gekrönt gewesen wäre, scheint zweifelhaft, denn der nur leichtverletzte Hitler, auf den die Soldaten den Eid geleistet hatten, genoss in weiten Kreisen noch immer tiefe Verehrung. Gegen 23 Uhr war der Putsch endgültig gescheitert. Stauffenberg und drei Mittäter wurden standrechtlich erschossen, andere wie Tresckow nahmen sich in den nächsten Tagen das Leben, etwa 200 weitere wurden Opfer der Rachejustiz, 7000 Verdächtige festgenommen.

Weiße Rose

Was und ob sie etwas erreichen würden mit ihrem Widerstand, zählte für sie allenfalls in zweiter Linie; sie wollte Zeichen setzen: Um den Münchner Professor Kurt Huber sammelten sich 1942 Studenten, die mit Flugblättern gegen Terror und Verbrechen der Nazi-Regierung kämpften. Die Gruppe, zu deren Hauptakteuren Hans und Sophie Scholl gehörten, gab sich den Namen „Weiße Rose" und rief zu Sabotage und passivem Widerstand auf, um „den Nationalsozialismus so zu Fall zu bringen" und „eine Erneuerung des schwerverwundeten deutschen Geistes von innen her zu erreichen". Bei der Verteilung des letzten Flugblatts im Lichthof der Münchner Universität am 18.2.1943 wurden die Geschwister Scholl vom Hausmeister beobachtet und denunziert, was zu sofortiger Verhaftung und vier Tage später zum Todesurteil durch den eigens nach München gereisten Volksgerichtshof führte. Das letzte Flugblatt der Weißen Rose mahnte: „Der Tag der Abrechnung ist gekommen, der Abrechnung der deutschen Jugend mit der verabscheuungswürdigsten Tyrannis, die unser Volk je erduldet hat", und forderte die „Erkämpfung unserer freien Selbstbestimmung, ohne die geistige Werte nicht geschaffen werden können".

Er brüllte die der Täter- oder Mittäterschaft an der Verschwörung vom 20. Juli 1944 Angeklagten förmlich an den Galgen: Roland Freisler (Mitte mit Hitler-Gruß), Präsident des Volksgerichtshofs.

Der Luftkrieg – eine neue Dimension des Grauens

Die Leiden der Zivilbevölkerung (1939–1945)

In einem künftigen Waffengang würde die Entscheidung an der „dritten Front", in der Luft, fallen. Das war schon den Siegern des Ersten Weltkriegs klar. Sie untersagten den Besiegten die Luftrüstung, was aber bereits die Reichswehr durch Kooperation mit der Roten Armee zu umgehen verstand, ehe Hitler dann im Zuge seiner Revisionspolitik zu offenem Ausbau der Luftwaffe überging. Sie sollte Rückgrat seiner Strategie des Blitzkriegs werden, so dass der Aufbau einer strategischen Bomberwaffe versäumt wurde und in der Luftschlacht um England der erste schwere Rückschlag kam.

Terror gegen die Zivilbevölkerung

Hitler hatte in Warschau, Rotterdam und Coventry gezeigt, wozu die junge Luftwaffe auch zu nutzen war: zum Terror gegen die Zivilbevölkerung. In der Kriegsphase, da Deutschland den Kontinent beherrschte, schien auch den britischen Strategen dies der einzige Weg einer effektiven Kampfführung, bis dereinst der Krieg zu Lande nach einer Invasion würde beginnen können. Bis dahin sollte die Royal Air Force (RAF) mit Bombardements den kommenden Kriegsschauplatz „vorbereiten". Man kopierte Hitlers Rezept: wahllose Schläge gegen die Zivilbevölkerung.

Verlustreich und ineffektiv

Die Rechnung aber, man könne die Moral des Gegners dadurch brechen, ging weder hüben noch drüben auf. Aus Hitlers und Görings Misserfolg zogen die Gegner den Trugschluss, man müsse die Wucht der Angriffe eben nur vervielfachen. Mit „1000-Bomber-Schlägen" gegen die deutschen Großstädte setzte die RAF diese Strategie seit 1942 um. Ohne Erfolg, im Gegenteil: Sie kettete Führung und Volk fester aneinander und erschwerte dem deutschen Widerstand den Untergrundkampf. Als wenig später die US-Luftwaffe ins Geschehen eingriff, taktierte sie mit Punktangriffen auf Industrieziele und Verkehrswege bei Tage zwar psychologisch geschickter, doch ihre Wirkung blieb lange ebenfalls völlig unbefriedigend. Insgesamt forderte der Luftkrieg 40 000 Opfer in England und 600 000 in Deutschland, in der Mehrzahl alte Leute, Frauen und Kinder, über drei Millionen Wohnungen in den deutschen Städten wurden vernichtet, die Alliierten verloren 20 000 Flugzeuge und über 100 000 Mann fliegendes Personal. Den Krieg aber entschied nicht der Teppich-Terror der Bomber, sondern die alliierte Luftüberlegenheit über den Schlachtfeldern.

Dresden

Die wegen ihrer Schönheit und reichen Kunstschätze „Elb-Florenz" genannte Stadt Dresden hatte 1945 etwa 630 000 Einwohner, hinzu kamen mindestens ebenso viele Flüchtlinge aus Schlesien, die in der unzerstörten sächsischen Metropole („Reichsluftschutzkeller") Zuflucht gesucht hatten sowie Kriegsgefangene in Lagern am Stadtrand. Am 13./14.2.1945 griffen britische und amerikanische Bomberverbände mit insgesamt 1323 Maschinen an. In mehreren Wellen warfen sie 3749 t Bomben ab, die 13 Quadratkilometer Fläche, darunter die historische Altstadt mit architektonischen Kostbarkeiten wie Zwinger, Schloss und Hofkirche total zerstörten. Militärische Ziele von Bedeutung gab es in der Stadt nicht, sie war unverteidigt. Daher neben den gewaltigen Zerstörungen auch die ungeheure Zahl von Todesopfern: Bis zum 6.5.1945 waren 39 773 Tote identifiziert; zahllose Leichen namenloser Opfer waren zuvor auf riesigen Rosten verbrannt oder in Massengräbern beigesetzt worden, amtliche Schätzungen sprachen von 135 000 Toten, inzwischen jedoch wurden die abschließenden Zahlen auf 40 000 bis 60 000 Opfer korrigiert. Goebbels nutzte die Tragödie für seine Durchhaltepropaganda, und selbst im alliierten Lager regte sich Kritik an dem wahllosen Vernichtungswerk bei längst absehbarer deutscher Niederlage.

Symbol für das Inferno des Bombenkriegs: Von der schwer beschädigten Frauenkirche schaut der Engel über das Trümmermeer, das einmal Dresdens Altstadt war.

Millionen suchen Rettung im Westen

Flucht und Vertreibung (1945)

Flucht vor Rache? Nach dem Ende des Dritten Reiches wollte kaum jemand etwas von den Verbrechen gewusst haben, die in deutschem Namen im Osten verübt worden waren. Dass das nicht ganz stimmen konnte, belegte ein kollektives Drama gegen Ende des Krieges, das es so ohne ein diffuses Schuldgefühl und ohne Ahnung, dass die Wut der Roten Armee wohl nicht ganz unbegründet sein könnte, nicht gegeben hätte: Anders als im Westen packte im Osten die Deutschen Panik beim Näherrücken der Front. Aus Ostpreußen, Pommern und Schlesien flohen sie zu Millionen unter ständiger Lebensgefahr durch Kriegshandlungen, Frost und Hunger. Durch ihre Flucht schufen sie ungewollt die Voraussetzung für die von den Alliierten beschlossene Westverschiebung Polens, das damit für die von Stalin (gemäß Pakt mit Hitler) beanspruchten eigenen Ostgebiete entschädigt werden sollte.

Barbarische Methoden

Dennoch lebten bei Kriegsende noch weitere Millionen Deutsche in den genannten Provinzen. Sie wurden aus ihren Wohnungen gejagt, ausgeplündert, in Lagern zusammengepfercht, hinausterrorisiert oder kurzerhand in die sowjetische Besatzungszone Deutschlands deportiert. Zwar bestimmte das Potsdamer Abkommen (August 1945), dass die Aussiedlung in „geordneter und humaner Weise" zu geschehen habe, doch waren zu diesem Zeitpunkt schon die meisten Ostdeutschen zum Verlassen der Heimat gezwungen worden und das unter Umständen, die den barbarischen Methoden der deutschen Besatzer in den Ländern Europas kaum nachstanden.

„Wilhelm Gustloff"

Ursprünglich sollte es Hitlers Namen tragen, doch nach der Ermordung des Schweizer NS-Aktivisten Gustloff wurde das neue Fahrgastschiff der „Flotte des Friedens" von KdF beim Stapellauf am 5.7.1937 nach diesem benannt. Die „Wilhelm Gustloff" hatte 25 484 BRT, war 208,5 m lang und 23,5 m breit und bot mit ihren 10 Decks 417 Mann Besatzung und 1465 Passagieren Platz. Sie machte einige Kreuzfahrten und holte 1939 die Soldaten der Legion Condor nach Ende des Spanischen Bürgerkriegs zurück. Nach Kriegsausbruch wurde die „Gustloff" als Lazarettschiff eingesetzt und lag seit 1940 als Kasernenschiff in Gotenhafen (Gdingen). Trotz der Beschädigung durch Bombentreffer konnte das Schiff am 30.1.1945 mit 4974 Flüchtlingen und 1626 Soldaten und Besatzungsmitgliedern an Bord bei minus 18 Grad nach Kiel auslaufen. Um 21.08 Uhr von 3 Torpedos des sowjetischen U-Boots S 13 getroffen, sank die „Gustloff" innerhalb von 62 Minuten vor Stolpmünde. 5348 Menschen kamen in der eisigen See ums Leben, 1252 wurden gerettet.

Millionen zogen in den Westen

Von den insgesamt 19,7 Millionen Deutschen östlich der Oder-Neiße-Linie und in Ost- und Südosteuropa, kamen bis 1950 fast 12 Millionen nach Westdeutschland und 4,4 Millionen in die DDR (von wo sie meist als Sowjetzonenflüchtlinge nach Westen weiterzogen). Sie hatten fast ihre gesamte Habe verloren; 2 Millionen verloren auch ihr Leben während der Vertreibung, in der sich aufgestauter Hass entlud, aber auch planmäßig mit tödlicher Brutalität zur Abschreckung von Rückkehrwilligen vorgegangen wurde. In der Bundesrepublik erhielten die Vertriebenen durch Gesetz vom 19.5.1953 einen besonderen Rechtsstatus und Hilfen nach dem am 14.8.1952 erlassenen Lastenausgleichsgesetz; sie hatten schon 1950 in einer „Charta der Heimatvertriebenen" ausdrücklich auf Vergeltung verzichtet. Politisch bildeten sie dennoch lange ein Störpotenzial.

In endlosen Trecks flohen die Menschen 1945 aus dem deutschen Osten. Wer einen Platz auf einem Wagen ergattern konnte, war noch gut dran. Die meisten marschierten Hunderte von Kilometern zu Fuß, wurden von russischen Panzern überholt, erfroren oder blieben am Wegesrand sterbend liegen.

Totale Niederlage im Totalen Krieg

Die bedingungslose Kapitulation am 8. Mai 1945

Ziel Berlin: Im Januar 1943 stimmten in Casablanca US-Präsident Roosevelt und der britische Premierminister Churchill ihr weiteres militärisches und politisches Vorgehen gegen die Achsenmächte ab. Am 24.1.1943 verkündete Roosevelt, Ziel der alliierten Kriegführung sei die „Bedingungslose Kapitulation" (Unconditional Surrender) der Gegner, also nicht nur die militärische Übergabe, sondern auch die staatlich-politische Kapitulation. Dass ein jahrhundertealter Staat, ja eine einstige Großmacht zur Selbstaufgabe gezwungen werden sollte, war ohne Beispiel. Stalin, der wegen des Endkampfes um Stalingrad an der Konferenz nicht hatte teilnehmen können, stimmte diesem Kriegsziel am 1.5.1943 ausdrücklich zu, wich aber bei der Eroberung der deutschen Satellitenstaaten Rumänien, Bulgarien u.a. ebenso davon ab wie die Westmächte beim Ausscheiden Italiens aus dem Krieg.

Teilkapitulation

Dem Deutschen Reich gegenüber aber blieb die Forderung uneingeschränkt gültig, Hitlers Nachfolger Dönitz fand allerdings ein Schlupfloch gegenüber den Westmächten: Die Alliierten hatten die bloß militärische Waffenstreckung von einzelnen Wehrmachteinheiten ausdrücklich vorgesehen, so dass am 2.5.1945 die Heeresgruppe C in Oberitalien, am 5.5. die deutschen Streitkräfte in Westholland, Nordwestdeutschland und Dänemark sowie am 6.5. die Heeresgruppe G in Süddeutschland und Österreich die Feindseligkeiten einstellen konnten, noch ehe die in Reims am 7.5. vor den Westmächten und Berlin-Karlshorst vor der Roten Armee am 9.5. unterzeichnete Bedingungslose Kapitulation am 8.5. um 23.01 Uhr (nach deutscher Sommerzeit am 9.5. um 0.01 Uhr) in Kraft trat. Damit hatte Dönitz wichtige Tage gewonnen, in denen noch fast 1,8 Millionen Soldaten und über 1 Million Zivilisten vor der Roten Armee hinter die angloamerikanischen Linien hatten gerettet werden können. Vollendet war die politische Bedingungslose Kapitulation schließlich mit der Verhaftung der Reichsregierung am 23.5. und der sog. Junideklaration vom 5.6.1945, mit der die Siegermächte die gesamte „höchste Autorität hinsichtlich Deutschlands" übernahmen. Die alliierte Strategie des „total victory" hatte sich als höchst problematisch erwiesen, weil sie Volk und NS-Führung fester aneinander band und die Lage des deutschen Widerstands entscheidend verschlechterte. Die NS-Propaganda schlachtete die Forderung nach bedingungsloser Übergabe zudem zu Durchhalteparolen aus und begründete damit das Konzept des Totalen Kriegs.

Potsdamer Abkommen

Das Abschlusskommuniqué der Konferenz der Regierungschefs der „Großen Drei" USA (Truman), UdSSR (Stalin) und Großbritannien (Churchill, später Attlee) in Potsdam vom 17.7. bis 2.8.1945 hatte Vertragscharakter: Es regelte die Behandlung des besiegten Deutschlands und bestimmte: 1. Entmilitarisierung; 2. Auflösung der NSDAP und Entfernung aller ihrer Mitglieder aus öffentlichen Ämtern, Aburteilung der Kriegsverbrecher; 3. Demokratisierung; 4. Dezentralisierung der deutschen Verwaltung. – Wirtschaftliche Beschlüsse: 1. Verbot der Rüstungsproduktion; 2. Demontage von Produktionsanlagen; 3. Förderung einer Friedensindustrie; 4. alliierte Kontrolle der Wirtschaft; 5. Wiederaufbau; 6. Behandlung Deutschlands als wirtschaftliche Einheit; 7. Entschädigungszahlungen. – Gebietsveränderungen (vorbehaltlich einer endgültigen friedensvertraglichen Regelung): 1. Übergabe von Nord-Ostpreußen an die UdSSR; 2. Unterstellung der anderen Gebiete östlich der Oder-Neiße-Linie unter polnische Verwaltung; 3. Ausweisung der deutschen Bevölkerung aus Osteuropa und den deutschen Ostgebieten.

Zeichen des völligen Zusammenbruchs: Rotarmisten beim Hissen der Sowjetfahne auf dem Reichstagsgebäude (Hinterfront nach Osten) am 2. Mai 1945.

Nürnberger Prozesse

Kriegsverbrecher vor Gericht der Alliierten (1945 –1949)

Deutschland am internationalen Pranger: Dass die führenden Männer des Dritten Reiches nach dem Sieg abgeurteilt werden sollten, wurde schon auf den alliierten Konferenzen in Teheran (Dezember 1943) und Jalta (Februar 1945) beschlossen. In Nürnberg kam es daher seit Herbst 1945 zu insgesamt 13 Verfahren gegen die wichtigsten NS-Persönlichkeiten aus Politik, Wirtschaft, SS, Polizei, Ärzteschaft und Wehrmacht vor dem Internationalen Militär-Tribunal (IMT). Im Mittelpunkt als eigentlicher Nürnberger Prozess stand das Verfahren gegen Göring und 23 weitere Hauptkriegsverbrecher sowie sechs Organisationen; Anklagepunkte: Verbrechen gegen den Frieden (Planung und Führung eines Angriffskriegs), Kriegsverbrechen, Verbrechen gegen die Menschlichkeit und Mitgliedschaft in verbrecherischen Organisationen.

Die Urteile

Am 6.10.1945 wurde Anklage erhoben, am 20.11.1945 begann der Prozess und am 1.10.1946 ergingen die Urteile: Zwölfmal Todesstrafe (Bormann in Abwesenheit, Frank, Frick, Göring, Jodl, Kaltenbrunner, Keitel, Ribbentrop, Rosenberg, Sauckel, Seyß-Inquart, Streicher), dreimal lebenslänglich (Funk, Heß, Raeder) und vier zeitige Haftstrafen (Dönitz, Neurath, Schirach, Speer), drei Freisprüche (Papen, Fritzsche, Schacht). Außer Göring (Giftselbstmord) und Bormann (verschollen) wurden alle zum Tod verurteilten Täter am 16.10.1946 hingerichtet.

Keine Vorbildwirkung

In den übrigen Nürnberger Prozessen wurde gegen 185 Personen Anklage erhoben und gegen 177 seit 9.12.1946 verhandelt, letztes Urteil am 11.4.1949: Insgesamt wurden 24 Todesurteile, 20 lebenslängliche und 98 zeitige Haftstrafen verhängt; es ergingen 35 Freisprüche. Zahlreiche Strafen wurden durch Gnadenerlass des US-Hochkommissars am 31.1.1951 herabgesetzt. Die Nürnberger Prozesse sind vielfach als „Sieger-Justiz" kritisiert worden, vor allem weil deutsche Richter ausgeschlossen waren, weil Straftatbestände rückwirkend eingeführt wurden (z.B. Verbrechen gegen den Frieden) und weil alliierte Kriegsverbrechen ausgeklammert blieben. Die erhoffte Vorbildwirkung der Nürnberger Prozesse bei kriegerischen Verwicklungen in der Folgezeit blieb aus; erst für Verbrechen während des seit 1990 in Jugoslawien tobenden Bürgerkriegs wurden wieder Gerichtsverfahren vor einem internationalen Tribunal in Den Haag durchgeführt.

Besatzungszonen

Schon auf der Konferenz von Teheran Ende 1943 einigten sich die Alliierten auf eine Teilung Deutschlands. Im September 1944 legte ihre Europäische Beratende Kommission (EAC, European Advisory Comission) drei Besatzungszonen fest, aus denen auf der Konferenz von Jalta im Februar 1945 durch Aufnahme Frankreichs unter die Siegermächte vier Zonen wurden. Nach endgültiger Abgrenzung im Juli 1945 besetzten Truppen der Roten Armee Brandenburg, Mecklenburg, Sachsen, Sachsen-Anhalt und Thüringen. Die Amerikaner übernahmen Bayern, Hessen, Württemberg-Baden und Bremen. Britisch wurden Schleswig-Holstein, Hamburg, Niedersachsen und Nordrhein-Westfalen, während Rheinland-Pfalz, Württemberg-Hohenzollern und Baden französische Zone wurden. Berlin wurde in vier Sektoren aufgeteilt; Österreich und Wien teilte man in ähnlicher Weise. Am 1.1.1947 bildete sich aus der amerikanischen und der britischen Zone die Bizone, aus der im April 1949 durch Beitritt der französischen Zone die Trizone wurde, Vorstufe der im September 1949 entstehenden Bundesrepublik Deutschland. Aus der sowjetischen Zone entstand vier Wochen später die DDR.

Anklagebank im Prozess gegen die Hauptkriegsverbrecher; vorn ganz links Hermann Göring als Angeklagter Nr. 1, weil früher zweiter Mann nach Hitler im Dritten Reich.

Vertiefung der deutschen Teilung

Die Berlin-Blockade (1948/49)

Fliegen für die Freiheit: Nachdem alle Kompromissversuche gescheitert waren und die Westmächte Moskau mitgeteilt hatten, dass sie die Währungsreform auch in ihren Sektoren Berlins durchführen würden, verließ am 16.6.1948 der sowjetische Vertreter die Alliierte Kommandantur. Am 24.6. gingen rund um Berlin und an den Grenzen der sowjetischen Besatzungszone die Schlagbäume herunter und versperrten Land- und Wasserwege in die noch schwer unter den Kriegfolgen leidende Millionenstadt. Sie sollte durch diese Blockade ausgehungert werden. Es gelang jedoch, diesen Plan durch eine beispiellose Luftoperation zu durchkreuzen, und der dabei bewiesene Durchhaltewillen der Berliner Bevölkerung verschaffte den Deutschen sogar erstmals einen Sympathierückgewinn. Mit der Aufhebung der Berlin-Blockade nach fast elf Monaten am 12.5.1949 gestand der sowjetische Diktator Stalin ein, dass sein Versuch einer gewaltsamen Lösung der deutschen Frage gescheitert war. Die Teilung Berlins und Deutschlands aber hatte sich weiter vertieft.

Um ein Haar ein neuer Krieg

Die Blockade-Maßnahmen der sowjetischen Besatzungsmacht als Reaktion auf den währungspolitischen Alleingang der Westmächte hätten 1948/49 um ein Haar zu einem neuen Krieges geführt: Es wurde von Seiten der Westalliierten zunächst erwogen, den Landweg nach Westberlin zu erzwingen, da es anders aussichtslos erschien, die Versorgung der ohnedies darbenden Stadt sicherzustellen. Lebensmittel-, Kohle- und Stromlieferungen aus dem Osten hatten abrupt aufgehört, die Transitwege wurden von sowjetischen Panzern kontrolliert. Erst allmählich setzte sich die Idee durch, mit einer Luftbrücke der Blockade zu begegnen. Ohne Risiko war auch diese Lösung nicht, denn auch dagegen hätten die Sowjets militärisch Front machen können. Allerdings hätte in solchem Fall die Verantwortung für die dann unausweichliche Eskalation bei ihnen gelegen.

Selbstloser Einsatz

Auf jeden Fall ließ sich mit einer Luftbrücke testen, wie ernst es Moskau mit dem Anschlag auf den freien Teil Berlins war. Die größte Operation der noch jungen Luftfahrtgeschichte setzte schon am 26.6.1948 ein: In über 62 000 Flügen (alle 2-3 Minuten eine Landung) transportierten 150 britische und 220 amerikanische Maschinen im Pendelverkehr anderthalb Millionen Tonnen Lebensmittel, Brennstoffe und andere Versorgungsgüter bis zum Ende der Blockade nach Berlin, 88 alliierte Flieger verloren dabei ihr Leben. Ein Denkmal vor dem Flughafen Tempelhof – „Hungerkralle" genannt – erinnert an sie und ihren selbstlosen Einsatz.

Demontage

Reparationen wie nach dem Ersten Weltkrieg sollte es nach 1945 nicht geben. Stattdessen wollten sich die Siegermächte an deutschen Industrieanlagen schadlos halten. In Jalta (Februar 1945) beschlossen sie die völlige Beseitigung der deutschen Rüstungsindustrie, die internationale Kontrolle von Ruhr- und Saargebiet und eine umfangreiche Wiedergutmachung durch Sachleistungen. Danach sollte die deutsche Industrie auf das Niveau von 1932 zurückgeführt werden, was darüber lag, verfiel der Demontage (Abbau) durch die jeweilige Besatzungsmacht, wobei die UdSSR wegen des geringeren Industrieniveaus ihrer Zone noch zehn Prozent der westlichen Demontagen erhalten sollte. In einem Level-of-Industry-Plan vom 26.3.1946 wurde die Demontage von 1636 Betrieben vorgesehen, was bei sich verschärfendem Ost-West-Konflikt für die Westzonen auf 682 Betriebe (Niveau von 1936) abgemildert wurde.

Begeistert begrüßten die Berliner die „Rosinenbomber", wie sie die Transportflugzeuge nannten, die während der Blockade 1948/49 die Stadt versorgten.

Neues Geld

Währungsreform (1948) und wirtschaftlicher Aufschwung

Sollte sich die deutsche Wirtschaft nach dem Zusammenbruch von 1945 erholen, musste das Verhältnis von Warenangebot und Geldmenge wieder in Balance gebracht werden. Das Dritte Reich hatte den Krieg nämlich mittels Notenpresse und zurückgestauter Inflation finanziert. Das Geld verlor nach Ende des Staates rapide an Wert, die Waren verschwanden vom Markt und tauchten vielfach überteuert auf dem Schwarzmarkt (Kasten) wieder auf. Da eine gesamtdeutsche Lösung des Problems nicht gelang, stellten sich die westlichen Siegermächte auf eine Währungsreform in ihren Zonen ein und begannen im Oktober 1947 mit dem Druck neuen Geldes in den USA, das in Geheimtransporten nach Frankfurt gebracht wurde. Eine deutsche Expertenkommission erarbeitete seit 20.4.1948 die Details für die Geldausgabe. Der Termin dafür blieb bis zuletzt geheim; erst zwei Tage vor dem Stichtag des 20.6.1948 wurde er veröffentlicht.

An diesem Sonntag erhielten den Bewohner der Westzonen ein Kopfgeld von 40 Deutschen Mark (DM), wie die neue Währung hieß, im August folgten noch einmal DM 20.- für jeden. Die Gehälter und Renten liefen im Verhältnis 1:1 weiter, Guthaben wurden im Verhältnis 100 RM : 6,50 DM umgestellt. Während damit die Sparer schwere Einbußen hinnehmen mussten, wurden Eigentümer von Immobilien, Anlagen oder Wertgegenständen bevorzugt, was insbesondere die Flüchtlinge noch einmal empfindlich traf. Spätere Korrekturen – z.B. durch das Altsparergesetz von 1953 – linderten das kaum. Alle aber profitierten vom schlagartigen Aufschwung der Wirtschaft nach der Währungsreform.

Kaum Aufschwung im Osten

Das neue Geld teilte Deutschland endgültig, denn zum einen zogen die Sowjets in ihrer Zone mit einer eigenen Geldumstellung nach, zum anderen blieb im Osten der Aufschwung weitgehend aus. Das Wohlstandsgefälle von West nach Ost bedrohte die politische Stabilität der sowjetischen Besatzungszone und verschärfte die Konfrontation der Blöcke. Sie war in Berlin am deutlichsten spürbar, weil dort die Kommandanten der Westsektoren die westliche Währungsreform übernahmen und die östliche Umstellung zurückwiesen. Sie ähnelte zwar den westlichen Maßnahmen, doch begünstigte sie die kleinen Anleger, behielt Altschulden 1:1 bei und wandelte größere Guthaben der Privatwirtschaft in eine Ablösungsanleihe um. Dadurch wurde den Unternehmern im Sinne der geplanten Sozialisierung der Handlungsspielraum genommen und die Produktion gehemmt.

Schwarzmarkt

Die Rationierung von Waren bei Warenknappheit in Notzeiten und gleichzeitigem Geldüberhang ruft stets erfindungsreiche Händler auf den Plan, die die begehrten Güter „organisieren" und zu weit überhöhten Preisen unter der Hand verkaufen. Ansätze eines solchen schwarzen Markts bildeten sich schon im Krieg und entwickelten sich in der Not der ersten Nachkriegszeit zu einer regelrechten Schattenwirtschaft, in der amerikanische Zigaretten die Leitwährung wurden. Die Schwarzmarktzeit war gekennzeichnet von Razzien, groß angelegten Raubzügen, schnell wachsenden Vermögen von Schiebern, Ausplünderung der Flüchtlinge, Hamsterfahrten aufs Land zur Ergatterung von Lebensmitteln, florierendem Tauschhandel, Prostitution und wachsender (Beschaffungs-)Kriminalität. Versuche der Besatzungsbehörden und deutscher Stellen zur Eindämmung oder Austrocknung des Schwarzmarkts blieben solange erfolglos, wie Angebot und Nachfrage in krassem Missverhältnis standen. Erst mit der Geldabschöpfung durch die Währungsreform 1948 setzte sich wieder der reguläre Markt durch.

Zwei solche Scheine erhielt jeder Westdeutsche am 20. Juni 1948; im September bekamen alle einen weiteren. Wie durch Zauberhand gab es plötzlich Waren aller Art, die vorher wie vom Markt gefegt gewesen waren.

Zwei deutsche Staaten

BRD unter Adenauer, DDR unter Pieck und Grotewohl (1949)

In den Ländern der Westzonen (außer dem Saarland, das noch bis 1955 unter französischer Verwaltung stand) gab es schon demokratisch gewählte Regierungen. Noch während der Berlin-Blockade berieten deren Ministerpräsidenten über den Weg zu einem deutschen Staat und beschlossen die Einberufung eines Parlamentarischen Rates – man sagte mit voller Absicht nicht „Nationalversammlung“ – aus Delegierten der Länderparlamente. Er sollte ein Grundgesetz – der Begriff „Verfassung“ wurde ausdrücklich vermieden – ausarbeiten. Es kam nach monatelangen Beratungen und manchem Konflikt mit den Alliierten am 23. Mai 1949 zustande und ermöglichte die ersten Wahlen zum Bundestag am 14.8., die die CDU/CSU sehr knapp vor der SPD gewann.

Adenauer erster Regierungschef

Die „Union“ war eine neuentstandene christliche Partei, die die Lehre aus der konfessionellen Zersplitterung vor 1933 zog und nicht nur wie das Zentrum Katholiken, sondern auch Protestanten eine politische Heimat bot. Sie bildete eine Koalition mit den Liberalen der Freien Demokratischen Partei (FDP) und der konservativen Deutschen Partei (DP) und wählte den rheinischen CDU-Politiker Konrad Adenauer am 15. September 1949 zum ersten Bundeskanzler der Bundesrepublik Deutschland (inoffizielle Abkürzung: BRD). Sie definierte sich als Rechtsnachfolgerin des Deutschen Reiches und erhob einen Alleinvertretungsanspruch für ganz Deutschland.

Etablierung der DDR

Wenn schon der Einfluss auf Gesamtdeutschland dahin war, dann wollte Sowjet-Diktator Stalin seinerseits auch den der Westmächte auf seinen deutschen Machtbereich einschränken und steuerte seinerseits auf einen eigenen deutschen Teilstaat zu. Auf seine Weisung bildete sich 1946 die Sozialistische Einheitspartei Deutschlands (SED) durch Zwangsvereinigung der Kommunistischen (KPD) mit der Sozialdemokratischen Partei Deutschlands (SPD) in der sowjetischen Besatzungszone. Sie setzte am 30.11.1948 einen Gegenmagistrat im Ostteil Berlins ein und bestimmte einen „Volksrat“, der die Verfassung der Deutschen Demokratischen Republik (DDR) mit „antifaschistisch-demokratischer Ordnung“ ausarbeitete.

Auch sie sah Wahlen vor, doch konnte die ostdeutsche Bevölkerung im Mai 1949 nur noch über eine Einheitsliste für einen „Volkskongress“ entscheiden. Als sich dennoch eine Ablehnung abzeichnete, erging die Weisung, die große Zahl der ungültigen Stimmen als Ja-Voten zu werten. Am 7.10.1949 trat dieses „Parlament“ zusammen, nannte sich „Volkskammer“ und bildete eine Regierung: Präsident der neuen DDR wurde der Kommunist Wilhelm Pieck, Ministerpräsident der einstige SPD-Mann Otto Grotewohl. Doch die wirkliche Macht lag bei SED-Chef Walter Ulbricht und dem Politbüro.

Demarkationslinie

Provisorische Grenzlinien zwischen Ländern oder anderen Herrschaftsgebieten, die noch nicht völkerrechtlich als Staatsgrenze anerkannt sind, werden als Demarkationslinien bezeichnet. Im Londoner Protokoll der Alliierten vom 12.9.1944 wurden solche Linien zwischen den künftigen Besatzungszonen in Deutschland festgelegt und mit dem 3.7.1945 wirksam. Vor allem die Demarkationslinie zwischen den Westzonen und der sowjetischen Besatzungszone (SBZ) entwickelte sich durch Befestigung von östlicher Seite aus zu einem immer dichteren Eisernen Vorhang über eine Länge von 1346 Kilometer. Die DDR bezeichnete sie in ihrem Bestreben nach Anerkennung seit 16.11.1957 als „Staatsgrenze West“, während im Westen weiter von Zonengrenze oder Demarkationslinie gesprochen wurde.

Unter Wahlen verstand man in beiden Teilen Deutschlands höchst Unterschiedliches: Im Westen herrschte freier Wettbewerb der Parteien, im Osten konnte nur eine Einheitsliste abgenickt werden.

Volksdemokratische Panzer

Die Niederschlagung des Volksaufstandes am 17. Juni 1953

Die DDR kam nach der Gründung wirtschaftlich nicht auf die Beine. Das lag nicht zuletzt an der Massenflucht in den Westen, die wiederum nicht zuletzt wirtschaftliche Gründe hatte. Im Januar 1953 verließen 20 000, im Februar 24 000 und im März 51 000 Ostdeutsche ihre Heimat. Daran änderte sich auch nichts, als am 5.3.1953 Stalin starb. Zwar mahnten die Nachfolger die Ostberliner Führung zur Mäßigung beim Aufbau des Sozialismus. Die SED aber machte den Kurswechsel zunächst nicht mit, sondern versuchte die Schwierigkeiten durch Erhöhung der Arbeitsnormen zu bewältigen. Erst auf direkte Weisung aus dem Kreml warf SED-Chef Ulbricht am 9. Juni das Ruder herum und ließ erklären, dass die Regierung „eine Reihe von Fehlern" begangen habe. Die Korrektur aber bestand nur in Preissenkungen und vagen Versprechungen.

Ausnahmezustand in Berlin

Am 17. Juni traten daraufhin die Bauarbeiter der Stalinallee in den Streik und zogen demonstrierend durch die Straßen in ganz Berlin. Der Rundfunk im amerikanischen Sektor (RIAS) strahlte eine Resolution der Streikenden aus. Die Unruhen griffen ins Umland aus und erfassten schließlich die ganze DDR. In 270 Orten gingen die Menschen auf die Straße und mehr und mehr auch zu Angriffen auf Symbole des verhassten Systems über: Sowjetsterne wurden abmontiert, politische Gefangene befreit, Stasi-Zentralen gestürmt. Erst allmählich formierte sich die Gegenwehr der Staatsführung. Nachdem schon am Nachmittag des 17. russische Panzer aufgefahren waren, verschärfte sich die Lage am 18. rasch. Gegen 13 Uhr verkündete der sowjetische Stadtkommandant von Berlin den Ausnahmezustand. Panzer fuhren in Menschengruppen hinein, auf Demonstranten wurde das Feuer eröffnet, befehlsverweigernde Volkspolizisten ließ man standrechtlich erschießen. Offiziell wurde später von 4 getöteten Polizisten und 21 zivilen Opfern gesprochen, doch lagen die Opferzahlen eher zwischen 300 und 400.

> *Volksdemokratie*
>
> *Das aus dem Griechischen stammende Wort „Demokratie" bedeutet Volksherrschaft. In den nach dem Zweiten Weltkrieg im Zuge der Bolschewisierung kommunistisch gewordenen Ländern bildete sich die Selbstbezeichnung „Volksdemokratie" für die eigene Staatsform; es wurde also der Volksanteil im Begriff verdoppelt. Man wollte damit betonen, dass die bürgerlichen Demokratien die Herrschaft des Volkes nicht verwirklicht hätten, während die Diktatur des Proletariats damit ernstgemacht habe. Die auch als „Volksrepubliken" bezeichneten Ländern seien im Aufbau des Sozialismus begriffen unter Führung der Partei der Arbeiterklasse. Formal gab es zwar weiter meist mehrere Parteien, doch sorgte das Blocksystem dafür, dass jede Opposition ausgeschaltet, weil etwa in der DDR in der Nationalen Front gleichgeschaltet war. Die Volksdemokratie war daher in der Praxis die Diktatur einer Partei und nicht selten die persönliche Diktatur eines Parteichefs.*

Mahnung zur deutschen Einheit

Da eine zentrale Lenkung entgegen offiziellen DDR-Verlautbarungen – sie sprachen von „westdeutschen Provokateuren" – fehlte, verpuffte der Aufstand allmählich. Tatsächliche und angebliche „Rädelsführer" gerieten in die Mühlen einer gnadenlosen Justiz, die gegen 1152 Personen über 4000 Jahre Haft verhängte. Das stalinistische Regiment wurde zwar in Zuge des allgemeinen „Tauwetters" auch von Ostberlin gelockert, aber am System änderte sich nichts, an der schlechten wirtschaftlichen Lage wenig. Der Aufstand blieb jedoch als Appell und Erinnerung lebendig. In der Bundesrepublik wurde der 17. Juni bis 1990 als Nationalfeiertag und „Tag der deutschen Einheit" begangen.

Mit dem Mut der Verzweiflung stürzten sich DDR-Bürger am 17. Juni 1953 in den Kampf gegen die Staatsmacht, die ihr Überleben allein sowjetischen Panzern verdankte.

Strandgut des Krieges

Tod, Elend und Rückkehr der Kriegsgefangenen (1940/50er Jahre)

Während sich die überlebenden Deutschen in der Heimat an den Wiederaufbau machten, mussten viele Kriegsgefangene noch Jahre auf ihre Entlassung warten. Die Westmächte behandelten ihre Gefangenen (etwa 7,75 Millionen) in der Regel korrekt gemäß Genfer Konvention, nur in der Phase unmittelbar vor der Kapitulation der Wehrmacht, als die Gräuel in den deutschen KZ ans Licht kamen, gab es Übergriffe. Nach Kriegsende bereitete die Masse der Kapitulationsgefangenen Probleme bei ihrer Versorgung. Zeitweise mussten Hunderttausende deutscher Gefangener unter freiem Himmel bei kargen Rationen kampieren. Während die meisten Westgefangenen rasch freikamen, mussten rund 700 000 von den USA an Frankreich übergebene deutsche Soldaten noch viele Monate im Bergbau und beim Minenräumen arbeiten.

Deutsche Soldaten in sowjetischem Gewahrsam

Weit härter, wenn auch nicht ganz so hart wie die Russen in deutscher Gefangenschaft, traf das Schicksal die deutschen Soldaten in sowjetischem Gewahrsam. Die UdSSR hatte die Genfer Konvention nicht ratifiziert, bot aber am 17.7.1941, also drei Wochen nach dem deutschen Überfall ihre Beachtung auf Gegenseitigkeit an. Da Berlin nicht reagierte und bald bekannt wurde, dass gefangene Rotarmisten in deutscher Hand zu Hunderttausenden verhungerten, an Seuchen starben oder summarisch erschossen wurden, sah sich auch Moskau nicht an das Angebot gebunden. Von den in den ersten beiden Jahren des Russlandfeldzugs gefangenen deutschen Soldaten kamen über 90 Prozent um. In den Lagern starben bei entsetzlichen Zuständen insgesamt 1 094 250 deutsche Gefangene (von 3,35 Millionen), viele davon als willkürlich verurteilte „Kriegsverbrecher" bei der Zwangsarbeit in Sibirien.

Lastenausgleich

Krieg und Kriegsfolgen trafen alle Deutschen schwer, am meisten Lasten aber mussten die Opfer von Flucht und Vertreibung tragen, die Heimat, Habe und Kultur verloren hatten. Die materiellen Schäden sollten in der Bundesrepublik im zumutbaren Rahmen gemeinschaftlich ausgeglichen werden, wozu am 8.8.1949 zunächst das Soforthilfegesetz und am 14.8.1952 das Lastenausgleichsgesetz in Kraft traten. Beide schufen durch Einführung von Soforthilfe oder Lastenausgleichsabgabe die finanzielle Grundlage für die Entschädigung von verlorenem Vermögen je nach Schadenshöhe und Bedürftigkeit des Antragstellers. Zu den Entschädigungsberechtigten gehörten Vertriebene und Aussiedler aus Ost- und Südosteuropa sowie Flüchtlinge aus der SBZ/ DDR. Die Zahlungen erfolgten als Hauptentschädigung, Kriegsschadensrente, Hausrats- oder Sparerentschädigung, Aufbaudarlehen. Bis Ende 1994 wurden über 141 Milliarden Mark ausgezahlt.

Freilassung der letzten Gefangenen

Die hohe Todesrate lag auch an der oft enormen Dauer der Gefangenschaft: Erst beim Besuch Adenauers in Moskau im September 1955 konnte die Freilassung der letzten Gefangenen gegen die Aufnahme diplomatischer Beziehungen ausgehandelt werden. Diese Spätheimkehrer hatten es besonders schwer, wieder in ein normales Leben und zu einem gedeihlichen Miteinander mit ihren Familien zu finden. Und schwer hatte es auch die Bundesrepublik der ersten Jahre mit den Massen an Heimkehrern überhaupt, die fast alle in den Westen wollten und zum Strom der DDR-Flüchtlinge hinzu kamen. Mit einem Heimkehrergesetz (HKG) vom 19.6.1950 und dem Kriegsgefangenen-Entschädigungsgesetz (KgfEG) vom 2.2.1954 wurden die dringlichsten Fragen geregelt.

Beim Eintreffen von Heimkehrerzügen im Lager Friedland immer das gleiche Bild: Mütter und Ehefrauen suchten mit Schildern nach ihren Söhnen und Ehemännern. Vielleicht wusste ja ein Kamerad etwas, oder der Soldat war sogar selbst im Transport? Die meisten warteten vergeblich.

Unbeirrt auf Westkurs

Die Politik Konrad Adenauers (1949–1963)

Ein zertrümmertes, gespaltenes, von Flüchtlingen überschwemmtes, gedemütigtes, hungerndes Land zu regieren und das noch unter ständiger Aufsicht zutiefst misstrauischer Besatzer – wahrlich kein Traumjob. Konrad Adenauer, mit 73 Jahren erster Regierungschef der Bundesrepublik geworden, trat die Flucht nach vorn an – in die Arme seiner Aufseher. Dabei musste ihm klar sein, dass die Westmächte ein Gesamtdeutschland nur sehr bedingt wollten, dass ihn also ihre Freundschaft wohl der Freiheit, kaum aber der Einheit näher bringen würde und dass sein Westkurs mithin zur „Niewiedervereinigung" führen könnte.

Pariser Verträge

Zur Eingliederung der Bundesrepublik in das Bündnissystem des Westens wurde ein Bündel von Abkommen beschlossen, die gemeinsam als Pariser Verträge am 24.10.1954 unterzeichnet wurden: Zwischen der Bundesrepublik und den Westmächten ausgehandeltes Protokoll über die Beendigung des Besatzungsregimes in Deutschland; Truppenvertrag über die Stationierung und Finanzierung alliierter Streitkräfte in Deutschland; deutsch-französisches Abkommen über die Saar (nicht ratifiziert); Protokolle zur Gründung der Westeuropäischen Union (WEU), mit denen die Voraussetzungen für den NATO-Beitritt der Bundesrepublik geschaffen wurden. Mit Inkrafttreten der Pariser Verträge erlangte die Bundesrepublik ihre Souveränität, die freilich bis 1990 durch alliierte Vorbehaltsrechte, insbesondere bezüglich Berlin, Wiedervereinigung und Friedensvertrag eingeschränkt blieb.

Der Kalte Krieg

Er nahm das offenbar billigend in Kauf und befand sich dabei mit dem Zeitgeist in schönster Übereinstimmung. Zu einen wollten wohl auch die Sowjets trotz mancher Planspiele kein geeintes Deutschland, zum anderen entbrannte der Kalte – in Korea und anderswo auch mal heiße – Krieg, so dass an Dialog nicht zu denken war, von regelrechten Friedensverhandlungen ganz zu schweigen. Und wenn die Freunde kämpfen, kann der frisch gewonnene Bundesgenosse nicht gut beiseite stehen. Das jedenfalls meinte Adenauer, als er die Debatte über einen deutschen Wehrbeitrag entfesselte.

Motor der europäischen Einigung

Man macht sich kaum noch einen Begriff von dem Schock bei Freund und Feind und schon gar daheim, als der eben erst für immer beerdigte Landser sich wieder zu regen begann. Noch schmachteten zigtausende in sowjetischen Gefangenenlagern, eben noch sollte „jedem Deutschen die Hand abfallen", der wieder ein Gewehr anfasste, da war das „Verbrechervolk im Herzen Europas" (alliierte Kriegspropaganda) wieder gut genug als Kanonenfutter. Und das jetzt, da das Leben in „Wirtschaftswunder"-Deutschland wieder lichtere Seiten zeigte, sich wieder lohnte?

Das aber gerade wurde zum Stolperstein der Bewaffnungsgegner: Die Angst vor den Kommunisten war stärker. Außerdem versüßten die Westmächte den Eintritt in den Nordatlantikpakt (NATO) durch einen Schuss Selbstbewusstsein. Sie gewährten 1955 der Bundesrepublik die Souveränität. Die Bundesrepublik wurde zum Motor der europäischen Einigung, die nach Anfängen in der Montanunion 1957 mit dem Abschluss der römischen Verträge und der Bildung der EWG entscheidend vorankam. Großen Anteil daran hatte das immer engere Verhältnis Bonn–Paris; Adenauer fand in de Gaulle seit 1958 einen versöhnungsbereiten Partner. Der deutsch-französische Freundschaftsvertrag vom 22.1.1963 bildete Krönung und Abschluss des politischen Werks Adenauers, der im gleichen Jahr 87-jährig zurücktrat.

Er stand für Stabilität und Prosperität: Konrad Adenauer war der Haupttrumpf von CDU/CSU. Als einziger Kanzler der Republik gewann er für die Union 1957 die absolute Mehrheit im Bundestag.

Gast oder Fremder?

Der Wirtschaftsboom braucht Gastarbeiter (1955–1973)

Arbeiter gesucht. Das so genannte Wirtschaftswunder, also die steile ökonomische Erholung Westdeutschlands, zehrte die durch Umsiedler, Vertriebene, Flüchtlinge und andere nach 1945 entstandene Reserve an Arbeitskräften rasch auf, so dass sich schon 1955 ein empfindlicher Mangel bemerkbar machte. Er verschärfte sich durch den Aufbau der Bundeswehr und das Versiegen des Zustroms von Menschen aus der DDR nach dem Bau der Berliner Mauer. Die Bundesanstalt für Arbeit verstärkte daher insbesondere in den südeuropäischen Ländern und in der Türkei die schon Mitte der 1950-er Jahre angelaufenen Bemühungen um Anwerbung von ausländischen Arbeitnehmern, die in Abgrenzung zum NS-Begriff „Fremdarbeiter" als „Gastarbeiter" bezeichnet wurden.

Anwerbung von ausländischen Arbeitnehmern

Man setzte sie in erster Linie für untergeordnete Tätigkeiten ein, für die deutsche Arbeitnehmer immer schwerer zu bekommen waren, aber auch als besonders leistungsbereite Schwerarbeiter. Formal arbeitsrechtlich den deutschen Kollegen gleichgestellt, versicherungs- und steuerpflichtig wie sie, wurden und werden Gastarbeiter in der Praxis wegen schlechterer Ausbildung und wegen ihrer Sprachschwierigkeiten zuweilen diskriminiert, was vor allem Nicht-Europäer und besonders südländisch aussehende Menschen trifft.

Asyl

Während der NS-Zeit fanden viele politisch oder rassisch verfolgte Deutsche im Ausland Aufnahme. Bei der Formulierung des Grundgesetzes wurde daher auf eine großzügige Asylregelung für politische Flüchtlinge wert gelegt; sie ist in Art. 16 verankert. Mit der Gewährung von Asyl wird der Flüchtling dem Zugriff des Heimatstaates entzogen. Lange Zeit lag die Zahl der Bewerber relativ konstant zwischen 5000 und 10 000 Fällen jährlich. Meist handelte es sich um Flüchtlinge aus dem Ostblock, deren Anträge vom Bundesamt für die Anerkennung ausländischer Flüchtlinge in Zirndorf fast automatisch genehmigt wurden. Mit dem Anwachsen der Bevölkerung und des Elends in der Dritten Welt schwoll der Flüchtlingsstrom, ausgenutzt von skrupellosen Schlepperorganisationen, in die Industriestaaten an, so dass die liberale Praxis der Bundesrepublik zu einem Mengenproblem wurde; zeitweilig beantragten bis zu einer halben Million Menschen pro Jahr Asyl. Schrittweise wurde daher die Aufnahmepraxis verschärft.

Dachten die meisten Gastarbeiter zunächst nur an einen befristeten Aufenthalt, so motivierten anhaltende Krisen in manchen ihrer Heimatländer viele, ihre Familien nachziehen zu lassen und die Dauerniederlassung in Deutschland anzustreben. Auch bildeten sich freundschaftliche und verwandtschaftliche Beziehungen zu Deutschen, und viele Arbeitgeber wollten außerdem auf die fleißigen ausländischen Mitarbeiter nicht verzichten, so dass für diese aus der Fremde allmählich eine neue Heimat wurde. Viele gründeten bald selber erfolgreiche Unternehmen, vor allem in der Gastronomie.

Fremdenfeindlichkeit und soziale Problematik

Dadurch und durch den bei versiegendem Boom 1973 erlassenen Anwerbestopp kam es zwar zu einer Verminderung der Gastarbeiterzahl. Doch der Zustrom von Ausländern ebbte dadurch nicht ab. Sie alle profitierten noch eine Weile vom Bonus der Gastarbeiter, die Entscheidendes für den deutschen Wiederaufbau geleistet haben. Doch mit dem Anwachsen der Arbeitslosigkeit, dem sich verschärfenden Asyl-Problem (siehe Kasten) und mit den schweren sozialen Konflikten nach der Wiedervereinigung schlug das Klima um. Fremdenfeindlichkeit traf nun unterschiedslos alle Ausländer.

Als Millionster Gastarbeiter in der Bundesrepublik erhielt der Portugiese Amando Sá Rodrigues bei seiner Ankunft in Köln-Deutz 1964 ein fabrikneues Moped.

Aus für die Abstimmung mit den Füßen

Bau der Berliner Mauer (1961)

Wenn schon Polizisten fliehen! Durch die Niederschlagung des Aufstands vom Siebzehnten Juni 1953 war die DDR nur vorübergehend „ruhiggestellt". Zwar wusste nun jeder, dass gewaltsamer Widerstand zwecklos war, doch die wirtschaftliche Lage besserte sich kaum, und dagegen gab es ja noch Lenins „Abstimmung mit den Füßen": Die Flüchtlingswelle über Berlin in die Bundesrepublik schwoll Anfang der 1960-er Jahre erneut gewaltig an und drohte die DDR auszubluten. Denn es waren nicht etwa die bürgerlichen Alten, die sich davonmachten, sondern gerade gut qualifizierte junge Fachkräfte, die sich im Westen eine Zukunft in Freiheit und Wohlstand aufbauen wollten.

Schlupfloch schließen

Westberlin bot die besten Möglichkeiten zur „Republikflucht", wie man das im SED-Jargon nannte. In Berlin bestieg man einfach die S-Bahn, und war nach kurzer Fahrt auf der anderen Seite der Sektorengrenze. Und auch zu Fuß ließ sich die nur polizeilich kontrollierte Sektorengrenze relativ risikoarm passieren. Im März 1961 forderte SED-Chef Walter Ulbricht auf einer Konferenz des Warschauer Paktes, das Schlupfloch in Berlin dicht zu machen zu dürfen. Die sozialistischen „Bruderstaaten" und Moskau zögerten, weil sie eine harte Reaktion der Westmächte befürchteten. Im Sommer konnte jedoch aus gewissen Äußerungen amerikanischer Politiker geschlossen werden, dass die USA stillhalten würden. Krieg um Berlin? Das denn doch nicht.

Schießbefehl

Gleichzeitig erreichte die Flüchtlingswelle neue Rekorde. Nun erhielt Ulbricht grünes Licht aus Moskau. In den frühen Morgenstunden (seit 2 Uhr) des 13. Augusts 1961 sperrten Einheiten der Volkspolizei die Sektorengrenze zum Westen. Panzerformationen und Truppen bezogen Stellung. In ihrem Schutz errichteten Pioniereinheiten Stacheldrahtverhaue und Betonsperren. Baukolonnen rückten nach, in den nächsten Wochen wurde quer durch Berlin eine Mauer errichtet. Die Grenztruppen, die sie bewachten, erhielten Schießbefehl, und sie befolgten ihn. Am 25. August wurde der erste Flüchtling an der Mauer erschossen.

Hoch gingen die Wogen der Erregung, entsetzliche Tragödien spielten sich ab, amerikanische Panzer fuhren an der Demarkationslinie auf, doch es blieb bei der Demonstration der Stärke. Ein Krieg hätte Europas Untergang werden können. Nach Behauptung der Ost-Propaganda sollte der „antifaschistische Schutzwall" westliche Agenten und Spione am Betreten der DDR hindern. Dabei war klar, dass ihn eine Regierung errichtet hatte, der das Volk wegzulaufen drohte. In den Jahren nach dem Mauerbau gelang es nur noch Einzelnen die Sperranlagen zu überwinden. Die Menschen im Osten sollten fast drei Jahrzehnte eingemauert bleiben.

Passierscheinabkommen

In ihrem Bemühen, Westberlin als selbstständige politische Einheit hinzustellen und die Bindungen der Halbstadt an die Bundesrepublik zu lockern, genehmigte die DDR nach dem Bau der Berliner Mauer 1961 zunächst nur Bürgern mit westdeutschem Pass Tagesaufenthalte in Ostberlin. Erst am 17.12.1963 gelang eine Vereinbarung über Passierscheine auch für Westberliner zum Besuch ihrer Verwandten und Freunde im Ostteil der Stadt für jeweils einen Tag in der Weihnachtszeit (bis 4.1.1964). Insgesamt nutzten über 200 000 Menschen diese Möglichkeit. In den folgenden Jahren wurden weitere Passierscheinabkommen erreicht, ehe nach dem Berlinabkommen 1971 auch für Westberliner ein regelmäßiger Besuchsverkehr vereinbart werden konnte.

Während der Arbeiten an der Verstärkung der Sperren zwischen Ost- und Westberlin gelang es noch vielen zu fliehen. Das Bild vom Volkspolizisten, der sich mit einem Sprung in den Westen rettete, ging um die Welt.

„Ich bin ein Berliner“

Der Besuch John F. Kennedys (1963)

Der amerikanische Freund: Schon 1961 hatte der frisch ins Amt gekommene US-Präsident John F. Kennedy, Jahrgang 1917, sensibler auf den Mauerbau des SED-Regimes reagiert als Bundeskanzler Adenauer, Jahrgang 1876. Während der deutsche Regierungschef weiter Wahlkampf gemacht und die Maßnahmen der DDR als Unterstützung für den Regierenden Bürgermeister von Berlin und SPD-Kanzlerkandidaten Brandt verdächtigt hatte, war von Kennedy Vizepräsident Johnson an die Spree entsandt worden zur moralischen Unterstützung der Berliner und zur Demonstration, dass die Weltmacht USA die Freiheit auch im Herzen Europas zu verteidigen gedenke. Der ohnedies von der Jugend der Welt verehrte Kennedy hatte schon dadurch die Herzen der Berliner gewonnen. Als er 1963 im Juni dann persönlich anreiste, kannte der Jubel keine Grenzen mehr.

Verkörperung der Zukunft

Da fuhr er in der offenen Limousine zwischen Brandt und dem greisen Adenauer durch die Stadt, die wie keine andere den Amerikanern das Überleben zu verdanken hatte. Millionen säumten die Straßen und vor dem Schöneberger Rathaus gab es kein Durchkommen mehr. Hier trat der US-Präsident vor die Menge und schloss seine Rede auf deutsch mit einem amerikanisch-kehligen „Ich bin ein Berliner!“, eine Formel, die noch heute in den Ohren derer klingt, die damals dabei waren oder die die seitdem immer wieder im Fernsehen wiederholte Szene gesehen haben. Kennedy sprach vor den Studenten der Freien Universität, er inspizierte die Mauer, und er forderte die Beseitigung der Teilung von Stadt und Land. Wenn, dann war das aktive Unterstützung für Brandt, der wie der junge Präsident die Zukunft verkörperte.

„Spiegel“-Affäre

In den 1950-er Jahren hatte sich das Nachrichtenmagazin „Der Spiegel“ als scharfer Kritiker der Politik Adenauers und seines Verteidigungsministers Strauß profiliert. Helle Empörung griff daher um sich, als die Staatsanwaltschaft im Oktober 1962 die Redaktionsräume des Magazins durchsuchen und besetzen, den Verleger Augstein sowie einige Redakteure verhaften und Druckfahnen beschlagnahmen ließ. Mit einer Analyse von NATO-Manövern („Bedingt abwehrbereit“) hatte „Der Spiegel“ nach Meinung der Bundesregierung „publizistischen Landesverrat“ begangen, der die Nacht-und-Nebel-Aktion rechtfertige. Das stieß nicht nur in der Bevölkerung auf Unverständnis, sondern wurde später auch vom Bundesverfassungsgericht als Verstoß gegen die Pressefreiheit bezeichnet, zumal die Zeitschrift nur veröffentlicht habe, was „in der gesamten westlichen Welt in aller Offenheit diskutiert“ werde. Die Affäre führte zum Rücktritt von Strauß, löste eine schwere Regierungskrise aus und belastete das Ende der Ära Adenauer.

Schüsse, die auch eine Freundschaft trafen

Bei seinem Abschied sprach Kennedy noch einmal zu seinen Gastgebern und erklärte: Seinem Nachfolger werde er dereinst einen Umschlag hinterlassen mit der Aufschrift: „Bei Niedergeschlagenheit zu öffnen.“ Und drinnen werde dieser einen Zettel finden mit nur drei Worten: „Geh nach Deutschland!“ Vielleicht werde er das Kuvert auch selber einmal in schwerer Stunde öffnen. Er kam nicht mehr dazu. Am 22. November 1963 starb er durch Kugeln eines Meuchelmörders im texanischen Dallas. Mitgeschossen hatte der „hässliche Amerikaner“, wie ihn Serien damals bekannt machten, die nicht von ungefähr „Dallas“ oder ähnlich hießen. Und mit verwundet wurde eine wunderbare Freundschaft: die zwischen der generösen Siegermacht USA und den besiegten Deutschen, die sich unter dem amerikanischen Schutz eher wie Befreite fühlten.

Würde er die Blockkonfrontation überwinden und zu neuen politischen Ufern aufbrechen können? US-Präsident John F. Kennedy (hier vor dem Schöneberger Rathaus) weckte große Hoffnungen.

Gegen den Muff von 1000 Jahren – die 68-er

Vom Jugendprotest zur APO (1967/68)

Unruhige Jugend: Nach Erreichen eines gewissen Wohlstandsniveaus Anfang der 1960-er Jahre stellte sich für die junge Generation in der Bundesrepublik die Frage nach den gesellschaftlichen Zielen mit neuer Dringlichkeit. Naturgemäß beschäftigte sie zuerst die Hochschulen, weil dort die soziale Sondersituation und die Vorbildung kritisches Bewusstsein förderten. Die Kritik der Studentenbewegung entzündete sich zunächst an den Missständen im universitären Bereich: Vermassung, Dozentenmangel, veraltete Strukturen, Selbstherrlichkeit der Lehrstuhlinhaber, Reformunfähigkeit („Unter den Talaren Muff von 1000 Jahren"). Die Studenten griffen dabei auf in den USA entwickelte neue Protestformen zurück wie teach-in, go-in, sit-in und provozierten damit die konservativen Eliten (das „Establishment"), deren Gegenmaßnahmen die Konfrontation weiter verschärften. Brennpunkt der Auseinandersetzung wurde die Freie Universität in West-Berlin.

Forderung einer Hochschulreform

Die studentische Kritik sammelte sich um den Sozialistischen Deutschen Studentenbund (SDS), der wegen seines Festhaltens an marxistischen Positionen in Konflikt mit der Mutterpartei SPD geraten war. Hier bildete sich die Überzeugung, dass die Missstände an den Hochschulen ihre Ursache in der kapitalistischen Gesellschaftsordnung hätten, die folglich verändert werden müsse. Von der Hochschulbasis aus versuchten die SDS-Aktivisten in die Bevölkerung hineinzuwirken, konnten aber nicht wie marxistisch vorgesehen in der Arbeiterschaft Fuß fassen. Ihre antiautoritäre Erziehung in den Kinderläden, die Kommune-Gründungen und die Forderungen nach befreiter Sexualität ängstigten eher.

Massendemonstrationen

Und selbst als es nach dem Tod des Studenten Benno Ohnesorg (2.6.1967) durch eine Polizeikugel bei der Demonstration gegen den Besuch des Schahs von Persien und nach dem Anschlag gegen den Berliner Studentenführer Rudi Dutschke (11.4.1968) zu Massendemonstrationen kam, erfasste der Protest nur eine dünne Schicht. Die Erfolge der Studentenbewegung, die zu Beginn der 1970er Jahre verebbte, blieben letztlich auf die Hochschulreform beschränkt, wenn auch Fernwirkungen auf die Politik der sozialliberalen Koalition nicht zu übersehen sind. Vom Gedankengut der Bewegung nachhaltig geprägt wurde die Alternative Bewegung. Ins Kriminelle schlug es um bei den Terroristen der Baader-Meinhof-Gruppe und ihren Nachfolgern in der RAF.

APO

Zu Beginn der 1960er Jahre machten sich Ideologiedefizite bemerkbar, die in eine Generalkritik am verkrusteten Gesellschaftssystem der Bundesrepublik und an ihren herrschenden Kreisen mündete. Impulse dazu waren von der amerikanischen Hippie- und Bürgerrechtsbewegung ausgegangen, aber auch von der offiziellen Politik der USA, gegen deren Neokolonialismus („Dollarimperialismus") und deren „Krieg gegen das vietnamesische Volk" sich der Protest sammelte. Kontur gewann die von linken bis linksradikalen Kräften getragene Bewegung in der Bundesrepublik, als in Bonn mit Bildung der Großen Koalition (1966) Opposition im Parlament so gut wie nicht mehr stattfand. Vor allem gegen die Notstandsgesetze bildete sich eine außerparlamentarische Opposition, die weitere Kreise erfasste als die Studentenbewegung und unter dem Kürzel APO Geschichte machte. Man nahm den Politikern nicht ab, dass es ihnen nur um die Ablösung alliierter Vorbehaltsrechte gehe. In der APO trafen sich Kriegsdienstverweigerer und Anhänger sozialistischer Gruppen, Ostermarschierer und Radikaldemokraten, Intellektuelle und Altkommunisten.

„Axel, wir kommen!“ skandierten die studentischen Demonstranten (in der Mitte Rudi Dutschke). Ihr Protest richtete sich gegen die Zeitungen des Axel-Springer-Verlags, die sie als Komplizen der USA und Systemstabilisierer anfeindeten.

„Wandel durch Annäherung"

Die Aussöhnung mit dem Osten (1969–1974)

Er nahm den moralischen Impuls der Studentenrevolte auf: SPD-Chef Willy Brandt. Als sich nach den Wahlen 1969 eine kleine Mehrheit zusammen mit der FDP unter Walter Scheel ergab, nutzte er die Chance zu einem sozialliberalen Bündnis und zu einer Neuausrichtung der deutschen Politik vor allem gegenüber dem Osten und im Umgang mit der deutschen Vergangenheit. Der neue Regierungschef als einstiger Emigrant und Kämpfer gegen Hitler nahm dem Faschismusverdacht gegen „das System" sofort die Spitze, seine Politik der inneren Reformen dämpfte das soziale Aufbegehren und seine neue Politik der Aussöhnung auch mit den Völkern in Osteuropa entzog dem Imperialismus-Vorwurf den Boden. An ihr entzündete sich allerdings erbitterter Streit, weil die Opposition in den Gewaltverzichtsverträgen mit Moskau und Warschau (1970) einen „Ausverkauf deutscher Interessen" sah.

Spion im Kanzleramt

Schließlich griff die CDU/CSU im April 1972, nachdem die Mehrheit der Regierung bedrohlich abgebröckelt war, zum Mittel des konstruktiven Misstrauensvotums. Es scheiterte, da der von der Union vorgesehene Kanzler Rainer Barzel nur ein Patt erreichte. Die Hintergründe dafür – Barzel fehlten Stimmen des eigenen Lagers – sind nie restlos geklärt worden. Fest steht, dass auch die Wähler keinen Wechsel wollten, denn bei den vorgezogenen Neuwahlen im November 1972 triumphierte Brandt mit 45,8 Prozent und damit dem höchsten je erzielten Ergebnis für die SPD. Trotz der nun recht komfortablen Mehrheit begann der Stern Brandts zu sinken, dem 1971 der Friedensnobelpreis zuerkannt worden war. Er stürzte schließlich nach der Enttarnung seines persönlichen Referenten Günther Guillaume als Agent des DDR Geheimdiensts. Der von Wahlniederlagen seiner Partei auf Länderebene angeschlagene Kanzler übernahm die politische Verantwortung für „Fahrlässigkeiten" im Zusammenhang mit der Affäre und trat am 6.5.1974 zurück.

Wandel durch kleine Schritte

Er hatte aber der deutschen Politik eine Linie vorgegeben, von der auch seiner Nachfolger nicht abwichen. Die von Brandts Berater Egon Bahr entwickelte „Politik der kleinen Schritte" und der Strategie des „Wandels durch Annäherung" dem Osten gegenüber erwies sich als hochwirksam. Im Rückblick lässt sie sich dieser Teil einer umfassenderen Entspannungspolitik als ein wichtiger Faktor bei der Erosion des Ostblocks und bei der Überwindung der deutschen Teilung ausmachen.

Grundlagenvertrag

Die Regierung Brandt konnte am 21.12.1972 auch die innerdeutschen Beziehungen mit einem Grundlagenvertrag nachhaltig verbessern. Das am 21.6.1973 in Kraft getretene Abkommen enthielt einen Gewaltverzicht, bekräftigte die Unverletzlichkeit der territorialen Integrität der Partner, stellte eine Reihe von Verträgen zur engeren Zusammenarbeit in Wirtschaft, Wissenschaft und Kultur in Aussicht, beauftragte eine Grenzkommission, sah Verbesserungen in humanitären Fragen vor (Familienzusammenführung, Reiseerleichterungen u.a.), verpflichtete beide deutschen Staaten zur Förderung der europäischen Sicherheit und der Rüstungsbegrenzung. Außerdem vereinbarten die Partner den Austausch von ständigen Vertretungen in Ostberlin und Bonn; die DDR nahm einen „Brief zur deutschen Einheit" entgegen, in dem die Bundesregierung betonte, dass der Grundlagenvertrag das Wiedervereinigungsgebot des Grundgesetzes nicht berühre. Dennoch klagte die CSU gegen das Vertragswerk beim Bundesverfassungsgericht, das aber keine verfassungswidrigen Elemente darin fand.

Ein Jahrhundert-Bild: Bundeskanzler Brandt vor dem Mahnmal für die ermordeten Juden in Warschau (7.12.1970). Ein Journalist kommentierte: „Dann kniet er, der das nicht nötig hat, für alle, die es nötig haben, aber nicht knien – weil sie es nicht wagen oder nicht können oder nicht wagen können."

Alle Räder standen still

Ölkrise und Umdenken in der Energiepolitik (1973)

Die Bundesrepublik ist ein rohstoffarmes Land; die eigenen Ölvorkommen decken nur einen Bruchteil des hohen Bedarfs für die Treibstoff-, Schmiermittel- und Kunststoffproduktion. Als hochentwickelter Industriestaat traf es Westdeutschland daher besonders schwer, als die arabischen Staaten, aus denen 75 Prozent der deutschen Ölimporte stammten, im Herbst 1973 das Öl als Waffe im Konflikt mit Israel (Yom-Kippur-Krieg) einsetzten. Am 17.10. beschlossen die erdölproduzierenden Staaten (OPEC) eine Drosselung der Förderung um fünf und am 5.11. sogar um fünfundzwanzig Prozent bis Israel sich aus den besetzten arabischen Gebieten zurückgezogen habe. Mit Israel befreundete Länder sollten nur begrenzt oder gar nicht beliefert werden. Dabei hatten die Araber insbesondere die USA und die Niederlande im Visier, aber auch Deutschland, das den jüdischen Staat durch Widergutmachungsleistungen stützte.

Die Ölkrise

Als Folge explodierte der Ölpreis, und die Industriestaaten mussten empfindliche Versorgungslücken befürchten. Zur Streckung der Vorräte ordnete die Bundesregierung daher Tempolimits und an drei Sonntagen sogar völlige Fahrverbote an. Die Ölkrise führte zu einem Umdenken in der Energiepolitik, die wieder mehr auf die heimische Kohle setzte und fortan den Ausbau der Kernenergie vorantrieb, obwohl der Ölpreis nach Ende des Konflikts wieder nachgab und durch Erschließung beispielsweise des Nordseeöls eine politisch weniger riskante Streuung der Lieferanten möglich wurde. Gerade die forcierte Atompolitik sollte sich als ein Konfliktfeld erweisen, das über Jahrzehnte umkämpft blieb.

Kritik an Brandt

Die autofreien Sonntage hielten sich in lebhafter kollektiver Erinnerung: Wann hatte man so etwas je gesehen? Autobahnen auf denen Radfahrerrudel unterwegs waren. Hauptverkehrsstraßen, auf denen ausgiebig gefeiert wurde? Und wann hatte man zuletzt so gern Morgenluft gewittert? Keine Spur von Abgasen und eine Stille, in der man sogar die innenstädtischen Sperlingen wieder schilpen hörte. Daran erfreute sich allerdings wohl nur eine Minderheit. Die Deutschen waren und sind eine Autofahrernation, und die mutige Politik der Regierung dürfte von vielen als Panikmache missbilligt worden sein, die die Schlüsselindustrie Automobilbau in Bedrängnis bringen könnte; auch hier entzündete sich Kritik an Bundeskanzler Brandt, dessen Ansehen ohnedies im Schwinden begriffen war.

Energiepolitik

Nicht erst im Streit um die Kernenergie kam vielen Menschen zum Bewusstsein, dass Industrialisierung ihren Preis hat, auf eine in den 1970-er Jahren aufkommende Formel gebracht: Umwelt kostet. Auch die Gefahr der Verbrennung fossiler Energieträger (Öl, Kohle, Gas) für die Atmosphäre erkannten nun immer mehr Bürger. Die Abgase aus Pkw-Motoren, Heizungen und industrieller Verbrennung bedrohen das Klima der Welt. Regionale Umweltschäden kommen hinzu. Das lehrte beispielhaft die Energiewirtschaft der DDR, die noch 1990 aus Devisenknappheit über zwei Drittel des Energiebedarfs aus Braunkohle decken musste und das mit gesundheitsgefährdender Luftverschmutzung und bedenklicher Landschaftsvernichtung bezahlte. Während manche Energiepolitiker auf die Umweltfrage nur in der Kernkraft eine Antwort sehen, setzen andere auf die Entwicklung alternativer erneuerbarer Energien, auf die Nutzung von Sonnen- und Windenergie, die Erschließung geothermischer Energiequellen und die Förderung des Wasserstoffantriebs; zudem fordern sie Ausschöpfung aller Sparmöglichkeiten.

Gähnende Leere, wo sonst an ein Überqueren der Fahrbahn nur unter größter Lebensgefahr denkbar war: Fahrverbote machten an drei November-Sonntagen 1973 Autobahnen zu Wanderwegen.

Die Terroristen

Baader-Meinhof und RAF (1970-er Jahre)

Nach den Hauptakteuren Andreas Baader (1944-1977) und Ulrike Meinhof (1934-1976) wurden die westdeutschen Terroristen der ersten Generation „Baader-Meinhof-Gruppe" (oder „-Bande") genannt; sie selbst bezeichneten sich nach informellen Anfängen 1971 erstmals als „Rote Armee Fraktion (RAF)". Ihre Mitglieder kamen aus der Studentenbewegung und hatten früh zu Gewaltakten gegriffen. Die Befreiung von Kaufhausbrandstifter Baader aus der Haft am 14.5.1970 wurde zur Geburtsstunde der Gruppe, die sich „dem Kampf gegen die Schalthebel des imperialistischen Machtapparats" verschrieb. Konnten die Untergrundkämpfer anfangs noch mit Sympathien bei linken Intellektuellen rechnen, verloren sie mit den ersten Mordtaten bald jeden Rückhalt.

Vier Morde und eine Entführung

1972 wurde der harte Kern der Gruppe (neben Baader und Meinhof vor allem Gudrun Ensslin und Jan-Carl Raspe) verhaftet und den Mitgliedern der Prozess gemacht, der geprägt war von einer Flut von Befangenheitsanträgen, Hungerstreiks wegen „Isolationsfolter" (Tod des Häftlings Holger Meins am 4.11.1974), Ausschlüssen von Verteidigern und anderen Verfahrenstricks. Der Prozess endete mit der Verurteilung der Haupttäter zu lebenslanger Haft, die im Hochsicherheitstrakt des Gefängnisses in Stuttgart-Stammheim zu verbüßen war. Die noch in Freiheit befindlichen Gruppenmitglieder, verstärkt durch die zweite Terroristengeneration, versuchten am 5.9.1977, durch Entführung von Arbeitgeberpräsident Hanns Martin Schleyer die Inhaftierten freizupressen. Sie hatten seine Limousine durch einen Kinderwagen gestoppt, seine vier Begleiter erschossen und waren mit ihrem Opfer untergetaucht.

Freitod im Hochsicherheitstrakt

Die Regierung Schmidt aber blieb hart; Schleyer wurde daraufhin von den Geiselnehmern am 18.10.1977 im Elsass ermordet. Auch ein paralleler Erpressungsversuch arabischer Terroristen durch Entführung einer Lufthansa-Maschine scheiterte: Deutsche Sicherheitskräfte der so genannten GSG 9 stürmten das Flugzeug bei einer Zwischenlandung in Mogadischu, wobei die meisten Entführer umkamen und alle Passagiere befreit werden konnten. Auf diese Meldung hin nahmen sich Baader, Ensslin und Raspe in ihren Zellen am 18.10.1977 etwa zur gleichen Zeit das Leben, als die Kidnapper Schleyer töteten; die schwerkranke Ulrike Meinhof hatte schon ein Jahr zuvor Selbstmord begangen.

Extremistenbeschluss

Die Radikalisierung eines Teils der Studentenbewegung bis hin zum Abdriften in den Terrorismus ließ den westdeutschen Staat zu Beginn der 1970-er Jahre gefährdeter erscheinen, als er es war. Der immer lautere Ruf nach Maßnahmen zur Eindämmung des Extremismus führte zu einem bei Bundeskanzler Brandt am 28.1.1972 ausgehandelten Runderlass der Ministerpräsidenten der Bundesländer über die Beschäftigung so genannter Radikaler im Öffentlichen Dienst. Er verfügte, dass Personen, die nicht die Gewähr bieten, dass sie jederzeit für die freiheitlich-demokratische Grundordnung eintreten, nicht als Beamte eingestellt werden dürfen oder sogar aus dem Dienst zu entfernen sind. Mit diesem Extremistenbeschluss, auch „Radikalenerlass" genannt, wollte man Mitglieder von (noch) nicht verbotenen verfassungsfeindlichen Organisationen vom Staatsdienst fernhalten. Das Bundesverfassungsgericht bestätigte, dass der Beschluss Artikel 12 GG (Berufsfreiheit) nicht verletze, da Artikel 33,5 GG Beamten eine besondere Treuepflicht auferlege. De facto aber stellte er etwa für Lehrer ein Berufsverbot dar, da diese außerhalb des Staatsdienstes kaum Arbeitsplätze finden können.

Von den Entführern verbreitetes Foto acht Tage nach Schleyers Verschleppung und fünf Tage vor seiner Ermordung. Verantwortlich zeichnete ein Kommando Siegfried Hausner, das mit einem arabischen Terrortrupp kooperierte.

Frischer Wind in der Parteienlandschaft

Die Grünen als dritte Kraft (1983)

1976 wäre die sozialliberale Koalition unter Helmut Schmidt um ein Haar schon zu Ende gewesen, denn die Union kam fast an eine absolute Mehrheit heran (48,6 Prozent). Knapp konnte Schmidt weiter regieren und sich durch seine Krisenmanagement bei Terror-Anschlägen und sein wirtschaftspolitisches Augenmaß profilieren („Weltökonom"). Und dann bescherte ihm die Union 1980 auch noch einen Gegner, der vielen nicht zu vermitteln war. Triumphal siegte der Kanzler gegen den Kandidaten der CDU/CSU Franz Josef Strauß. Der bayerische Ministerpräsident kam vor allem im Norden der Republik nicht an und weckte wegen seiner affärenbelasteten Vergangenheit Sorgen um das Erscheinungsbild der Bundesrepublik. Wie bei Brandt aber begann nun der Niedergang der Koalition, da nach Wegfall des gefürchteten Gegners die politischen Gräben zwischen den Partnern und zwischen den Flügeln der SPD neu aufbrachen.

Neue Linke in Grün

Der Spagat überforderte bei krisenhafter Entwicklung der deutschen Wirtschaft zu Beginn der 1980-er Jahre selbst ein taktisches Genie wie Schmidt. 1982 verließ die FDP die Regierung und schwenkte zur CDU/CSU. Nach einem konstruktiven Misstrauensvotum löste Helmut Kohl Schmidt als Kanzler ab. Dazu beigetragen hatte auch eine Kraft, die im Parlament noch gar nicht in Erscheinung getreten war, aber die SPD schon vorher Stimmen gekostet hatte: Die „Grünen" empfahlen sich bei wachsendem Regierungsverschleiß der Sozialdemokraten als die wahren Linken und konnten sich als vierte Partei durchsetzen. 1980 mit 570 000 Stimmen noch bei 1,5 Prozent verharrend, zogen Die Grünen 1983 mit 5,6 Prozent in den Bundestag ein. In vielen Länderparlamenten lösten sie die FDP als dritte Kraft ab.

> *Kernenergie*
>
> *Um die friedliche Nutzung der Kernspaltung wurde von Anfang an hart gestritten. Befürworter weisen hin auf die Begrenztheit der fossilen Brennstoffvorräte, Preisvorteile, Sicherung des Wirtschaftswachstums sowie die Vermeidung des Treibhauseffekts. Die Kritiker warnen vor erhöhter Strahlenbelastung, Aufheizung von Flüssen, Reaktorunfällen, falschen Wirtschaftlichkeitsberechnungen (Unterschlagung etwa der Abwrackkosten für Kernkraftwerke [KKW]) und der Unmöglichkeit einer dauerhaften und sicheren Entsorgung der hochradioaktiven Abfälle. Gegen den Bau und Betrieb von KKW formierte sich in den 1970/80-er Jahren breiter Widerstand. Um KKW wie Brokdorf und Grohnde, um den „Schnellen Brüter" Kalkar, um die Wiederaufbereitungsanlage Wackersdorf und um das „Endlager" Gorleben gab es erbitterte Auseinandersetzungen. Die Unfälle von Harrisburgh (1979) und Tschernobyl (1986) gaben den Zweiflern Nahrung, der Ausstieg aus der Kernenergie war seither Ziel nicht nur von Bürgerinitiativen und Grünen, sondern auch von Teilen der SPD.*

Unkonventionelles Auftreten

Die neue Partei der „Grünen" hatte sich über die Bürgerinitiativen für Umweltschutz und den Kampf gegen die Kernkraft in den 1970-er Jahren aus regionalen „grünen" Gruppierungen entwickelt. Sie einte in erster Linie die Sorge um die natürlichen Lebensgrundlagen, doch auch die Überwindung der zunehmenden sozialen Verwerfungen in der Bundesrepublik und der Erstarrung der politischen Strukturen stand auf ihrem Programm, Parole: „ökologisch – basisdemokratisch – sozial – gewaltfrei". Faszinierend für viele junge Wähler war das unkonventionelle Auftreten der grünen Politiker, ihre belebende Streitkultur und ein Rigorismus, der auch vor Pfründen nicht halt machte: Mandate gab es nur auf Zeit, dann wurde rotiert, wie das Nachrücken von vorher bestimmten Abgeordneten genannt wurde.

Kreativ vermittelten die „Grünen" ihre Botschaften dem Wahlvolk: Für die Wahl 1983 warben sie mit einer Kinderzeichnung und dem Appell zur Schonung der Umwelt um der kommenden Generationen willen.

Besuch beim verfeindeten Bruder

Honecker zu Gast in der Bundesrepublik (1987)

Als in Bonn für den Staatsratsvorsitzenden der DDR im September 1987 der rote Teppich ausgerollt worden war, schien Erich Honecker am Ziel. Zwar war sein Staat inzwischen von vielen anderen Ländern anerkannt und die Mitgliedschaft in den Vereinten Nationen längst errungen, doch erst die faktische Akzeptanz der deutschen Zweistaatlichkeit durch die Bundesrepublik machte aus der „so genannten" DDR einen gleichberechtigten Staat, nahm ihm endgültig die stigmatisierenden Anführungszeichen.

Europäische Lösung der deutschen Frage?

Neben Bundeskanzler Helmut Kohl über den Teppich schreitend, die aufgezogene DDR-Fahne mit Hammer und Zirkel im Blick, konnte sich Honecker in dem Gefühl sonnen, wenn auch nicht buchstäblich, so doch politisch auf gleicher Augenhöhe mit dem Kanzler zu stehen. Das ging so weit, dass er den seitdem vielfach berätselten und interpretierten Spruch wagte: Er sähe den Tag kommen, „an dem die Grenzen uns nicht mehr trennen, sondern Grenzen uns vereinen". Damit meinte er gewiss nicht, dass die DDR oder gar das ganze sozialistische Lager dereinst kollabieren könnte, sondern vielleicht eine europäische Lösung der deutschen Frage, bei deren Beantwortung man mit seinem Besuch im verfeindeten Bruderland einen riesigen Schritt vorangekommen sei.

Kein Gespür für das kommende Beben

Ob ihm in diesem Moment bewusst war, wie es wirklich mit der Stabilität seines Landes bestellt war, darf bezweifelt werden, denn immer noch hatte er nur Verachtung für den Kurs der Öffnung und Demokratisierung, den der große Moskauer Genosse Gorbatschow eingeschlagen hatte, und immer noch ignorierte er souverän die wirtschaftliche Lage daheim, die bedrohlich eskalierte. Aber auch sein westdeutscher Partner hatte sich augenscheinlich auf ein langes Nebeneinander der beiden deutschen Staaten eingerichtet und ahnte nichts von dem, was sich in den nächsten Monaten abspielen sollte. Ja, es scheint im Rückblick nicht einmal ganz ausgeschlossen, dass man von beiden Seiten etwas dagegen unternommen hätte, wenn auch nur eine leise Ahnung aufgekommen wäre. Die Zweistaatlichkeit hatte bisher ja wesentlich zur Stabilität in Mitteleuropa beigetragen. Einen solchen Eckpfeiler opfert man nicht ohne Not.

Planwirtschaft

Der ostdeutsche Staat krankte an ökonomischen Problemen: Nach sowjetischem Vorbild setzte die DDR auf den Ausbau einer Plan- oder Zentralverwaltungswirtschaft. In diesem System existiert bei konsequenter Umsetzung kein Markt, der Preis kann daher auch nicht die Angleichungsfunktion von Angebot und Nachfrage übernehmen. Alles was an Gütern und Dienstleistungen produziert und an Konsumenten und Produzenten verteilt wird, muss von einer Zentrale, der Staatlichen Planungskommission, bestimmt und gesteuert werden. Diese „Kommandowirtschaft", verschärft noch durch Kollektivierung und Monopole des Staates, setzt voraus, dass private und öffentliche Bedürfnisse ermittelt und dementsprechend zentrale Produktions- und Verteilungspläne für bestimmte Zeiträume erstellt werden. Ein solches, nur durch aufwändige Bürokratie für Vorgaben und Kontrolle ihrer Erfüllung praktizierbares Verfahren, kann auf kurzfristige Schwankungen (z.B. von Preisen oder Bedarf) nicht reagieren, produziert entsprechend ineffektiver und teurer, vernachlässigt mangels Wettbewerb Qualität und Innovationen, untergräbt wegen fehlender Leistungsanreize die Arbeitsmoral und verfehlt oft die Bedürfnisse der Konsumenten.

Wie Verkörperungen des Gewichts ihrer Staaten standen sie nebeneinander: Bundeskanzler Helmut Kohl und der DDR-Staatschef Erich Honecker bei dessen Empfang anlässlich seines Besuchs in der Bundesrepublik 1987.

Ein Volk

Massendemonstrationen und der Fall der Mauer (1989)

Es war eigentlich alles wie immer bei der Pressekonferenz der SED am Abend des 9. November 1989, und selbst die Mitteilung, die die Sensation enthielt, nahm man als eine der üblichen Verlautbarungen. Man kam gar nicht darauf, dass soeben eine neue Epoche der deutschen Geschichte angebrochen war. Politbüromitglied Schabowski hatte in schönstem Amtsdeutsch verkündet: „Ständige Ausreisen können über alle Grenzübergangsstellen der DDR zur BRD beziehungsweise Berlin (West) erfolgen."

Unbeschreibliche Szenen

Dass nach 28 Jahren die Mauer gefallen war, das hielt zunächst niemand für möglich. Doch die Gerüchtemaschine kam auf Touren. Neugierige sammelten sich an den Übergängen, Fernsehkameras fuhren auf. Und dann: Erste Ostberliner überschritten die Grenze, immer mehr folgten, manche fassungslos weinend und lachend, viele in ihren „Trabbis". Unbeschreibliche Szenen spielten sich ab, wildfremde Menschen lagen sich in den Armen, die ankommenden Autos wurden mit Blumen geschmückt. Und die ganze Welt war per TV dabei, erlebte eine Nacht des buchstäblich grenzenlosen Jubels.

Selbst die Politiker wurden von der Entwicklung überrumpelt: Im Bundestag erhoben sich die Abgeordneten und stimmten die Nationalhymne an: „Einigkeit und Recht und Freiheit..." Willy Brandt, der als Berliner Bürgermeister den Bau der Mauer hatte erleben müssen, kamen vor Ergriffenheit die Tränen. Später stellte er sich der Presse und prägte den zum geflügelten Wort gewordenen Satz: „Jetzt wächst zusammen, was zusammengehört." Bundeskanzler Kohl unterbrach seinen Staatsbesuch in Warschau und reiste nach Berlin.

Wiedervereinigungsgebot erfüllt

Fertiggebracht aber hatten das Wunder die Menschen, die am 40. Jahrestag der Gründung der DDR, am 7.10.1989, erstmals in Massen gegen die SED-Führung demonstriert hatten und seitdem nicht mehr Ruhe gaben. Ermutigt von den Reformen des sowjetischen Staats- und Parteichef Gorbatschow gingen in Leipzig fortan jeden Montag Hunderttausende auf die Straße, verlangten immer lauter demokratische Freiheiten und skandierten weltweit unüberhörbar: „Wir sind das Volk!" und bald „Wir sind ein Volk!" Das Honecker-Regime stürzte, die SED wurde zur Aufgabe ihres Führungsanspruchs gezwungen, die beiden Teile Deutschlands machten sich auf in eine gemeinsame Zukunft. Am 3. Oktober 1990 traten die Länder der DDR der Bundesrepublik bei. Das Wiedervereinigungsgebot der Präambel des Grundgesetzes war erfüllt.

Zwei-plus-Vier-Vertrag

Eine Wiedervereinigung Deutschlands war auch nach Zusammenbruch der SED-Diktatur in der DDR nur mit Zustimmung der vier Siegermächte möglich. Daher suchten die beiden deutschen Staaten 1989/90 in Zwei-plus-Vier-Gesprächen etwaige Bedenken der USA, Großbritanniens, Frankreichs und/oder der UdSSR hinsichtlich der Bildung eines Gesamtdeutschlands zu zerstreuen und die Bedingungen auszuhandeln, unter denen die Vereinigung für alle akzeptabel wäre. Am 12.9.1990 wurde ein Zwei-plus-Vier-Vertrag unterschrieben, der für das vereinte Deutschland galt, von Bundestag und Volkskammer am 20.9.1990 mit überwältigender Mehrheit angenommen wurde und am 4.3.1991 in Kraft trat. Damit erhielt die Bundesrepublik die volle innen- wie außenpolitische Souveränität gegen die Zusicherung, keinerlei Gebietsansprüche gegenüber anderen Staaten zu erheben, ihre Streitkräfte auf 370 000 Mann zu verringern und auf ABC-Waffen zu verzichten. Im Zusammenhang mit dem Vertrag sagte Deutschland der UdSSR 13 Milliarden DM Finanzhilfe für den Abzug ihrer Truppen bis 1994 zu.

Ein Trabi fährt am 9. November 1989 durch die Mauer. Diese war Teil der innerdeutschen Grenze, trennte vom 13. August 1961 bis zum 9. November 1989 West-Berlin vom Ostteil der Stadt und dem sie umgebenden Gebiet der DDR. Sie stellte eines der bekanntesten Symbole für den Kalten Krieg und die Teilung Deutschlands dar.

9 n. Chr.

Varusschlacht im Teutoburger Wald

498

Taufe des Frankenkönigs Chlodwig I. in Reims

800

25. Dezember: Kaiserkrönung Karls des Großen durch Papst Leo III. in Rom

843

Der Vertrag von Verdun besiegelt die Teilung des Reichs Karls des Großen

919

Krönung von Sachsenherzog Heinrich zum König des Ostfränkischen Reiches (regnum teutonicorum)

936

Krönung Ottos I., des Großen, Herrschaft der Ottonen (936-1002)

1024

Krönung Konrads II.; Herrschaft der Salier (1024-1125)

1062
Staatsstreich von Kaiserswerth

1077

Gang König Heinrichs IV. nach Canossa

um 1088
Gründung der Universität von Bologna

1096
Beginn des ersten Kreuzzugs; bis 1291 folgen sechs weitere

1099

Eroberung Jerusalems

1122

Wormser Konkordat; Ende des Investiturstreits

1155
Kaiserkrönung Friedrichs I. (Barbarossa); Herrschaft der Staufer (1137- um 1250)

1180

Ächtung Heinrichs des Löwen durch Friedrich Barbarossa

1190
Tod Friedrichs I. (Barbarossa) auf seinem Kreuzzug

1198

Bestätigung der Statuten der Deutschordensritter durch Papst Innozenz III.

um 1230

Sachsenspiegel

1220

Kaiserkrönung Friedrichs II.

1250 / 73

Tod Friedrichs II., Beginn des Interregnum

1348

Gründung der ersten deutschen Universität durch Karl IV. in Prag

1356

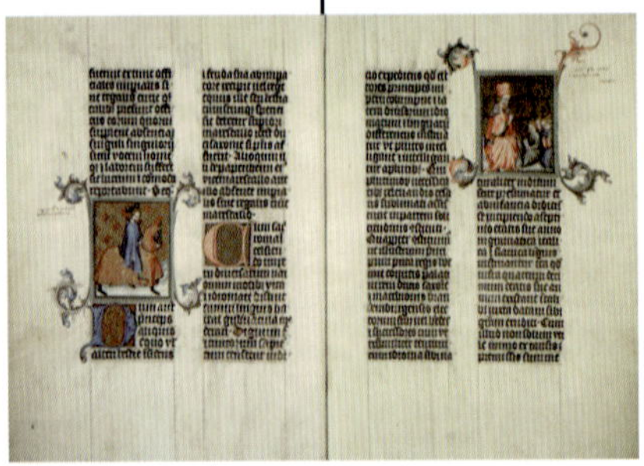

Die Goldene Bulle (Reichsgrundgesetz) regelt die Wahl der deutschen Könige

1415

Hinrichtung von Jan Hus

um 1440

Erfindung des Buchdrucks mit beweglichen Lettern durch Johannes Gutenberg

1452 / 54

Druck der so genannten Gutenbergbibel

1517

Luther kritisiert die Kirche in 95 Thesen, die er an die Tür der Schlosskirche von Wittenberg schlägt

1524/25

Bauernkrieg in Süd- und Mitteldeutschland

um 1550

Höhepunkt der Hexenverfolgung; die letzte „Hexe" stirbt 1775 in Kempten/Allgäu

1555

Augsburger Religionsfrieden

1618

Zweiter Prager Fenstersturz; Beginn des Dreißigjährigen Kriegs

1648

Westfälischer Friede; bis zu zehn Millionen Menschen fanden während des Dreißigjährigen Kriegs den Tod

Die Türken vor Wien; Schlacht am Kahlenberg

Friedrich II. wird König von Preußen

Goethe geht an den „Weimar Musenhof"; Weimarer Klassik (Ende 18. bis Anfang 19. Jh.)

1789 Französische Revolution

1660 Frieden von Oliva; Souveränität Preußens

1683 Die Türken vor Wien; Schlacht am Kahlenberg

1740 Friedrich II. wird König von Preußen

1756 Beginn des Siebenjährigen Kriegs; Preußen wird Großmacht

1775 Goethe geht an den „Weimar Musenhof"; Weimarer Klassik

1792 Schlacht von Valmy

Schlacht von Valmy

Niederlegung der Reichskrone durch Franz II.; Ende des Heiligen Römischen Reichs Deutscher Nation

1806

1807

Frieden von Tilsit

1813

Völkerschlacht bei Leipzig

1814/15

Wiener Kongress; Neuordnung Europas

1817

Wartburgfest

1832

Hambacher Fest

Märzrevolution

Proklamierung des deutschen Kaiserreichs am 18. Januar im Spiegelsaal von Versailles

Karl Marx veröffentlicht das „Manifest der Kommunistischen Partei"

1848

1835

1848

1866

1871

1890

Erste Eisenbahnverbindung zwischen Nürnberg und Fürth

Schlacht bei Königgrätz

Entlassung des Reichskanzlers Bismarck

28. Juli: Kriegserklärung Österreich-Ungarns an Serbien; Beginn des Ersten Weltkriegs

1914

1918

11. November: Kapitulation des Deutschen Reichs; Novemberrevolution (Deutsche Revolution)

Vertrag von Versailles

1919

1922

Aufruf!

Der Mord an dem Reichsminister Dr. Rathenau

wohl vorbereiteter Anschläge auf die Republik.

„Die Republik ist in Gefahr"

Die Gefahr im Verzug ist, muss schnell gehandelt werden.

Es lebe die Republik!

Die Reichsregierung
Dr. Wirth.

Der Reichspostminister
Giesberts.

Ermordung Walther Rathenaus

1923

Ruhrkampf, Hitler-Putsch

1926

8. August: Aufnahme Deutschlands in den Völkerbund

1929

Explosion der Arbeitslosigkeit (Schwarzer Freitag)

1933

30. Januar: Hitler zum Reichskanzler ernannt

1933

27. Februar: Reichstagsbrand

1933

22. März: Gründung des Konzentrationslagers Dachau

1934

30. Juni/3. Juli: Röhm-Affäre; Entmachtung der SA

1935

15. September: Verabschiedung der Nürnberger Gesetze

1936

Olympische Sommerspiele in Berlin

14. März: „Anschluss" Österreichs

1938

9. November: Reichskristallnacht

1938

1. September: Einmarsch der Wehrmacht in Polen; Beginn des Zweiten Weltkriegs

1939

1940

Deutsche Offensive im Westen; Frankreichfeldzug

Unternehmen „Barbarossa" wird vor Moskau gestoppt

1941

1942

Wannseekonferenz; Planung der systematischen Deportation und Ermordung der europäischen Juden

1943

Scheitern des Russlandfeldzugs; nach Untergang der 6. Armee in Stalingrad und Niederlage in der Panzerschlacht bei Kursk

1944

Attentats- und Putschversuch gegen Hitler

1945

Der Luftkrieg über Deutschland fordert bis Kriegsende ca. 600 000, meist zivile Opfer

1945

Vertreibung der deutschen Bevölkerung aus den Ostprovinzen

1945

8. Mai: Bedingungslose Kapitulation des Deutschen Reichs; Ende des Zweiten Weltkriegs in Europa

1945/46

Nürnberger Prozess gegen die Hauptkriegsverbrecher

1948/49

Währungsreform; Einführung der D-Mark; Berlin-Blockade

1949

Konrad Adenauer zum ersten Bundeskanzler der Bundesrepublik Deutschland gewählt

1953

17. Juni: Volksaufstand in Berlin

1955

Die letzten ehemaligen Wehrmachtssoldaten kehren aus russischer Kriegsgefangenschaft heim

1961

Bau der Berliner Mauer

1963

J. F. Kennedy in Berlin

Studentenrevolte;
Gründung der APO

Ölkrise

„Die Grünen" ziehen erstmals in den Deutschen Bundestag ein

Fall der Berliner Mauer; Wiedervereinigung Deutschlands im darauffolgenden Jahr

1983

1967/68 **1970** **1973** **1987** **1989**

1963 **1977**

Deutsch-französicher Freundschaftsvertrag

Kniefall Willy Brandts vor dem Mahnmal der ermordeten Juden in Warschau

Entführung und Ermordung Hanns Martin Schleyers durch die RAF

Honeckers Staatsbesuch in der Bundesrepublik

Register